高等职业教育房地产类专业精品教材

房地产统计

主　编　安淑名
副主编　张正琨　李本里

北京理工大学出版社
BEIJING INSTITUTE OF TECHNOLOGY PRESS

内 容 提 要

本书以房地产统计工作过程为主线，系统地、深入浅出地阐述了房地产统计的基本原理和方法，全书除附录外，共分为11个模块，主要内容包括房地产统计概述、房地产统计数据的收集与整理、房地产统计的指标、统计指数、时间序列分析、房地产抽样调查、相关分析与回归分析、房地产市场统计、房地产开发与销售统计、房地产交易统计、房地产企业财务统计。

本书可作为高等院校房地产经营与管理等相关专业的教材，也可以作为房地产企业营销及管理人员的培训教材。

版权专有　侵权必究

图书在版编目（CIP）数据

房地产统计 / 安淑名主编. --北京：北京理工大学出版社，2021.10（2022.1重印）

ISBN 978-7-5763-0612-5

Ⅰ. ①房… Ⅱ. ①安… Ⅲ. ①房地产业－经济统计学 Ⅳ. ①F293.3

中国版本图书馆CIP数据核字（2021）第220408号

出版发行 / 北京理工大学出版社有限责任公司	
社　　址 / 北京市海淀区中关村南大街5号	
邮　　编 / 100081	
电　　话 /（010）68914775（总编室）	
（010）82562903（教材售后服务热线）	
（010）68944723（其他图书服务热线）	
网　　址 / http://www.bitpress.com.cn	
经　　销 / 全国各地新华书店	
印　　刷 / 河北鑫彩博图印刷有限公司	
开　　本 / 787毫米×1092毫米　1/16	
印　　张 / 14	责任编辑 / 武君丽
字　　数 / 340千字	文案编辑 / 武君丽
版　　次 / 2021年10月第1版　2022年1月第2次印刷	责任校对 / 周瑞红
定　　价 / 42.00元	责任印制 / 边心超

图书出现印装质量问题，请拨打售后服务热线，本社负责调换

出版说明
Publisher's Note

房地产业是我国经济建设和发展中的重要组成部分，是拉动国民经济持续增长的主导产业之一。改革开放近 40 年来，我国的房地产业快速发展，取得了巨大成就，尤其在改善广大城镇居民住房条件、改变城镇面貌、促进经济增长、扩大就业等方面，更是发挥了其他行业所无法替代的巨大作用。随着我国经济的发展、居民收入水平的提高、城市化进程的加快以及改善性住房市场需求的增加，房地产消费者对产品的需求由"有"到"优"，房地产需求总量不断攀升，房地产行业仍然有着巨大的发展潜力，房地产业需要大量房地产专业人才。

高等职业教育以培养生产、建设、管理、服务第一线的高素质技术技能人才为根本任务，在建设人力资源强国和高等教育强国的伟大进程中发挥着不可替代的作用。为全面推进高等职业教育教材建设工作，将教学改革的成果和教学实践的积累体现到教材建设和教学资源统合的实际工作中去，以满足不断深化的教学改革需要，更好地为学校教学改革、人才培养与课程建设服务，北京理工大学出版社搭建平台，组织国内多所建设类高职院校，包括四川建筑职业技术学院、重庆建筑科技职业学院、广西建设职业技术学院、河南建筑职业技术学院、甘肃建筑职业技术学院、湖南城建职业技术学院、广东建设职业技术学院、山东城市建设职业学院等，共同组织编写了本套"高等职业教育房地产类专业精品教材（房地产经营与管理专业系列）"。该系列教材由参与院校院系领导、专业带头人组织编写团队，参照教育部《高等职业学校专业教学标准》要求，以创新、合作、融合、共赢、整合跨院校优质资源的工作方式，结合高职院校教学实际以及当前房地产行业的形势和发展编写完成。

本系列教材共包括以下分册：
1.《房地产基本制度与政策》
2.《房地产建设项目管理概论（第 2 版）》
3.《房地产开发经营与管理》
4.《房地产开发与营销（第 2 版）》

5.《房地产市场营销》

6.《房地产投资分析》

7.《房地产经济学》

8.《房地产估价》

9.《房地产经纪》

10.《房地产金融》

11.《房地产企业会计》

12.《房地产统计》

13.《房地产测绘》

本系列教材，从酝酿、策划到完稿，进行了大量的市场调研和院校走访，很多院校老师给我们提供了宝贵意见和建议，在此特表示诚挚的感谢！教材在编写体例、内容组织、案例引用等，做了一定创新探索。教材编写紧跟房地产行业发展趋势，突出应用，贴近院校教学实践需求。希望本系列教材的出版，能在优化房地产经营与管理及相关专业培养方案、完善课程体系、丰富课程内容、传播交流有效教学方法，培养房地产行业专业人才，为我国房地产业的持续健康发展做出贡献！

北京理工大学出版社

前言

PREFACE

　　房地产业是国民经济中的一个重要的物质生产管理部门，而房地产业统计工作又是房地产业管理工作中不可缺少的一环。为了全面、系统、准确、及时地反映中国房地产市场的发展状况，科学预测房地产市场的未来前景，国内学术界正在努力建立一套科学系统的房地产市场统计指标体系。

　　"房地产统计"是房地产经营与管理等专业的重要基础课程之一。本书立足于房地产业的统计数据和与房地产业相关的其他经济统计资料，将其归纳与整理、分析与综合，全面展现了中国房地产行业的数据体系。

　　本书根据高等院校教育培养目标和教学要求，针对高等院校房地产等相关专业进行编写。本书编写时对基本理论的讲授以应用为目的，教学内容以必需、够用为度，力求体现高等应用型教育注重职业能力培养的特点。为更加突出教学重点，每个模块均设置了教学目标与考核重点及案例导入，对本模块内容进行重点提示和教学引导；文中还穿插了大量的扩展阅读，对相关内容和重点进行解析；模块小结以学习重点为依据，对各单元内容进行归纳总结，思考与练习以填空题、选择题、简答题的形式，更深层次地帮助读者对学习的知识进行巩固。

　　本书资料丰富、内容详实，有较强的针对性与实用性。另外，本书较好地处理了基础课与专业课、理论知识与实践知识之间的关系，注重房地产类专业技术能力的培养，力求做到通俗易懂、易于理解，特别适合现场工作人员随查随用。

　　本书由甘肃建筑职业技术学院安淑名担任主编，由甘肃建筑职业技术学院张正琨和重庆建筑科技职业学院李本里担任副主编。具体编写分工如下：安淑名编写模块一～模块三、模块八、模块九，并同时承担统稿、资源建设、案例收集等任务；张正琨编写模块四～模块七、模块十，并同时承担资源建设、案例收集等任务；李本里编写模块十一。

　　本书在编写过程中参阅了大量的文献，在此向这些文献的作者致以诚挚的谢意！由于编写时间仓促，编者的经验和水平有限，书中难免有不妥和错误之处，恳请读者和专家批评指正。

编　者

目录

CONTENTS

模块一　房地产统计概述 ... 1

　单元一　房地产统计基本知识 ... 2
　单元二　房地产统计的工作过程和方法 ... 6
　单元三　房地产统计中常用的基本概念 ... 8
　单元四　房地产统计的指标体系 ... 12

模块二　房地产统计数据的收集与整理 ... 17

　单元一　房地产统计数据的收集 ... 19
　单元二　房地产统计数据的整理 ... 27

模块三　房地产统计的指标 ... 39

　单元一　总量指标和相对指标 ... 41
　单元二　平均指标 ... 47
　单元三　标志变异指标 ... 53

模块四　统计指数 ... 59

　单元一　统计指数基本知识 ... 60
　单元二　综合指数 ... 62
　单元三　平均指数 ... 65
　单元四　指数因素分析 ... 68

模块五　时间序列分析 ... 73

　单元一　时间序列基本知识 ... 74
　单元二　时间序列的水平分析 ... 78
　单元三　时间序列的速度分析 ... 84

单元四　时间序列的长期趋势分析　88
　　单元五　时间序列的季节变动分析　95

模块六　房地产抽样调查　100
　　单元一　抽样基本知识　101
　　单元二　抽样估计方法与方式　103
　　单元三　抽样误差及其测定　110
　　单元四　抽样数目的确定　114

模块七　相关分析与回归分析　117
　　单元一　相关分析基本知识　118
　　单元二　一元线性回归分析　124
　　单元三　多元线性回归分析　128

模块八　房地产市场统计　131
　　单元一　房地产市场基本知识　133
　　单元二　房地产市场需求和供给统计　136
　　单元三　房地产市场竞争状况统计　145

模块九　房地产开发与销售统计　152
　　单元一　房地产开发统计　153
　　单元二　房地产企业销售统计　158

模块十　房地产交易统计　166
　　单元一　房地产交易统计概述　167
　　单元二　房地产权属登记统计　168
　　单元三　房地产买卖统计　172
　　单元四　房地产租赁　175
　　单元五　房地产抵押　178

模块十一　房地产企业财务统计　183
　　单元一　房地产企业资产统计　184
　　单元二　房地产企业成本、费用与利润统计　189
　　单元三　房地产企业财务状况统计分析　198

附　录　204

参考文献　216

模块一 房地产统计概述

教学目标与考核重点

教学内容	单元一 房地产统计基本知识 单元二 房地产统计的工作过程和方法 单元三 房地产统计中常用的基本概念 单元四 房地产统计的指标体系	学时	4学时
教学目标	理解统计、统计学、房地产统计的定义； 熟悉房地产统计的工作过程、方法，房地产统计指标体系的建立原则和主要内容； 熟悉房地产数据的调查、房地产统计整理的步骤； 掌握房地产中常用的概念、房地产统计体系的种类		
关键词	统计、统计学、房地产统计、标志、指标、统计指标体系、变量、变量值		
重点	房地产统计的工作过程和方法； 房地产统计的指标体系		
能力目标	能结合现实生活中的例子准确地界定总体和总体单位； 能在实践中准确地识别与区分标志和指标、数量指标和质量指标		
素质目标	让房地产统计专业的学习者坚定行业信心，树立行业自豪感，为未来达成职业意愿做好准备		

案例导入

结绳记事（计数）：原始社会创始的以结绳形式反映客观经济活动及其数量关系的记录方式。结绳记事（计数）是被原始先民广泛使用的记录方式之一。《周易·系辞下》记载："上古结绳而治，后世圣人易之以书契，百官以治，万民以察。"其结绳方法，据《易九家言》记载为："事大，大结其绳；事小，小结其绳，之多少，随物众寡。"即根据事件的性质、规模或所涉数量的不同结系出不同的绳结。民族学资料表明，近现代有些少数民族仍在采用结绳的方式来记录客观活动。

目前虽然未发现原始先民遗留下的结绳实物，但原始社会绘画遗存中的网纹图、陶器上的绳纹和陶制网坠等实物均提示先民结网是当时渔猎的主要条件。因此，结绳记事作为当时的记录方式是具有客观基础的。

到了今日，已没有人再用这种方法来记事，然而对于古代人来说，这些大大小小的结是他们用来回忆过去的唯一线索。这些"结"代表了最原始的统计活动。

分析：你了解统计学吗？房地产统计学的内容是什么？

单元一　房地产统计基本知识

一、统计与统计学

目前，统计方法被应用到自然科学和社会科学的众多领域，统计学已发展为由许多分支学科组成的学科体系。在统计体系中，房地产统计是社会经济统计的一部分。

1. 统计

"统计"一词包含着三种不同而又有密切联系的含义，即统计工作、统计资料和统计科学。

（1）房地产统计工作是指房地产统计工作部门或统计人员根据房地产统计的研究目的和研究对象的特点，运用科学的统计方法，对房地产统计总体现象的数量方面的信息进行收集、整理和分析研究的工作过程的总称。

（2）房地产统计资料是指反映房地产业经济规模、水平、发展速度、比例关系、普遍程度等的数字资料和有关情况。其是房地产统计工作的成果，主要包括经过整理、分析研究所取得的最终资料，如统计报表、统计年鉴、统计研究报告等。

（3）房地产统计学是房地产统计工作实践经验的科学总结，它阐明房地产统计的理论与方法，为房地产统计时间提供科学的理论指导。

以上三者之间的关系是：统计工作的成果是统计资料；统计资料和统计科学的基础是统计工作；统计科学既是统计工作经验的理论概括，又是指导统计工作的原理、原则和方法。

2. 统计学

统计学是收集、分析、表述和解释数据的科学，是对统计工作实践的理论概括和科学总结。统计学来源于统计实践，同时又指导统计实践，其目的是通过对大量数据资料的处理，实现对客观现象的数量特征及内在数量规律性的认识。统计学的基本术语有总体和总体单位、标志与指标、变异与变量等。

（1）总体和总体单位。总体是指客观存在的、在某种同质性的基础上结合成的、由许多个别事物构成的整体。总体可以由人、物、组织单位等实体构成，也可以由现象、活动过程等非实体构成。构成总体的个别事物即总体单位。要了解总体的数量特征，就必须从总体单位逐个登记开始。总体有无限总体与有限总体之分。无限总体就是总体含有无限多的总体单位，不可胜数；有限总体就是总体所包含的总体单位是有限的，是可以计数的。

(2)标志与指标。

1)标志用以说明总体单位所具有的属性或特征。每个总体单位有许多属性和特征。例如，以某企业每个职工作为总体单位考察时，有性别、民族、文化程度、年龄、属性及特征，这些是每个职工的标志，而且它们在总体单位之间各有一定的具体表现，即它们之间有相同点也有不同点。标志按其性质不同，可分为品质标志和数量标志。品质标志是说明总体单位质的特征的，是不能用数值来表示的；数量标志是表示总体单位量的特征的，是可以用数值来表示的。对各个总体单位的标志名或标志值进行综合可以反映总体的综合特征。

2)指标是说明总体的综合数量特征的。一个完整的统计指标包括指标名称和指标数值两部分。

(3)变异与变量。变异是指标志在总体单位之间的不同具体表现，品质标志存在变异，数量标志也存在变异(其变异就是变量)。统计学是研究随机现象的科学，其变量往往是随机变量。在社会经济统计中，一般认为变量就是可变的数量标志。

扩展阅读

统计学的创始和流派

17世纪中叶至18世纪中叶是统计学的创立时期。在这一时期，统计学理论初步形成了一定的学术派别，主要有国势学派和政治算术学派。

1. 国势学派

国势学派产生于17世纪的德国。由于该学派主要以文字记述国家的显著事项，故又称记述学派。其主要代表人物是海尔曼·康令和阿亨华尔。康令是第一个在德国黑尔姆斯太特大学以"国势学"为题讲授政治活动家应具备知识的学者。阿亨华尔在格丁根大学开设"国家学"课程，其主要著作是《近代欧洲各国国势学纲要》，书中讲述了"一国或多数国家的显著事项"，主要采用对比分析的方法研究了解国家组织、领土、人口、资源财富和国情国力，比较了各国实力的强弱，为德国的君主政体服务。因在外文中"国势"与"统计"词义相通，后来将其正式命名为"统计学"。虽然该学派在进行国势比较分析中，偏重事物性质的解释，而不注重数量对比和数量计算，但为统计学的发展奠定了经济理论基础。随着资本主义市场经济的发展，对事物数量的计算和分析显得越来越重要。该学派后来发生了分裂，分化为图表学派和比较学派。

2. 政治算术学派

政治算术学派产生于17世纪中叶的英国，创始人是威廉·配第(1623—1687)，其代表作是于1676年完成的《政治算术》(Political Arithmetic)一书。这里的"政治"是指政治经济学，"算术"是指统计方法。《政治算术》的问世，标志着统计学的诞生。《政治算术》是一部用数量方法研究社会问题的著作。在这部书中，威廉·配第利用实际资料，运用数字、重量和尺度等统计方法，对英国、法国和荷兰三国的国情国力做了系统的数量对比分析，从而为统计学的形成和发展奠定了方法论基础。因此，马克思说："威廉·配第——政治经济学之父，在某种程度上也可以说是统计学的创始人。"

政治算术学派的另一个代表人物是约翰·格朗特(1620—1674)。他以1604年伦敦教会每周一次发表的《死亡公报》为研究资料，在1662年发表《关于死亡公报的自然和政治观察》的论著中分析了60年来伦敦居民死亡的原因及人口变动的关系，首次提出通过大量观察，可以发现新生儿性别比例具有稳定性和不同死因的比例等人口规律，并且第一次编制了"生命表"，对死亡率与人口寿命做了分析，从而引起了普遍的关注。他的研究清楚地表明了统计学作为国家管理工具的重要作用。

二、房地产统计

正确的房地产统计资料，必然是科学的房地产统计工作的结果，而科学的房地产统计工作，又必然是在房地产统计学理论的指导下完成的。从事这项工作的人员称为统计员、统计师、高级统计师，领导和组织这项工作的部门称为房地产统计机构或统计部门。

1. 房地产统计的对象

要深刻理解房地产统计的定义，必须认清房地产统计的对象。在国民经济统计中，大多数国家对房地产业的统计和对其他产业的统计相同，在国民经济核算体系中，对房地产业的各年度产值、就业人数、税收、企业数、流动资产、固定资产等指标进行统计。在英、美等国的国民经济统计中，除以上的房地产业统计对象外，还有房地产新开发项目数、开发失败项目数、房地产开发项目建成数、房地产销售额等统计指标。对于国民经济核算体系中的房地产业统计方法，尽管各国的统计口径不同，但统计指标种类差异不大。房地产统计的对象具有以下特点：

（1）总体性。统计的数量研究是对房地产现象总体中各单位普遍存在的事实进行大量观察和综合分析，得出反映现象总体的数量特征。

（2）变异性。统计研究同类现象总体的数量特征，它的前提是总体各单位的特征表现存在着差异，而且这些差异是不可预知的。如果说总体各单位的变异表现出个别现象的特殊性和偶然性，那么对现象总体的数量研究则是通过大量观察及从各单位的变异中归纳概括出它们的共同特征，显示出现象的普遍性和必然性。

（3）数量性。房地产统计是在质与量的辩证统一中，通过观察、研究房地产现象的数量方面来说明房地产现象在具体时间、地点、条件下的规模、水平、速度、结构、比例和强度等，并通过统计分析等方法来揭示房地产现象的产生、形成及其发展规律。

2. 房地产统计的范围

房地产统计范围涉及房地产投资、开发、经营、管理和服务等经济活动。西方国家的房地产统计范围是房地产的流通服务业，不涉及投资、开发等方面。例如，美国商务部统计局的房地产业统计内容有房地产租赁、中介和经纪、物业管理、评估等。

3. 房地产统计的属性

在我国，房地产统计属于经济统计，是一门专业的产业统计。房地产统计可分为以宏观经济为研究对象的国民经济核算体系、以微观经济为研究对象的企业统计和以中观经济为研究对象的市场统计。一般情况下，房地产统计侧重于中观的市场统计。在我国现阶段，房地产统计的直接目的是使国民经济的宏观调控具有清晰的思路。因此，在很大程度上，房地产统计更多地涉及的是国民经济的宏观层面，而在中观的房地产市场统计方面存在明显的滞后，并突出地表现在房地产市场指标体系的不健全、不合理等方面。

4. 房地产统计的基本任务

房地产统计的基本任务是对国民经济和社会发展情况进行统计调查、统计分析，提供统计资料和统计咨询意见，实行统计监督。简而言之，统计工作就是要提供统计服务，实行统计监督。对于房地产统计而言，就是要对房地产业及房地产市场的发展情况进行调查、分析、监督，从而引导行业健康发展。从宏观上看，我国房地产统计的目的是为政府宏观调控房地产业服务，有较强的计划性和监督性。

5. 房地产统计的作用

房地产统计是认识房地产经济数量关系和数量变化规律的有力工具。房地产统计有利于国民经济宏观调控。房地产统计的作用有以下几个方面：

(1) 有利于为国家统计部门提供有关房地产的统计信息。国民经济统计是建立在各部门专业统计基础之上的宏观统计，其数据大多来源于各部门的专业统计。房地产统计作为专业统计之一，承担着为国家宏观统计提供部分统计数据的任务。

(2) 有利于认识房地产经济现象的内部结构。通过分析研究商品房价格的构成可以认识我国商品房价格的构成是否合理，从而认识我国房地产市场的发展特点。

(3) 为各级主管房地产业的政府机关了解房地产业的发展、制定房地产业发展政策、检查政策贯彻情况、编制房地产业发展计划和检查执行情况提供依据。

党和国家为了指导房地产业的发展，必须制定一系列方针、政策，而方针、政策的正确与否是建设事业成败的关键。为此，在制定房地产方针、政策之前，必须首先了解情况，掌握房地产业发展的现状和变化规律，这就必须借助统计信息。同时，新的政策付诸实施后，是否能促进经济发展，还必须依靠统计信息。通过统计工作者及时、有效的统计调查、统计整理和统计分析及统计信息的提供和反馈，使决策部门随时制定和调整有关方针、政策，以确保房地产业的健康发展。

虽然我国已进入社会主义市场经济，市场调节已成为产业调整的主要杠杆，但国家对经济的宏观调控不容忽视，各政府部门应根据本行业经济发展的客观规律制订出切实可行的总体计划以对本行业发展加以宏观调控，而计划的制订离不开统计。房地产统计作为房地产业信息的主体，以发展水平、比例关系、发展速度、人财物、产供销等具体数据为房地产部门制订计划提供依据。同时，在贯彻执行计划的过程中，随时进行统计调查和统计分析，检查计划执行情况，及时发现问题和矛盾，以便有关部门采取措施解决问题，保证计划的有效执行。

(4) 有利于实行统计监督。统计监督通过在质与量的分析中运用一整套科学核算体系和统计指标体系，采用科学的方法对房地产现象进行定量监测，研究其数量表现和数量关系。

在房地产统计具体实践中，通过对住房状况的调查，全面掌握当地住房总量、结构、居住条件、消费特征等信息，建立健全房地产市场信息系统和信息发布制度，增强房地产市场的信息透明度，从而促进国民经济的协调、稳定发展，使国民经济的宏观调控更具有方向性和技术性。

扩展阅读

房地产统计的意义

房地产业是国民经济中的重要行业之一，由房地产的投资、开发、经营、管理和服务等行业所组成。房地产业无论是对人们的生活，还是对国民经济的发展都具有重要的意义。随着我国城市化进程快速推进和现代化新农村的构建，房地产已经成为社会财富的主要载体。房地产业作为国民经济和城市发展的重要支柱，通常也表现为投资热点、政策重点和舆论焦点。房地产统计的意义主要有以下几个方面：

（1）从房地产政策来看，我国以提高经济效益和高速发展国民经济为国家最主要的发展方向，以提高房地产投资的经济效益为主的房地产业调控政策是国家的主要政策。在现阶段房地产发展过快、房价增速过高等情况下，国家也开始关注可持续发展政策和解决社会公平的问题。

（2）从房地产市场来看，我国处于经济快速发展时期，近年来的房地产市场需求较大，每年的新建开发量较大，存量市场交易体制不够完善，房地产服务流通占房地产业的份额比重相对较小，房地产市场以增量市场为主，房地产统计也主要以房地产投资开发为主。

（3）房地产属于固定资产。联合国制定的《1993年国民经济核算体系》（以下简称《1993年SNA》）明确规定："包括用作住户主要住所的船舶、驳船、活动房屋和大篷车在内的一切住宅，以及车库等任何与住宅有关的建筑物都是固定资产。"对于住房来说，无论是建造还是购买，无论是用来自住还是出租都属于固定资产投资的范围。将住房和所有房屋投资纳入固定资产投资统计，符合国际通行的做法。在我国现行的固定资产投资统计中，房地产开发投资是一个重要的组成部分。

（4）在我国统计工作的实践中，投资统计和生产统计是分开进行的。就房地产开发企业而言，其为开发和销售商品房屋所进行的一系列管理和服务活动作为生产活动进行统计，计算产值增加值；其开发、销售的商品房屋则作为投资活动进行统计。

单元二 房地产统计的工作过程和方法

一、房地产统计的工作过程

房地产统计研究房地产领域中大量现象的数量方面，一般要经过房地产统计设计、房地产统计调查、房地产统计整理和房地产统计分析四个阶段，才能完成从定性认识到定量认识，再到定性与定量认识相结合这一完整过程，从而达到认识的升华。

1. 房地产统计设计

房地产统计设计是指根据统计研究的任务、目的及被研究对象的特点，对房地产统计活动的全过程做出全面的计划和安排的工作过程。其主要目的是确保房地产统计工作的顺利进行。统计设计在房地产统计活动中具有非常重要的作用，是其得以顺利开展与组织的前提和基础。

在房地产统计设计阶段，主要进行以下工作：确定调查对象、调查单位和调查期限，设计调查项目、统计指标和指标体系，确定统计调查的方式和统计分析方法，协调统计工作各部门、各环节的关系，组织安排统计工作人员及试点调查等。

2. 房地产统计调查

经过房地产统计设计并形成设计方案之后，就可以开始收集统计数据。房地产统计调查就是根据房地产统计研究的目的所确定的统计指标体系，把研究对象中各总体单位的某些必须了解的特征记录下来，包括收集丰富的原始资料和收集加工整理过的二手资料。既要收集统计资料，也要收集相关的业务资料、会计资料；既要收集数字资料，也要深入了解有关的具体情况，便于全面分析房地产现象数量方面的特点，掌握房地产现象数量变动的规律。做好房地产统计调查工作是房地产统计整理和分析的基础。

3. 房地产统计整理

房地产统计整理是指根据统计研究的目的，运用科学的方法对房地产统计调查阶段所收集到的原始数据按照一定的标志进行分组、汇总和整理，使之条理化、系统化，从而成为能够反映总体数量特征的综合资料的工作过程。房地产统计整理既是房地产统计调查的继续，又是房地产统计分析的基础，属于房地产统计工作的中间环节，起着承上启下的过渡作用。

4. 房地产统计分析

房地产统计分析是以房地产统计数据为基础，结合具体情况，运用静态分析和动态分析方法进行分析研究，肯定成绩，发现问题，找出原因，探究事物的本质与规律。房地产统计分析既是房地产统计工作的重要阶段，也是统计研究过程的最终环节。因此，应当积极地开展统计分析，提供有数据、有建议的分析资料，便于决策者和管理人员深入了解问题，进一步加强经营管理工作。

二、房地产统计的方法

房地产统计是研究房地产现象总体数量方面的一门学科，因而，也有一些专门的统计方法。这些统计方法相互联系、相互影响，构成了统计认识方法体系。

1. 大量观察法

客观事物错综复杂，受到各种因素的影响，且具有大量性和变异性。大量观察法就是对房地产管理现象的全部或足够多的单位进行观察。因为个别现象要受到特殊因素或偶然因素的影响，不能反映客观事物发展的规律，只有通过大量观察分析，才能排除总体中个别偶然因素的影响，获得对客观事物发展规律的认识。

在有些情况下，房地产现象研究的总体十分庞大，但在房地产统计工作中往往只需抽出一定数量的个体作为样本进行观察，只要这些样本能够代表总体，就可以称为大量观察。从这个意义上讲，大量观察法也可以称为整体观察法。

2. 统计分组法

统计分组法是按照某一个或某几个标志，将所研究的房地产总体划分为若干部分或组的方法。通过统计分组法可以将相同的部分归并在一起，将组与组明显区别开。它是一种

对房地产总体进一步研究、区分内部差异的方法。房地产统计工作在定性研究和定量研究时都需要运用统计分组法。统计分组法有利于从不同的角度分析和研究问题。例如，在研究商品房消费者总体时，除观察这个总体的全貌外，还需要运用统计分组法，如按购买商品房的户型、消费者的收入水平或职业等标志分成不同的部分，研究其消费特点，以便作出科学的投资决策和营销决策。

通过统计分组法可以划分观察的经济类型，揭示各种类型的特征和相互关系，说明现象的内部结构，分析现象与现象之间的依存关系。统计分组法是贯穿整个统计工作的基本方法。

3. 综合分析法

在统计分析中会广泛运用综合分析法，即综合运用多种指标，如总量指标、相对指标和平均指标，以及多种统计分析手段，对现象间的相互关系进行全面综合分析，以综合地反映客观现象的规模、水平、结构、比例关系、发展速度等。综合分析方法灵活、手段多样，从而避免了观察、研究问题时的主观性、片面性，全面地反映出现象发展的规律。

4. 统计模型法

统计模型法是对客观现象的原型进行模拟或仿真，是在较高层次上认识事物的一种方式。统计模型法是利用一套相互联系的统计分组和统计指标，对客观存在的总体及其运动过程作出比较完整的、近似的反映或描述的方法。这种方法通常有两种表达方式：一是依据统计指标之间存在的明确的数量关系，建立数学方程式或方程组，一般称为统计数学模型；二是依据统计指标之间的逻辑关系，构建框架式的物理模型，一般称为统计逻辑模型。如回归分析属于统计数学模型的表达方式，房地产统计指标体系则属于统计逻辑模型的表达方式。

5. 归纳推断法

归纳推断法包括归纳和推断两个方面。归纳是指由个别到一般，由事实到整理、描述的方法；推断是指以一定的标志，根据部分样本数据来推断总体相应特征的方法。当获得总体的样本数据后，就可推断总体数据，并用一定的概率加以保证，同时对总体数据的正确性进行推断与检验。例如，物业服务企业在调查业主对物业管理工作的满意程度时，一般可依据随机原则，随机调查业主对物业管理工作的满意程度，并通过对这部分业主的调查结果，推断该物业服务企业的工作质量情况，并用一定的概率来保证。归纳推断法在实际工作中被广泛应用，是现代统计中的重要方法之一。

单元三 房地产统计中常用的基本概念

一、统计总体与总体单位

房地产统计要研究房地产现象总体的数量特征和数量关系。因此，首先对统计总体要有一个明确的认识。所谓统计总体，就是根据一定目的确定的所要研究的实物的全体，它是由客观存在的、具有某种共同性质的许多个别事物构成的整体。构成总体的每个个别事物就称为总体单位。例如，研究全国房地产企业的基本情况时，就应以全国的房地产企业作为一个总体。其中,每个房地产企业就是一个总体单位。这些房地产企业都具有共同的性质,即它们都从事房地产经营活动。有了这个总体,就可以研究全国房地产企业的各种数量特征,如商品房开发面积、商品房销售数量、商品房销售额等。当然,组成总体需要有许多总体单位,这些总体单位除具有相同的性质外,还存在着不相同或有差异的一些特征,如每个房地产企业的职工人数、房地产开发数量、质量和经济效益等方面的不同。因此,人们往往把形成总体的客观条件归纳为具有同时存在、相互依赖的同质性、大量性和差异性三个主要特征。

(1)同质性。同质性是指总体内的各个总体单位至少具有某一相同的性质。同质性是确定统计总体的基本标准,它是根据统计的研究目的而定的。研究目的不同,所确定的总体也不同,其同质性的意义也随之改变。

(2)大量性。大量性是指总体不能由个别总体单位构成,而必须由足够多的总体单位组成。房地产统计对房地产总体数量特征进行研究,其目的是探索、揭示房地产现象的规律性,而房地产现象的规律性只有通过大量观察才能显示出来。因此,统计总体应该由足够数量的同质性总体单位所构成。

(3)差异性。差异性是指总体内的各个总体单位除某个或某几个性质相同外,在其他方面存在的不同特征。同质性是构成总体的基础,差异性才使统计研究成为必要。如果总体内的各个总体单位之间不存在差异,那么统计研究就毫无意义了。

总体和总体单位的概念是相对而言的,随着研究目的的不同,总体可以变成总体单位,总体单位也可以变成总体。例如,要研究全国房地产企业基本情况时,全国所有房地产企业就是一个总体,而每个房地产企业就是一个总体单位;而当要研究某一个房地产企业基本情况时,则该房地产企业就由原来的总体单位变成了总体。

二、标志与指标

1. 标志

标志是用来说明总体单位的特征或属性的名称。例如,要调查了解全国劳动人口的状况,则每个劳动者的性别、年龄、民族、籍贯、收入和支出等在统计上都是标志。标志是依附于总体单位而存在的。一个总体单位可以有许多特征,因而,需要用许多不同的标志加以说明。标志按其是否可以用数值来表示可分为品质标志和数量标志(对应品质型数据和数值型数据)。品质标志是说明总体单位某方面属性的标志,这一属性不能用数值表示,如学生的姓名、性别、民族和籍贯等;数量标志则是表示总体单位的数量特征或数量属性的标志,其具体表现形式为数值,如学生的身高、体重、年龄等。标志在各个总体单位的表现称为标志表现。品质标志的标志表现为文字;数量标志的标志表现为数值。品质标志和数量标志如图 1-1 所示。

图 1-1 品质标志和数量标志

标志按其变异情况可分为不变标志和可变标志。不变标志即标志的具体表现是相同的或一致的，不变标志是统计总体同质性的体现，一个统计总体至少存在一个不变标志；可变标志即标志的具体表现不尽相同，如各个企业的职工人数、增加值等。可变标志是统计总体变异性的体现。

2. 指标

指标是统计指标的简称，是用来说明现象总体数量方面特征的。一个完整的统计指标应包括指标名称和指标数值两个部分。指标名称是说明现象总体特征的科学概念，它给统计总体某一方面特征以质的规定。例如，某房地产企业总产值、商品房销售额、劳动生产率等都是比较严格的概念。指标数值说明现象在具体时间、地点、条件下的具体表现，它是根据总体各单位相应的属性标志表现和数量标志值汇总、计算而来。例如，研究某市房地产企业情况，则总体是该市全部房地产企业，总体单位是该市的每个房地产企业，标志有所有制形式、职工人数、企业总产值、利润额等。该市房地产企业的职工人数、房地产企业总产值、利润额等都是由各个房地产企业的相应数值汇总而来的。

统计指标按其反映总体现象的内容不同可分为质量指标和数量指标。前者反映总体现象各总体单位的水平、现象间的内在联系和比例关系；后者则用来说明总体现象的总量或规模。例如，平均工资、平均销售额、单位产品成本、劳动生产率等就是质量指标；而职工工资总额、商品销售额、利润总额就是数量指标。

扩展阅读

指标和标志的区别与联系

指标和标志，两者既有区别，又有联系。它们的主要区别如下：

（1）标志是说明总体单位特征的，指标是反映总体特征的。例如，研究某房地产企业职工的工资水平，则工资是说明每个总体单位的特征的名称，即标志；而平均工资则是说明这个总体的特征，即指标。

（2）标志既有能用数值表示的数量标志，也有能用文字表示的属性标志；而指标只能用数值表示。如职工的工资是用数值表示的数量标志，职工的性别则是用文字表示的属性标志，而企业管理人员所占比重、职工平均工资等指标都是由数值表现的。

它们的主要联系如下：

（1）指标数值是由构成总体的各总体单位的数量标志值或属性标志表现的次数汇总计算而来。如职工工资总额是由职工工资汇总而来的，而管理人员所占比重则是由管理人员、全部职工人数等属性标志表现的次数汇总、计算而来。

（2）随着研究目的的变化，指标与标志之间可以转换。指标与标志之间的这种转换取决于总体与总体单位的转换。如研究某市房地产公司情况，全市房地产公司就是总体，该市某房地产公司就是其中的一个总体单位，该房地产公司的商品房销售量就是数量标志；如研究某房地产公司的情况，某房地产公司就是总体，该公司的商品房销售量就转换成统计指标了。

三、统计指标体系

单个统计指标只反映总体某一个数量特征，说明总体现象某一侧面情况。客观现象是错综复杂的，而要反映其全貌、描述现象发展的全过程，只依靠单个统计指标是不够的，所以，需要设立统计指标体系。统计指标体系是由一系列相互联系的统计指标所组成的有机整体，用以反映所研究现象各方面相互依存、相互制约的关系。例如，为了反映房地产企业经营的全貌，需要产量、产值、品种、质量、职工人数、劳动生产率、工资总额、财务成本等多项统计指标，来组成房地产企业统计指标体系。指标体系的设置不但是客观现象的反映，也是人们对客观现象认识的结果。随着客观形势的发展变化及实践经验和理论研究的积累，指标体系也将不断改进更新、逐步完善。

四、变量与变量值

1. 变量

变量是说明现象某种特征的概念。变量的类型有分类变量、顺序变量、数值型变量等，但在多数情况下所说的变量主要是指数值型变量，即说明事物数量特征的一个名称，可以取不同数值的量，包括可变的数量标志或统计指标。在本书中，将变量定义为数值型变量。如企业的产值、学校的学生数、工人的劳动生产率等。

2. 变量值

变量值是变量的具体表现，如产值100万元、学生3 000人、劳动生产率100元/人等。

根据变量值是否连续，可将变量分为连续变量与离散变量两种。在一定区间内可任意取值的变量叫作连续变量，其数值是连续不断的，相邻两个数值可做无限分割，即可取无限个数值，其数值可以用小数来表示。例如，生产零件的规格尺寸，人体测量的身高、体重、胸围等均为连续变量，其数值只能用测量或计量的方法取得。可按一定顺序——列举其数值的变量叫作离散变量，其数值表现是断开的，其数值只能用整数来表示。例如，企业个数、职工人数、设备台数、学校数、医院数等，都只能按计量单位数计数，这种变量的数值一般用计数方法取得。

扩展阅读

统计学与其他学科的关系

统计学与数学关系密切，但又有本质的区别。由于现代统计学中研究理论统计学的人需要有较深的数学知识，应用统计方法的人也要具备良好的数学基础，这就使人们产生了一种错觉，似乎统计学只是数学的一个分支，这种理解是不妥当的。实际上，统计学只是为统计理论和统计方法的发展提供了数学基础，而且统计学的主要特征是研究数据。另外，统计方法与数学方法相同，并不能独立地直接研究和探索客观现象的规律，而是给各学科提供了一种研究和探索客观规律的数量统计方法。虽然表面上看统计学与数学都是研究数量规律的，都是和数字打交道的，但实际上却有着明显的差别。首先，数学研究的是抽象的数量规律，而统计学则是研究具体的、实际现象的数量规律；其次，数学研究的是没有

量纲或单位的抽象的数,而统计学研究的是有具体实物或计量单位的数据;最后,统计学与数学研究中所使用的逻辑方法也是不同的,数学研究所使用的是纯粹的演绎,而统计学则是演绎与归纳相结合,占主导地位的是归纳。数学家可以坐在屋里,凭借聪明的大脑从假设命题出发而推导出漂亮的结果,而统计学家则要深入实际收集数据,并与具体的实际问题相结合,经过大量的数据归纳才能得出有益的结论。

统计学是一门应用性很强的学科,同时由于几乎所有的学科都要研究和分析数据,因而,统计学几乎与所有的学科都有着或多或少的联系。这种联系表现为,统计方法可以帮助其他学科探索学科内在的数量规律性,而对这种数量规律性的解释和具体学科内在规律的研究,只能由各学科自己来完成。例如,古老的大量观察法已经发现了新生婴儿的性别比是107∶100,但为什么会是这样的比例,形成这一比例的原因则应由人类遗传学或医生来研究和解释,而非统计方法所能解决。再如,利用统计方法对吸烟和不吸烟者患肺癌的数据进行分析,得出吸烟是导致肺癌的原因之一,但为什么吸烟能导致肺癌,这就需要医学进行解释了。

由此可以看出,统计方法仅仅是一种有用的、定量分析的工具,它不是万能的,不能解决所有问题。能否用统计方法解决各学科的具体问题,首先要看使用统计工具的人是否能正确选择统计方法,其次还要在定量分析的同时进行必要的定性分析,也就是要在定性分析的基础上进行定量分析,最后再应用各学科的专业知识对统计分析的结果做进一步研究,如此才能得出令人满意的结果。尽管各学科所需要的统计知识不同,使用统计方法的复杂程度也大不相同,统计学也不能解决各学科的所有问题,但是统计方法在各学科的研究中会发挥越来越重要的作用。

单元四　房地产统计的指标体系

房地产统计是通过若干单个指标来反映的,最主要的指标有商品房、非住宅销售数量和销售价格,居民住宅用地、工业用地交易额,公房、私房租赁单价等。这些指标都在某一个方面很好地反映房地产的活动,如房屋销售反映了某地区各类房屋的销售量、销售单价状况,但不能反映房屋售后质量问题。同样,其他指标也只反映房地产活动的某一个方面。因此,要全面、系统地反映房地产市场各方面的数量特征,就要设计科学合理的房地产统计指标体系。所谓统计指标体系,就是一系列相互联系、相互制约的统计指标所组成的整体。房地产统计指标体系的建立,要符合实际需要,与房地产统计任务相适应。

一、房地产统计指标体系的种类

房地产统计指标体系是由一系列相互联系、相互制约、反映房地产现象数量特征和数量关系的统计指标构成的有机整体。其全面反映房地产经济现象的全貌和发展过程,反映这些现象的因果联系、依存关系和平衡关系。根据它反映的统计总体数量方面的特点,可将指标体系分为以下两类。

1. 基本统计指标体系

基本统计指标体系是反映统计总体基本数量方面的指标体系。此处的基本数量方面应涵盖统计总体全部活动的各个方面，包括活动的条件、活动的过程和活动的成果等。基本统计指标体系具体表现为某基层企业基本统计指标体系、某地区基本统计指标体系、整个房地产部门基本统计指标体系等。由于基本统计指标体系主要用于了解和反映统计总体的基本情况，共性和稳定性较强，所以，一般由国家或地方统计部门配合房地产部门共同制定。

2. 专题统计指标体系

专题统计指标体系是针对某一房地产现象或问题而专门设计的统计指标体系。其一般伴随着专门统计调查研究而形成，如房地产效益统计指标体系、房地产投资统计指标体系、房地产价格统计指标体系等。专题统计指标体系常随着研究目的的不同而发生变化，所涉及的广度与深度都不一致，因此，一般由统计研究者在进行专题研究时自行设计完成。

基本统计指标体系常常是设计专题统计指标体系的重要参考，而专题统计指标体系中的一些重要指标也可用于丰富和完善基本统计指标体系。由于事物总是处在不断的变化与发展中，因此，统计指标体系也有一个不断发展、完善的过程。在建立统计指标体系过程中，既要本着实事求是、勇于创新的精神，大胆设计新的指标，改进不完善的旧指标，又要本着积极稳妥的精神，充分尊重已有的统计指标体系，以保持指标体系的相对稳定性和权威性。

二、房地产统计指标体系的建立原则

由于房地产统计研究的目的不同，房地产统计指标体系的设计也会有所变化，不同指标体系突出的重点会有所区别，具体内容更是各具差异，但其基本要求是一致的。要设计出一套科学、适用的房地产统计指标体系，必须坚持以下原则。

1. 结合党和国家的房地产政策

统计指标是帮助人们认识和反映客观现象的工具，设计统计指标体系必须结合党和国家的方针政策。另外，作为党和国家领导下的统计部门和专业统计机构，其工作的宗旨就是要切实贯彻执行党和国家的方针政策，所设计的统计指标体系也应符合党和国家方针政策的基本要求。因此，国家土地有偿使用制度和城市住房制度应成为设计房地产统计指标体系的指南。

2. 结合国家基本建设计划

房地产建设是基本建设的重要组成部分，房地产统计应与国家基本建设统计在其公共面上达到一致。只有房地产部门所掌管的土地和房屋与非房地产部门所掌管的土地和房屋都建立统一的统计报表制度，国家决策部门才可以据此了解计划年度内城市房屋的建设规模和速度，从而作出科学的预测，并在国民经济各部门中进行合理调整而趋向优化，为国家编制基本建设计划提供可靠依据。

3. 结合会计核算和业务核算的指标体系

统计核算、会计核算和业务核算是国民经济核算体系的三大组成部分，它们相辅相成，是国民经济综合管理的重要手段。而这三大核算又各自从中央到地方、部门直至基层企事业单位，构成相互补充、彼此沟通的网络，因此，必须保持三大核算体系在指标体系上的统一性，指标的含义、范围、计算方法都应力求统一，只有这样才能使三大核算做到既有分工又有衔接，从而有利于房地产经济管理，满足经济分析的需要。

4. 结合房地产现象本身的内在构成

房地产指标体系的建立目的是通过指标体系来认识房地产现象的数量方面，这就必须使指标体系的设计紧密结合所研究房地产现象的客观实际，并把握住其内在结构。因此必须确定统计研究对象的范围。要设计反映整个房地产现象全貌的基本统计指标体系，就要把不属于房地产现象的那些部分与房地产现象区分开，并找出房地产现象的本质特征和内在联系。要对某一特定房地产领域设计反映其专门问题的专题统计指标体系，就要把与此问题无关的现象与这一特定领域的房地产现象区分开，并找到这一中心问题与其他有关房地产现象的本质联系。

5. 结合必要性、可测性和稳定性

必要性是指统计指标的选择应紧紧围绕统计研究的需要，紧紧围绕房地产管理实际工作的需要。选择的指标并不是越多越好，而是要力求精练、有用，可有可无的指标不要选入统计指标体系。可测性是指所选择的指标应与一定的现实观测技术相联系，是可以被测定的变量，而不是抽象的概念。当然，由于观测技术是与一定时代的科技发展水平相联系的，所以，要保证指标的可测性，必须考虑到目前的科技发展水平、统计部门的统计设备和统计力量及各基层组织的管理水平。随着科技的进步和管理水平的提高，原来不可测的概念将会成为可测的指标。稳定性是指统计指标的含义、计算方法、计算单位等要保持标准化、规范化，尽量保持一致，这样可以提高统计资料的可比性程度。另外，指标选择的稳定性还在于应选择基本的、稳定的房地产现象作为观测的对象，而对那些偶然的、表面的房地产现象则不必考虑，只有客观现象本身是稳定存在的，用来反映的统计指标才是稳定和可靠的。

三、房地产统计指标体系的主要内容

从反映房地产的综合情况看，房地产统计指标体系由价值量指标和实物量指标组成。围绕房地产再生产过程，形成了综合反映房地产供应、生产、流通、消费各环节的动态和静态、综合和专业相互联系的指标体系。

（一）供应环节的房地产资源统计指标

1. 土地供应量统计指标

土地供应量统计指标主要是指按照土地利用现状、用地用途（住宅用地、商业用地、市政用地及其他用地）、用地性质（划拨用地、出让用地）、地区（按地理位置划分土地级别）分组分类设置指标；根据可持续发展战略，要设置反映土地利用状况的综合指标。

2. 房屋基本情况统计指标

房屋基本情况统计指标主要是指按照房屋类型（住宅、办公、工业、商业、文娱、医疗、学校等）、产权性质（国有财产、私有财产等）、经营管理单位（直管、物业单位管、企业自管、私人管）分组分类设置反映居住水平的综合指标。

(二)生产环节的房地产开发统计指标

生产环节的房地产开发统计指标主要是指房地产开发企业基本情况指标、房地产开发建设指标及房地产开发投资指标。房地产开发企业基本情况指标包括企业性质、企业类别、资质状况、资金总额、人员总数、房地产开发量等。房地产开发建设指标包括商品房施工、新开工、竣工建筑面积等,并按商品房分类设小类指标。房地产开发投资指标主要按投资环境、投资来源、投资额、投资效果分组设置。

(三)流通环节的房地产交易、中介服务统计指标

流通环节的房地产交易、中介服务统计指标是指商品房销售指标、分组设置指标、房地产评估机构及房地产经纪人情况指标。

(1)商品房销售指标是指按预售、出售分组设置销售额、销售量、销售价格指标及出售率、空置率等综合指标。

(2)分组设置指标是指按照存量房买卖,房屋的租赁、抵债、交换、赠予,公房出售,差价调房等交易方式及房屋类型、交易对象、管理方式分类分组设置指标。

(3)房地产评估机构及房地产经纪人情况指标是指按评估机构资质、经纪人类型、地区分布、经营状况分别设置指标。

(四)消费环节的房地产物业管理统计指标

消费环节的房地产物业管理统计指标包括:物业管理机构设置个数、资质等级、从业人员等指标;按物业管理状况设置的实施物业管理的小区个数、面积,小区达标的个数、面积,各类规模小区居住人口,租金的收缴,物管费的收缴等指标;直管公房按其危房翻建、大中修、维修养护等设置的指标。

模块小结

房地产业既是与生产、消费密切相联系的第三产业,也是整个国民经济中的一个重要行业。

统计学是收集、分析、表述和解释数据的科学,是对统计工作实践的理论概括和科学总结。房地产统计是指房地产统计工作部门或统计人员根据房地产统计的研究目的和研究对象的特点,运用科学的统计方法,对房地产统计总体现象的数量方面的信息进行收集、整理和分析研究的工作过程的总称。

统计学的基本术语有统计总体和总体单位、标志与指标、变量与变量值等。统计总体就是根据一定目的确定的所要研究的实物的全体,它是由客观存在的、具有某种共同性质的许多个别事物构成的整体。构成总体的每一个个别事物就称为总体单位。标志是用来说明总体单位的特征或属性的名称。指标是统计指标的简称,它是用来说明现象总体数量方面特征的。变量是说明现象某种特征的概念,变量值是变量的具体表现。

模块一　房地产统计概述

房地产统计指标体系是由一系列相互联系、相互制约、反映房地产现象数量特征和数量关系的统计指标构成的有机整体。

思考与练习

一、填空题

1. _____ 是一门关于数量资料的调查、整理、分析和解释的科学。
2. _____ 是收集、分析、表述和解释数据的科学，是对统计工作实践的理论概括和科学总结。
3. _____ 是指客观存在的、在某种同质性的基础上结合成的、由许多个别事物构成的整体。
4. _____ 是指标志在总体单位之间的不同具体表现，品质标志存在变异，数量标志也存在变异，数量标志的变异就是变量。
5. 变量是说明现象某种特征的概念，_____ 是变量的具体表现。

二、选择题

1. 关于房地产统计的作用说法，下列错误的是（　　）。
   A. 有利于为国家统计部门提供有关房地产的统计信息
   B. 有利于认识房地产经济现象的内部结构
   C. 为各级主管房地产业的政府机关了解房地产业的发展、制定房地产业发展政策、检查政策贯彻情况、编制房地产业发展计划和检查执行情况提供依据
   D. 有利于揭示房地产现象的产生、形成及其发展鼓励
2. （　　）是统计指标的简称，它是用来说明现象总体数量方面特征的。
   A. 标志　　　　B. 指标　　　　C. 统计指标　　　　D. 统计变异
3. （　　）是由一系列相互联系、相互制约、反映房地产现象数量特征和数量关系的统计指标构成的有机整体。
   A. 房地产统计指标体系　　　　B. 基本统计指标体系
   C. 专题统计指标体系　　　　D. 超额统计指标体系

三、简答题

1. 什么是房地产统计？房地产统计的对象有哪些特点？
2. 简述房地产统计的工作过程。
3. 房地产统计的方法有哪些？
4. 指标和标志的区别与联系有哪些？
5. 房地产统计指标体系的主要内容包括哪些？

模块二 房地产统计数据的收集与整理

教学内容	单元一 房地产统计数据的收集 单元二 房地产统计数据的整理	学时	4学时
教学目标	了解数据的特点、类型；熟悉问卷问题的类型、调查问卷的基本结构； 掌握房地产统计数据的收集方式和房地产统计整理的基本步骤		
关键词	原始资料、二手资料、全面调查、经常性调查、一次性调查、统计汇总、统计表、统计图		
重点	房地产统计数据的收集方式； 房地产统计的整理步骤		
能力目标	能熟练运用数据整理、分组技术进行数组处理； 能根据不同的统计原始数据编制相应的分配数列		
素质目标	具有积极的工作态度、饱满的工作热情、良好的人际关系，善于与同事合作		

案例导入

房地产价格调查方案

一、调查目的

我国房地产市场的规模不断扩大，房地产业作为重要服务性产业已成为国民经济中的支柱产业。房地产价格的变动与城镇居民和其他经济主体的经济利益密切相关，是反映国民经济运行情况的晴雨表。

房地产价格调查的目的是以翔实的数据资料反映房地产市场的价格水平和价格变化趋势，服务于各级政府主管部门决策，服务于国民经济核算，服务于企业和社会公众的信息需求，引导和促进房地产业持续、健康发展，满足国民经济宏观调控及预警和完善我国价格统计指标体系的需要。

二、调查任务

（1）调查和收集房地产市场中各种价格，及时、准确地掌握各种价格资料。

(2)编制房屋销售、土地交易、房屋租赁和物业管理等价格指数,科学地计算各种房地产价格,准确地反映房地产价格变动幅度、变动趋势和绝对值价格水平。

(3)结合房地产投资规模、投资效益和市场变化情况等主要指标,积极开展统计分析,及时客观地反映新情况、新问题并提出合理的政策建议,为政府宏观决策和社会主义市场经济的健康运行与发展服务。

(4)定期向各级政府部门和全社会公布各种房地产价格统计信息。

三、调查内容和对象

1. 调查内容

(1)房屋销售价格。从进入房地产市场的渠道看,房屋销售价格主要包括商品房销售价格、二手房销售价格两部分。

(2)房屋租赁价格。房屋租赁价格是指各类房屋的市场租金。其主要包括住宅租金、办公用房租金、商业用房租金和厂房仓库租金等。

(3)土地交易价格。土地交易价格是指房地产开发商或其他建设单位在开发之前,为取得土地使用权而实际支付的价格。其不包括土地的后续开发费用、税费、各种手续费和拆迁费等。土地交易价格主要包括居民住宅用地价格、工业用地价格、商业旅游娱乐用地价格和其他用地价格等部分。土地交易方式一般包括出让、转让、挂牌销售、租赁等。

(4)物业管理价格。物业管理价格是指物业管理企业按照物业服务合同的约定,对房屋及配套的设施和相关场地进行维修、养护、管理,维护相关区域的环境卫生和秩序,向业主所收取的费用。

2. 调查对象

(1)各级政府房地产行政主管部门,如房地产管理局、土地管理局、房屋土地交易中心等。

(2)房地产企业。

(3)物业管理企业。

(4)有关企事业单位、机关团体及部分居民。

四、调查方法

目前,我国房地产市场主要集中在大、中城市。全国房地产价格调查在35个大、中城市开展(逐步扩展到50~70个城市)。有条件的省(区、市)可进一步将调查范围扩大到全部或重点地级城市。

房地产价格调查为非全面调查,采用重点调查与典型调查相结合的方法;调查方式采用报表与走访相结合的方式。

为保证房地产价格指数的科学性和可靠性,在选择调查样本(单位和调查项目)时应遵循以下原则:

(1)代表性强。所选样本应具有较强的区域代表性。

1)为保证调查资料的可靠性和延续性,选择的调查单位要规模大、实力强,营业额所占比重较大,经营状况比较稳定。选择调查单位时,要重点考虑项目因素。

2)选择大的房地产经营服务项目。一般来说,大的房地产经营服务项目具有较强的代表性。

3)选择的调查对象应具有一定的覆盖面,所选调查单位的房地产营业额一般应占本地区房地产营业额总额的75％以上。相同的调查项目至少应有三个以上的调查单位填报，以确保代表性。

（2）要兼顾各种用途的房地产项目。商品房的调查项目要包括经济适用房、普通住宅、高档住宅、写字楼、商业用房、工业仓储用房等，并要考虑其地段、结构、朝向、楼层等因素。在选择土地调查项目时，要考虑其级别、用途、交易方式等因素。

（3）兼顾不同地理位置的房地产项目。由于存在着级差地租，不同地理位置的房地产价格是有差异的。所以，在选择调查项目时，要兼顾不同地理位置(地段)的房地产项目。

（4）选择调查单位时要兼顾不同企业注册登记类型。调查对象不仅要选择国有企业，也要选择集体、合资、外资等企业。

五、调查资料的取得和上报

为保证调查资料的准确性和及时性，房屋销售实行月报，每月要调查两次房屋销售价格及数量、金额等，月度数量、金额是该月实际交易总数量和总金额，月度价格则由该月两次调查样本价格算术平均求得；土地交易、房屋租赁和物业管理实行季报，每月要调查一次各种价格、数量及金额等，季度数量、金额是该季度每个月(共三个月)的实际交易总数量、总金额分别相加求得，季度价格则由该季度三次调查样本价格算术平均求得。

房地产交易往往是一次性成交，基期价格不容易取得。因此，在进行房地产价格调查时，要考虑房屋类型、所处地段、房屋结构等统计口径的一致性，保证基期、报告期价格同质可比。当基期价格没有时，要严格按照调查方案所提供的处理方法填报。

各地完成原始资料的收集、汇总后，月报要将汇总结果和原始资料于当月28日前(季报要将汇总结果和原始资料于季末月28日前)，以FTP传输方式或其他指定方式，按要求上报国家统计局城市社会经济调查总队。

（资料来源：国家统计局2005年统计表）

分析：(1)房地产价格调查为什么采用非全面调查的方法？

（2）调查资料的取得和上报为什么要规定同一的时间？

单元一　房地产统计数据的收集

一、数据

1. 数据的特点

（1）离散性。无论调查得到的数据在性质上是属于连续性的还是离散性的，在形式上都是离散的，都是以一个个分散的数字形式出现的。离散性表示数据在数轴上的变化是不连续的、间断的，数目是有限的。

（2）波动性。由于受各种随机因素及其他各种因素的影响，两次调查难以收集到完全相同的数据。数据总是在一定的范围内变化，呈现出波动性(又称变异性)的特点。在统计学中称这些具有波动性的数据为变量。

(3)规律性。调查数据表面上是波动的,但在波动性的背后,存在着一定的规律性。规律性主要体现在两个方面:一是社会调查数据是社会现象数量方面特征的反映,社会现象的规律性通过调查数据在一定程度上表现出来;二是个别数据看似杂乱无章,但随着个数的增多,数据会呈现出一定的稳定性,这种稳定性就是一种规律性。

2. 数据的类型

按照所采用的计量尺度的不同,统计数据可分为分类数据、顺序数据和数值型数据。

(1)分类数据。分类数据是对事物进行分类的结果,数据表现为类别。分类数据一般用文字来表述。例如,动物按照性别可分为"雄性"和"雌性"。由于分类数据不好计量,为了便于统计处理,常常用数字代码来表示分类数据。例如,用"1"表示"雄性",用"0"表示"雌性"。

(2)顺序数据。顺序数据也是对事物进行分类的结果,与分类数据不同的是,这些类别是有顺序的。例如,企业按照规模可分为大型、中型和小型;消费者根据对商品的满意度可分为满意、不满意、非常不满意等。同样,顺序数据也可以用数字代码来表示。

(3)数值型数据。数值型数据是采用自然或度量衡单位对事物进行计量的结果,其结果表现为具体的数值。生活中人们常见的就是数值型数据,如用平方米度量的面积、用千克度量的质量等。数值型数据的计量单位主要可分为实物单位、货币单位和劳动单位。

二、房地产统计数据的收集方式

房地产统计数据收集的方式包含两个方面的含义:一是根据统计研究的目的和任务,对统计调查所收集到的第一手数据进行科学的分类和汇总,使其系统化、条理化,成为反映事物本质和总体特征数据资料的过程;二是对第二手数据资料进行再整理。

1. 原始资料的收集

由于经济现象复杂多变,调查对象千差万别,因此,在进行房地产统计数据的收集时,应该根据不同的调查对象和调查目的,灵活采用不同的调查方式。房地产统计调查方式一般可以按不同的标志划分为若干种类型。

(1)全面调查和非全面调查。按调查对象包括的范围不同,统计调查可分为全面调查和非全面调查。

1)全面调查是对构成调查对象的所有总体单位全部进行调查登记的一种调查方法。这是统计调查最基本的分类。在全面调查的情况下,被研究总体的所有单位都要被调查到。例如,2010年为了研究我国人口数量、性别比例、年龄结构、民族构成、受教育程度等人口问题而进行的第六次全国人口普查,就属于全面调查。全面统计报表和普查都是全面调查。

2)非全面调查是对构成被研究现象总体的一部分单位进行调查,主要包括抽样调查、重点调查和典型调查。例如,为掌握我国高等学校应届毕业生就业的基本情况,从中选择一部分重点院校的应届毕业生进行调查;为了解某地区居民家庭的消费水平情况,从该地区的居民家庭中随机抽取出一部分家庭进行调查,这些都属于非全面调查。虽然非全面调查不能够取得全面资料,但是因为调查单位少,可以节省人力、物力和时间,可以灵活、深入地对现象进行调查研究,因此在有些情况下,能够取得费力小、收效大的效果。非全面调查的优越性已经被人们认识，并在许多领域广泛应用。

（2）经常性调查和一次性调查。按调查资料登记时间是否具有连续性，统计调查可分为经常性调查和一次性调查。

1）经常性调查是连续性调查，是随着调查对象的变化而进行的经常的、连续不断的调查。例如，商品房的销售量、销售额等通常采用经常性调查。凡属反映一定时期内事物发展过程累计总量的指标，都需要通过经常性调查收集资料。

2）一次性调查是不连续性的调查，它是间隔一段时间对调查对象进行的调查。例如，了解企业固定资产总量、原材料库存量等在一段时期内的变动情况，通常采用一次性调查。一次性调查一般可分为定期调查和不定期调查两种。

（3）统计报表和专门调查。按调查的组织方式不同，统计调查可分为统计报表和专门调查。

1）统计报表是按一定的格式和要求，自上而下统一布置、自下而上上报统计资料的一种统计调查方式。如工业企业统计报表、房地产企业统计报表等。

2）专门调查是为了研究某些专门问题，由进行调查的单位专门组织的调查，如普查、抽样调查、重点调查和典型调查均属于专门调查。

（4）直接观察法、采访法、报告法和问卷法。按资料收集的方法不同，统计调查可分为直接观察法、采访法、报告法和问卷法。

1）直接观察法是由调查者亲自到现场对调查对象进行观察和计量以取得资料的一种调查方法。如商品房使用面积的调查通常采用直接观察法取得调查数据。

2）采访法是由调查人员向被调查者提问，根据被调查者的答复以取得资料的一种调查方法。它又可分为个别询问、开调查会等方法。例如，要了解业主喜欢的商品房户型情况，调查人员可以通过询问业主之后获取资料。

3）报告法是由调查单位根据一定的原始记录和台账，依据统计报表的格式与要求，按照隶属系统逐级向有关部门提供统计资料的一种调查方法。报告法具有统一项目、统一格式、统一要求和统一上报程序的特点。

4）问卷法是一种以书面的形式系统地记载调查内容，了解调查对象的反应和看法，以此获得资料和信息的一种调查方法。如房地产开发商为了了解居民对商品房的户型、价格、地理位置等方面的偏好情况，可以通过问卷法收集资料。

2. 二手资料的收集

一般来说，二手资料有两个重要的来源，即内部资料和外部资料。内部资料主要是指企业内部的各种业务、统计、财务及其他有关资料；外部资料主要是指外部单位所持有的资料，主要包括统计部门及各级政府主管部门公布的有关资料、各种市场调查机构提供的市场信息、各种媒体提供的文献资料、互联网和在线数据库资料等。

在收集二手资料时，要通过一些标准或条件来判断资料的价值。这些标准主要如下：

（1）原始资料提供者的信誉。信誉好的机构由于资料采集过程比较客观、科学，因而数据资料一般也比较可靠；对于一些不知名的资料提供机构，在资料收集时，往往要对该机构的资料收集方法、过程、目的作进一步的了解，以判断所提供资料的可靠性。

（2）原始资料收集的目的。原始资料的提供者在收集资料时总是具有某种目的，有的机构以向客户提供资讯服务为目的，他们采集资料不是自己使用，而是为客户服务，如各种专业化的市场咨询研究公司。有的机构则是为了机构本身的某种需要而采集资料,这种资料往往令人怀疑,如某房地产开发商自己所做的"商品房满意度排名调查",这种二手资料的可信性就值得怀疑。

（3）原始资料的采集时间。原始资料的采集时间决定资料的时效性。有些资料可能是近期公开发表或出版的,但资料采集是在很早以前进行的,这种资料虽然发表或出版的时间不长,但可能已失去时效性,不再有价值了;即使是近期采集的,但是由于市场的变化非常快,也可能不再适用了。

（4）原始资料的研究方法。研究方法运用的恰当与否是判断研究结果客观性、可信性的重要依据。在审查原始资料的价值时,要了解原始数据提供者对数据调查方法的详细描述,如问卷回收率、抽样方法、样本量、调查实施过程等。对每个会影响数据质量的细节都要认真地加以分析,如果发现问题,就要认真检查该问题对数据质量影响的大小。

三、确定调查方案

统计调查是一项涉及面广、程序步骤多、要求严格的科学工作。一项全国性的统计调查,往往需要动员成千上万的人协同工作才能完成。为了顺利完成调查任务,在调查之前需要设计一个完整的统计调查方案,使统计调查工作有计划、有组织地进行。统计调查方案是保证调查工作顺利开展,及时完成收集统计资料工作的纲领性文件,一个完整的统计调查方案应该包括以下基本内容。

1. 调查目的

设计调查方案的首要问题是明确调查目的。明确调查目的就是要明确调查要解决的问题是什么。只有明确了调查目的,才能确定向谁调查,调查什么,以及用什么样的方法进行调查等问题,才能在调查工作中有的放矢。否则,调查得到的资料可能并不都是需要的,或者需要的资料却没能得到,在人力、物力和时间方面造成不必要的浪费,影响整个统计工作的进程。

2. 调查对象

调查对象是根据调查目的确定的、需要进行调查的某种社会经济现象的总体,它是由许多调查单位组成的。针对错综复杂的社会经济现象,科学地确定调查对象具有十分重要的意义。确定调查对象就是要确定有关社会经济现象总体的范围和界限,避免因界限不清而导致调查登记的重复或遗漏,保证资料的准确性。

确定调查对象的关键是从质的方面划分现象的类别,明确现象之间质的界限,从而确定调查对象的范围。例如,在对某省规模以上工业企业进行全面调查时,以该省所有的规模以上工业企业为调查对象,关键是把规模以上工业企业和规模以下工业企业区别开。按照国家规定,规模以上工业企业是指年主营业务收入在500万元及以上的工业企业。又如,为全面了解某地区所有的农村居民的生产、收入、消费、积累和社会活动等情况,进行农村住户调查,以该地区农村常住户为调查对象,除明确农村的范围外,还要划分农村住户和城镇住户之间的界限、常住户和暂住户之间的界限。

3. 调查单位

调查单位是构成调查对象的个体,是所要调查的具体单位。例如,我国工业普查的对象(调查对象)是全部工业企业，调查单位是每家工业企业；当对某城市所有中学的基本情况进行调查时，调查对象是该市所有的中学，调查单位是其中的每所中学。又如，我国农村住户固定资产投资抽样调查的对象是调查村的住户，其中的每一个住户是调查单位。需要注意的是，不要把调查单位理解为从事调查工作的部门或单位。明确调查单位，还要明确调查单位与填报单位、总体单位的区别。

填报单位是按规定的时间和表式，负责提交调查资料的单位，一般是基层企事业单位或社团组织等。在许多调查中，调查单位与填报单位是一致的，但有时是不一致的。例如，在全面调查某省钢铁工业企业的能源消耗情况时，该省的每家钢铁工业企业既是调查单位，也是填报单位；但如果要调查这些企业中职工的工资情况，调查单位是这些企业中的每位职工，而填报单位依然是每家企业，此时调查单位与填报单位则是不一致的。

在全面调查中，所有的总体单位同时也是调查单位，总体单位和调查单位是一致的。而在非全面调查中，仅有一部分总体单位是调查单位，二者是不一致的。例如，当调查某地区房地产开发企业的基本情况时，该地区的每家房地产开发企业既是总体单位，也是调查单位；而如果只是对其中的一部分企业进行调查，则调查单位只是被调查的每家企业。

4. 调查项目

调查项目是指对调查单位所要调查的主要内容，或是所要调查的主要事项的名称。通常以调查单位的有关标志为调查项目，有些情况下用某种标志把调查对象划分为若干个组，以说明各组特征的名称为调查项目。调查单位是调查项目的承担者。

在确定调查项目时，除要依靠调查项目和个别研究现象的特点外，还应注意以下几个问题：

(1)需要与可能相结合。确定的调查项目应当既是调查任务所需要的，又是能够取得确切资料的项目。对于不必要的项目，或者虽然需要但不可能取得资料的项目，应当加以限制。

(2)调查项目要有确切的含义、统一的解释。每个调查项目都应该有确切的含义和统一的解释，避免调查者或被调查者对调查项目有各自不同的理解，使调查结果无法汇总。

(3)调查项目之间要相互联系和衔接。各调查项目之间应该尽可能地相互联系和衔接，这样既便于从整体上研究调查对象的特征，也便于有关项目之间相互核对，保证调查资料的质量。

(4)调查项目之间要有连贯性。现行的调查项目与过去同类的调查项目之间要有连贯性，便于进行动态对比，有利于研究现象发展变化的规律性。

5. 调查表

调查表是将调查项目按一定的顺序加以排列而形成表格，是统计调查中收集原始资料的重要工具。调查表不仅有助于清晰地记录调查资料，而且有助于调查资料的整理汇总。调查表主要有单一表和一览表两种形式。单一表是在一份表上只登记一个调查单位的项目；一览表则是在一份表上登记多个调查单位的项目。通常，在调查项目较多时，使用单一表；在调查项目不多时，使用一览表。单一表容纳了较多的调查项目，便于在汇总整理时按多种标志进行分组；一览表包含了许多调查单位共同的调查项目，不仅在填表时省时省力，而且便于对调查单位之间的资料进行比较，以及检查资料的正确性。

为了使填表者能够正确填写调查表，必须附有填表说明和项目解释。填表说明用于提示填表时应注意的事项；项目解释则是说明调查表中某些项目的含义、包括的范围和计算方法等。填表说明和项目解释必须以国家制定的统一标准为依据，以保证统计调查中分类目录、统计编码和计算方法等方面的标准化。

6. 调查时间

调查时间是指调查资料所属的时间。其可分为时期和时点两种。明确规定，调查时间对于确保调查资料的准确性，避免资料的重复和遗漏具有重要的意义。如果要调查的是时期现象，调查时间就是调查资料所反映的起讫时期。例如，在调查某交通运输公司2015年完成的旅客运输量时，调查时间是一个时期（一年），也就是从2015年1月1日至12月31日，调查所得的旅客运输量应该是该公司在2015年期间累计完成的旅客运输量。如果要调查的是时点现象，调查时间就是调查资料所规定的标准时点。例如，第六次全国人口普查的标准时点为2010年11月1日0时，那么，对于所有的时点性调查项目，就应该以2010年11月1日0时的资料为准。

7. 调查期限

调查期限是进行调查工作所需要的时间，包括收集资料和报送资料在内的整个调查工作过程所需要的时间。例如，北京市规定本市批发零售业单位2015年年报表在2016年1月15日前报送，则调查期限为15天。为保证调查资料的时效性，应尽可能缩短调查期限。

8. 调查工作的组织实施

制订严密而细致的组织实施计划是保证统计调查顺利进行的前提和基础。组织实施计划应该包括调查机构、调查地点、调查的组织形式、调查前的准备工作4个方面。

（1）调查机构。调查机构是进行统计调查并对调查工作负责的机关、单位或组织。根据调查任务、调查范围和调查对象的不同，调查机构可以是国家统计局、省（市）统计局、业务主管部门的统计机构或某一社会团体，也可以是专门组织的非常设机构，如人口普查办公室。在组织实施计划中，应规定各级调查机构的权利、职责及彼此的关系。

（2）调查地点。调查地点是指登记调查资料的地点。一般情况下，调查地点和调查单位所在地是一致的。例如，执行统计报表制度的企事业单位都是在单位的所在地填报统计报表的。当调查单位的所在地有变化时，则应专门指定调查地点。

（3）调查的组织形式。调查的组织形式主要有定期统计报表和专门调查两大类。明确调查的组织形式，就是要明确采用定期统计报表的形式，还是采用专门调查的形式来进行调查。由于社会经济现象十分复杂，又不断发展变化，统计活动必须适应新情况、新问题，根据调查对象和人力、物力条件的不同，灵活地运用不同的组织形式。

（4）调查前的准备工作。在调查工作的组织实施计划中，对调查前的准备工作也应做出具体规定。这些准备工作主要包括宣传教育、文件印刷、调查人员培训、调查经费开支预算等。对于规模较大而又缺少经验的统计调查，在调查正式开始之前，往往需要做试点调查。要根据试点调查中出现的新情况、新问题，对统计调查方案进行必要的修正和补充。还可以通过试点调查、积累制定和实施统计调查方案的经验，提高调查人员的业务能力，以确保圆满完成统计调查任务。

四、调查问卷的设计

调查问卷就是为了完成研究项目,围绕研究主体收集相应的原始数据而预先设计好的一系列问题。这些问题完整地展现了研究主题的各种特征,可以说问卷是研究主题以问题形式的细化。

当研究人员确定了研究主题,明确地界定了研究的主要问题后,接下来的工作就是确定采取什么样的方式获得被访问者对研究主题的看法。设计一份有效的调查问卷是达成这一目标的主要工具。问卷设计是一个科学的过程,要求拟定者对研究主题有深刻的认识,有参与市场研究的丰富经验,同时,也需要问卷的拟定者掌握足够的语言技巧、语言艺术,否则将影响整个问卷的调查结果。

(一)问卷问题的类型

一般可以从不同的角度将问卷中的问题划分为不同的类型。

1. 从问题的作用来划分

如果从问题在问卷中起的作用来划分,可将其分为过滤性问题、背景性问题、实质性问题等类型。

(1)过滤性问题。这类问题用于甄别被调查者。适合回答这类问题的被调查者将继续回答,不适合回答这类问题的被调查者将跳过这些问题,转而回答其他问题或结束调查。例如,某房地产开发商想在第五大道开发一个节能型住宅小区,希望通过调查了解购房者在购买这类住宅时所考虑的因素。在设计调查问卷时,可以以下面的方式询问:

①请问您在购买住宅时,是否会考虑房屋的节能性?

A. 是　　　　　　B. 否

被调查者选择 A,则继续回答其他问题;被调查者选择 B,则结束调查转而寻找其他的被调查者。

(2)背景性问题。这类问题常用于询问被调查者个人的基本情况,例如,性别、年龄、住址、职业、文化水平、收入等问题。一般情况下,不便直接询问对方的年龄、收入、职位等问题,而是变换一种方式。例如,不直接问:"您今年多大?"而是以下面的方式询问:

②您的年龄是:

A. 25 岁以下　　　　B. 25~35 岁

C. 36~40 岁　　　　D. 41~50 岁

E. 51 岁以上

(3)实质性问题。这类问题是整个调查问卷的核心问题,反映了调查的全部事实或信息。例如,地段、产品、配套等方面的问题。

2. 从问题间的联系来划分

如果根据问题之间是否存在一定的联系来划分,可将其分为系列性问题和非系列性问题。

(1)系列性问题。即围绕同一个调查项目逐步深入展开的一组问题。例如,下面三个问题即属于系列性问题。

③您是否购买了第五大道项目中的住宅？（如果回答"是"，则继续回答下列问题，否则停止调查）

  A. 是   B. 否

④您是通过什么渠道知道第五大道的？（最多可选 3 项）

  A. 通过朋友介绍   B. 通过报纸、杂志上刊登的广告

  C. 通过网络查找的   D. 路过售楼处时偶然知道的

  E. 通过户外广告   F. 其他方式

⑤您购买第五大道的住宅是出于什么原因？（最多可选 3 项）

  A. 价格低廉   B. 地理位置好

  C. 交通便利   D. 环境优美

  E. 质量好   F. 学区好

  G. 其他

（2）非系列性问题。是问卷中无递进关系的问题，这些问题相互之间是一种平行关系的问题。例如，问题⑥与问题①即属于非系列性问题。

⑥您计划购买的房型是？（单选）

  A. 平层   B. 错层   C. 复式   D. 其他

3. 从提出问题的方式来划分

如果以问卷提出问题的基本方式来划分，可以将问题划分为封闭式问题和开放式问题两种。

（1）封闭式问题。即预先给定答案，请被调查者在给定的备选答案中选择合适自己的答案。封闭式问题可分为单项选择题和多项选择题。

1）单项选择题是指在给定的多个备选答案中，被调查者只选择其中的一个。例如，上述例子中①、②、③、⑥即属于单项选择题。单项选择题的各个备选答案之间是相互独立和排斥的。当需要询问被调查者对某种问题的主观看法时，采用单项选择题形式时要极为慎重，否则可能会造成重要信息的遗漏。

2）多项选择题是指在给定的多个备选答案中，被调查者可以选择两个或更多作为答案。如上述例子中，④、⑤即属于多项选择题。一般为突出优先顺序，问卷中常常会限制可选答案的数量。多项选择题常用于需要从多个角度反映被调查者主观看法的情况。多项选择题遇到的主要问题是给定的备选答案没能覆盖所有可能的情况，且可选数量限制不合理，由此得出的调查结果就会存在偏差。

（2）开放式问题。不预先给定备选答案，只给出问题，被调查者可以就该问题自由作答，问题之下留出足够的回答空间。例如：

⑦您认为我们开发的这个楼盘最吸引您的是什么？

从上述几个例子可以看出，在封闭式问题中，标准化的答案易于被调查者回答，更主要的是便于后期资料的整理、统计和分析；不足之处在于标准化的答案限制了被调查者的思维，尤其是当设计的答案不完备时，极有可能屏蔽掉重要信息。而开放式问题则刚好相反，它的优点是不具有限制性，被调查者可以自由回答，调查人员也可以据此获得丰富的

模块二　房地产统计数据的收集与整理

信息，弥补封闭式问题的不足；开放式问题的缺陷也是比较明显的，它可能因受限于被调查者的个性特征、理解能力、文化水平的影响，不能得到预期的效果，而且给后期资料的整理、统计和分析带来一定的困难。

(二)调查问卷的基本结构

一份理想的调查问卷，在结构上应包含卷首语、正文和结束语三个部分。

(1)卷首语。卷首语位于问卷的开头，通常包括问候语、填表说明和问卷编号。

1)在问候语中，要说明调查的目的和意义，以引起被调查者的重视，激发他们的参与热情；要承诺对调查结果保密，以消除他们的顾虑，请他们放心填写。为此，问候语的语气要诚恳、亲切、礼貌，文字要简洁、准确。

2)填写说明用于指导被调查者正确填写问卷。这部分内容有时可以集中在卷首语中统一说明，有时分散到各个问题前面。填表说明要详细清楚，避免因误解题意而引起回答错误或偏差。

3)问卷编号主要用于识别问卷，以便于后期对资料的整理、统计和分析处理。

(2)正文。正文是问卷的主体，由问题和备选答案组成。这部分内容在设计问卷时应仔细推敲，根据不同的调查目的，决定哪些内容应当保留，哪些内容应当去掉。整个问卷的内容往往不能一次就定下来，需要问卷设计人员即市场调查人员反复磋商修改才能确定。

(3)结束语。结束语放在问卷的最后。一方面，向被调查者的协助表示诚挚的感谢；另一方面，还可以就问卷的有关内容征询被调查者的建议和看法，有利于以后改进。

单元二　房地产统计数据的整理

一、设计数据整理方案

整理方案设计得是否科学合理，事关统计整理工作能否有计划、有组织地进行，对统计整理乃至统计分析的质量具有重要的影响。设计统计整理方案应包括选择整理组织形式、确定分组和分类目录、确定统计资料审核办法、制作整理表格等工作。

二、房地产统计资料的审核

在统计整理时，需要对数据进行审核，确定它们是否准确、及时、完整、有效。在数据审核时，审核的内容和方法因数据来源的渠道不同而有所差别。

1. 第一手数据

对于通过调查取得的第一手数据资料，主要审核数据的完整性和准确性。

(1)完整性审核：主要检查调查单位或个体是否发生遗漏，所有的调查项目是否都已填写齐全等。

(2)准确性审核：主要是检查数据是否正确、是否存在异常值等。审核数字资料的正确性，主要是从逻辑方面的计算进行。

1）逻辑审查，就是检查资料是否合理。如库存物资不能出现负值，平均单价不能过大或过小，客观条件变化不大而本期数字与上期、去年同期悬殊等不符合逻辑的现象。

2）计算审查，就是通过重新计算，审查表内数字是否有错误，计量单位是否与规定相符，计算方法是否符合规定等。

2. 第二手数据

对于获取的第二手数据，则应主要审核数据的适用性与时效性。

(1)适用性审核是指弄清楚数据的来源、口径等，以判断其是否符合自身研究的需要。

(2)时效性审核对于有些时效性很强的问题，就显得相当重要。

三、房地产统计分组

房地产统计分组是根据一定的组织形式和方法，按分组标志对经过审核的数据进行科学的分组。统计分组是统计整理的前提和基础，也是统计整理中最关键的一步。

1. 统计分组的作用

(1)划分现象的类型。社会经济现象是错综复杂的，各现象之间有共同的一面，也有独特的一面。如将建筑企业按经济成分不同划分为公有经济、非公有经济两大类型或国有经济、集体经济、私有经济、港澳台经济、外商经济五种类型，以便分析各类建筑企业在建筑经济中的地位和作用。

(2)反映客观现象的内部结构。总体是由大量总体单位组成的，总体的构成既可以表明事物内部各部分的比重和比例关系，也可以揭示总体的基本性质和特征。在将总体划分为不同类型的基础上，计算出各种类型在总体中所占的比重，用以反映总体的内部结构和发展变化。

(3)揭示现象之间的依存关系。任何事物总是互相联系、互相依存的，一种现象的变化常是另一种现象变化的原因或结果。统计要研究这种依存关系，就必须运用统计分组的方法。例如，劳动生产率的提高可以使成本降低，施肥量多少、耕作深度影响农作物产量等。一般按相关现象中的影响因素进行分组，然后分别计算出每组被影响因素的综合指标。

2. 影响统计分组的关键

统计分组的关键在于正确地选择分组标志和划分各组界限。分组标志是指对总体数据进行分组时所采用的标志。选择分组标志是统计分组的核心问题，因为分组标志与研究目的是有直接关系的。对于同一数据，采用的分组标志不同，其分组的结果和由此得出的结论也不同。在选定了分组标志以后，还要进一步在分组标志变异的范围内划分各个相邻组之间的性质界限和数值界限。如果各组界限不清，则会失去分组的意义。

要正确选择分组标志，则必须考虑以下几个方面：

(1)根据统计研究的目的选择分组标志。对同一统计数据，由于研究目的不同，所选择的分组标志也不同。在统计分组中，应该选择与研究目的相适应的标志作为分组标志，这样，通过统计分组形成的资料才符合要求。

(2)选择反映现象本质特征的标志作为分组标志。有时与特定研究目的相适应的分组标志不止一个，这时就应该选择能够反映现象本质特征的标志作为分组标志。例如，在研究某企业的规模时,反映企业规模的标志有很多,包括职工人数、企业的固定资产、建筑面积及年营业收入等。但是只有年营业收入才能揭示企业规模的本质特征。因此,在对企业按照规模进行分组时,就应该选择年营业收入作为分组标志。

(3)考虑现象所处的历史条件及经济条件。客观现象会随着时间、地点、条件等的不同而发生相应变化。因此,在选择分组标志时,应该充分考虑到现象所处的具体历史条件和经济条件。

3. 统计分组的类型

根据分组标志性质和特征的不同,统计分组可分为按品质标志(品质变量)分组和按数量标志(数量变量)分组两种。

(1)按品质标志分组。按品质标志分组就是选择反映事物属性差异的品质标志作为分组标志,并在品质标志的变异范围内划定各组界限,将总体划分为若干个性质不同的组成部分。有的比较简单,如职工按"性别"标志分成男、女两组,按"岗位性质"分成生产人员和非生产人员两组等。有的就比较复杂,如部门分组、产品分组,就要综合考虑产品用途、使用材料和生产技术等多个标志来进行分组,通常把这种分组称为分类。按品质标志分组后,可以形成两种统计数列:一种是品质分配数列;另一种是品质非分配数列。

1)品质分配数列是由按品质标志分组的各组名称和各组的总体单位数组成的统计数列。例如,在劳动统计中,将企业全部职工作为一个总体,每名职工便是总体单位。如果对调查资料按品质标志分组时,可以按性别、民族、文化程度等标志分组,再将各组中的人数列示出来,便形成品质分配数列。

2)品质非分配数列是由按品质标志分组的各组名称和总体单位数以外的其他指标组成的统计数列。

(2)按数量标志分组。按数量标志分组是选择反映事物数量的标志,也就是选择变量,并用变量值划分各组来进行统计分组的。这是统计分组研究最常用的方法。按数量标志分组后,也可形成两种统计数列:一种是变量分配数列;另一种是变量非分配数列。

1)变量分配数列就是由按数量标志分组形成的各组和总体单位数在各组的分布状况所组成的统计数列。如对职工按年龄分组,分组后用职工人数说明在各组的分布情况,见表 2-1。

表 2-1 职工年龄分组统计表

职工按年龄分组/岁	职工人数/人	比重/%
18 岁以下	76	6.07
18~20	125	9.98
21~30	248	19.81
31~40	426	34.03
41~50	293	23.40
51~60	84	6.71
总　　计	1 252	100

表 2-1 选择"年龄"这个数量标志,并用其数值表明不同年龄组,然后统计各年龄组人数及其构成,就是变量分配数列。

模块二　房地产统计数据的收集与整理

2)变量非分配数列是指按数量标志分组,说明各组数值的不是总体单位数,而是总体单位数以外的其他指标数值。如某总公司下属企业劳动效率统计资料,就是一个变量非分配数列(表2-2)。

表2-2　劳动生产率统计表

企业按职工人数分组/人	月劳动生产率/(元/人)	企业按职工人数分组/人	月劳动生产率/(元/人)
100以下	3 280	301～400	5 296
101～200	4 068	401～500	6 430
201～300	4 857	500以上	6 852

4. 变量分配数列的编制方法

编制变量次数分布的步骤一般有编制序列和计数、确定组数和组矩、确定组限和组中值。

【例2-1】某房地产公司对50名购房消费者进行家庭月收入调查,调查到原始数据如下(单位:元):

3 100　4 000　5 300　3 000　5 400　4 100　3 200　4 200　5 800　3 300　4 300
6 200　3 400　4 400　6 400　4 000　3 500　4 500　3 900　4 600　6 500　3 600
3 500　4 200　4 600　4 200　7 200　3 600　3 700　4 500　4 900　7 300　5 200
3 800　5 100　7 500　3 900　4 300　3 700　5 200　7 800　4 300　4 400　4 900
5 100　5 200　5 300　5 400　6 200　6 400

上述这些数据杂乱无章,难以看出其中的数量特征及其分布的规律性,因此,需编制次数分布。

(1)编制序列和计数。按一定顺序排列的数值称为数列。将上面的数值从小到大排列,找出最低收入3 000元和最高收入7 800元,编制成单项次数分布表,见表2-3。

表2-3　购房消费者家庭月收入分布

家庭月收入/元	人数/人	家庭月收入/元	人数/人	家庭月收入/元	人数/人
3 000	1	4 000	2	5 300	2
3 100	1	4 100	1	5 400	2
3 200	1	4 200	3	5 800	1
3 300	1	4 300	3	6 200	2
3 400	1	4 400	2	6 400	1
3 500	2	4 500	2	6 500	1
3 600	2	4 600	2	7 200	1
3 700	2	4 900	2	7 300	1
3 800	1	5 100	2	7 500	1
3 900	2	5 200	3	7 800	1

显然,在这种情况下,变量分布数列显得十分庞杂,难以反映总体内部不同性质组成部分的分布特征。所以,应该选择组距次数分布来反映总体的分布特征。因此,就要涉及组数和组距等有关问题。

(2)确定组数和组距。每个组上限与下限之间的距离称为组距。全部变量的最大值与最小值的距离称为全距(或极差)。按一定组距分组的数目为组数(一般情况下可分为5～7组,组数尽可能取奇数,避免偶数)。可以先确定分组数,再确定组距。也可先确定组距,再确定分组数。

$$组距 = \frac{最大值 - 最小值}{组数}$$

(3)确定组限与组中值。

1)组限。组距两端的数值称为组限。按连续变量分组,由于连续变量的数值是连续不断的,相邻两值之间可取无限数值,因此,相邻组的组限必须重合。按习惯规定,各组内不包括上限数值,把到达上限值的单位数计入下一组内,这种规定在统计上叫作"上组限不在内"原则。

按离散变量分组,对于离散变量来说,变量的数值只能取整数,因此,相邻组的组限一般要间断。

2)组中值。组距次数分布掩盖了分布在各组内单位的实际变量值,为了反映分布在各组中个体单位变量值的一般水平,往往用组中值作为各组变量值的代表值。组中值是上限与下限之间的中点数值。其计算公式如下:

$$组中值 = \frac{上限 + 下限}{2}$$

用组中值来代表组内变量值的一般水平有一个假定的前提:各单位的变量值在本组内呈均匀分布或在组中值两侧呈对称分布。一般情况下,完全具备这一前提是不可能的,但在划分各组限时,必须考虑使各组内变量值的分布尽可能满足这一要求,以减少用组中值代表各组变量值一般水平时所造成的误差。

各组都有一个下限和上限,形成一个封闭的区间,这样的组叫作"闭口组"。但有时为了避免出现空白组,同时,又能使个别变量值离差较大的单位不至于无组可归,往往在首、末两组使用。"××以下"和"××以上"的不确定组限的形式,这样的组叫作"开口组"。对"开口组"的组距和组中值的确定,一般是以邻近组组距为准计算的。开口组组中值的计算公式如下:

$$缺下限的开口组组中值 = 上限 - \frac{邻组组距}{2}$$

$$缺上限的开口组组中值 = 下限 + \frac{邻组组距}{2}$$

如果将表2-4重新分组,取组数为5,组距为1 000,就会得到表2-6的次数分布。通过这个次数分布就能够清晰地看到购房消费者家庭月收入分布特征,在这50个购房消费者中,家庭月收入在4 000～5 000元的人数最多,占调查总数的34%。

表2-4 购房消费者家庭月收入分布

家庭月收入/元	人数/人	比重/%
3 000～4 000	14	28
4 000～5 000	17	34
5 000～6 000	10	20

续表

家庭月收入/元	人数/人	比重/%
6 000～7 000	5	10
7 000～8 000	4	8
合计	50	100

四、统计汇总

按照事先确定的汇总组织形式和具体方法，将数据按所分的组进行汇总，分别计算各组单位数和总体单位总数，计算各组的指标数值和总体的指标总量。按组进行计算和汇总是统计整理过程中计算量最大的一步。

统计资料的汇总是一项繁重而细致的工作，必须有一定的组织形式并不断改进汇总技术，以保证统计资料汇总的准确性和及时性，汇总技术主要有手工汇总和电子计算机汇总。手工汇总常用的方法有划记法、过录法、折叠法、卡片法。运用电子计算机汇总大致步骤有编程序、编码、数据录入、数据编辑、计算与制表。

五、制作统计表

统计表是指将经过统计整理得出的系统化统计资料按照一定的顺序填列在一定的表格内所形成的表格。

1. 统计表的构成

从内容上来看，统计表由主词和宾词两部分构成。其中，主词是统计表所要说明的总体及总体的分组，一般位于表的左端，列于横栏；宾词是指统计指标的名称和数值，一般位于表的右端，列于纵栏。从形式上来看，统计表由总标题、横标目、纵标目和统计数字构成。如我国1999年建筑业生产情况，见表2-5。

表 2-5　我国 1999 年建筑业生产情况

地区	建筑业总产值/亿元	竣工产值/亿元	单位工程施工个数/个	工程质量优良品率/%
北京	681.4	470.6	24 132	20.6
天津	180.5	119.0	10 210	27.6
河北	408.3	271.3	26 109	39.7
山西	216.4	149.3	15 972	44.5
…	…	…	…	…
新疆	146.9	97.5	12 209	20.8
全国总计	10 423.4	7 250.6	607 195	31.9

（1）总标题就是统计表的名称，它简明扼要地说明了统计表的主要内容，一般位于统计表的上方，并居中排列。

(2)横标目通常称为统计表的主词,在统计表中用来表示总体各组或各单位的名称,说明统计研究的对象,一般写在表的左部。

(3)纵标目通常称为统计表的宾词,是纵栏的名称,用来说明统计指标的名称,置于表的右上端。

(4)统计数字又称为指标数量,是各项指标的具体数值,每个统计数字都是由横标目和纵标目唯一确定的。其数字可以是平均数、相对数和绝对数。

2. 统计表的分类

(1)根据统计表的用途不同,可分为调查表、整理表和分析表三种。

1)调查表是指在统计调查阶段用于登记、记录原始数据资料的表格。

2)整理表也称为汇总表,是指在统计整理过程中所使用的表格和用于表现统计整理结果的表格。

3)分析表是指在统计分析阶段,用于对统计整理所获得的数据资料进行定量分析的表格,往往与整理表结合在一起使用。

(2)按照统计表分组情况的不同,可分为简单表、简单分组表和复合分组表三种。

1)简单表是指总体未经任何分组,仅罗列各单位名称或按时间顺序排列的表格。其示例见表2-6。

表2-6 某建筑公司生产情况统计

所属单位	职工人数/人	总产值/万元	劳动生产率/(元/人)
一工区			
二工区			
三工区			
合　计			

2)简单分组表是指主词只按一个标志进行分组所形成的统计表。它可以用于分析总体数据的分布特征,见表2-7。

表2-7 某建筑公司职工人数统计表

所属职工	一工区	二工区	三工区	总　计
生产人员				
非生产人员				
合　计				

3)复合分组表是指主词按两个或两个以上的标志进行复合分组所形成的统计表。运用复合分组表可以对总体数据作更为深入、细致的分析。表2-8为复合分组表。

模块二 房地产统计数据的收集与整理

表 2-8 某建筑公司职工人数统计表

所属职工		一工区	二工区	三工区	总计
生产人员	小 计				
	其中：男				
	女				
非生产人员	小 计				
	其中：男				
	女				
合 计	小 计				
	其中：男				
	女				

3. 编制统计表应注意的问题

为了使编制完成的统计表能更好地反映被研究总体数据的分布特征，便于统计分析，一般来说，统计表的编制应该符合科学、实用、简练、明确和美观的要求。具体来说，编制统计表时应注意以下几个问题：

（1）总标题。统计表的标题一定要能概括表中的内容，言简意赅。总标题下方，一般应标明统计表资料所属的时间。

（2）计量单位。若统计表中所有统计数字的计量单位相同，则可以在表的右上角标明；若各统计数字的计量单位不相同，则可以将计量单位放在每个指标后或单列一列说明。

（3）横标目和纵标目。横标目和纵标目一般按照时间或自然顺序排序。若纵标目比较多，可以用甲、乙、丙等文字进行说明；若横标目比较多，则可以用1、2、3等数字进行相应的说明。

（4）统计表内容。统计表的内容应当简明扼要、层次清楚，使人一目了然，便于观察分析；统计表中各栏内容的编排应当合理，或按时间先后顺序，或按局部到整体顺序，便于计算。

（5）统计数字。填写数字资料时，一定要对准数位，一则排列整齐，二则便于汇总。遇有相同资料时，要一一写出数字，不能用"同上""同左"等表示。没有数字的空格，可以用短横线"—"填充。

（6）格式设计。统计表的格式设计，一般采用长方形。上下基线一般用粗实线，左右两端一般不画线，以使表格开阔舒展。

（7）合计栏。纵栏需要合计时，一般将合计栏设置在统计表的最后一行；横栏需要合计时，则将其设置在最前一栏或最后一栏。

（8）注释。对于统计资料的来源及其他需要说明的问题，可在统计表的下方以注释的形式注明，既表示对他人劳动成果的尊重，也方便读者查阅核实。

六、制作统计图

统计图是指借助点、线、面积、形状等几何图形或具体形象来显示、描述统计数据的一种形式。利用统计图来显示数据资料具有形象直观、具体生动、便于理解、一目了然等优点，可以反映总体数据的规模、水平、结构、对比关系、发展趋势及分布特征等。但须注意的是，统计图往往需要与统计表结合起来使用。

常用的统计图有条形图、平面图、曲线图等。

1. 条形图

条形图是指利用宽度相等的条形的长短或高矮来显示统计数据大小的统计图，常用来反映客观现象随着时间推移的变化趋势。其具体的形状可以是线条，也可以是圆柱、方柱或圆锥。

条形图的绘制方法是：先绘制一直角坐标，以横（纵）轴作为基线，在纵（横）轴上按照适当比例画出尺度，尺度要从零开始，全部尺寸以等距表示，然后以横（纵）轴作为基线，把各个指标数值按照比例尺度绘制出各条形，条形图按数值大小、时间先后等顺序排列，间隔必须相等，一般不超过条形的宽度，对不同性质的条形，以不同的条纹或颜色区分；在合适的地方作出必要说明，如标题、单位、图例、资料来源等。

【例 2-2】 按 2017—2019 年我国房地产业从业人数（表 2-9）绘制柱形图。

表 2-9　2017—2019 年我国房地产业从业人数

年份 人数	2017	2018	2019
建筑业从业人数/万人	1 499	2 125	2 105

解： 柱形图绘制结果如图 2-1 所示。

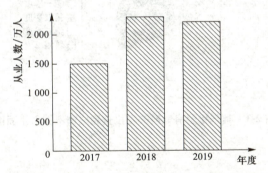

图 2-1　2017—2019 年我国房地产业从业人数图

【例 2-3】 按某年我国房地产开发投资完成情况表（表 2-10）绘制柱形图。

表 2-10　某年我国房地产开发投资完成情况表 10 亿元

区域	第一季度	第二季度	第三季度	第四季度
东部	20.40	27.40	90.00	20.40
西部	30.60	38.60	34.60	31.60
北部	45.90	46.90	45.00	43.90

解： 柱形图绘制结果如图 2-2 所示。

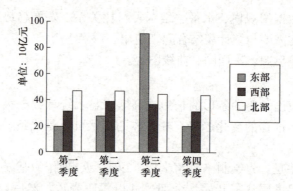

图 2-2 某年我国房地产开发投资完成情况纵式柱形图

2. 平面图

平面图是以圆形、正方形、长方形等几何图形面积的大小来表示统计指标数值和总体内部结构情况的一种统计图。平面图绘制不如条形图简单，但平面图在表达总体内部结构及反映面积资料时，显得对比鲜明而生动。

【例 2-4】 按【例 2-3】中表 2-10 绘制圆形平面图。

解：圆形平面图绘制结果如图 2-3 所示。

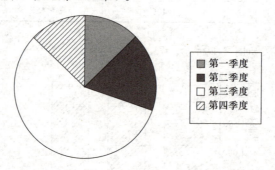

图 2-3 某年我国房地产开发投资完成情况圆形平面图

3. 曲线图

曲线图是利用曲线的升降来表明指标变化形态的统计图。它是表明生产计划进度、动态和发展趋势的主要图形，对于反映事物发展变化的规律性起到重要的作用。

【例 2-5】 按【例 2-3】中表 2-10 绘制曲线图。

解：曲线图绘制结果如图 2-4 所示。

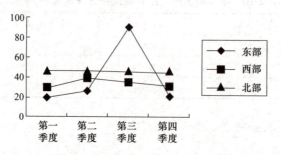

图 2-4 某年我国房地产开发投资完成情况曲线图

模块小结

房地产统计数据的收集是房地产统计的基础工作。房地产统计数据收集的方式包含两个方面的含义：一是根据统计研究的目的和任务，对统计调查所收集到的第一手数据进行科学的分类和汇总，使其系统化、条理化，成为反映事物本质和总体特征数据资料的过程；二是对第二手数据资料进行再整理。

整理方案设计得是否科学合理，事关统计整理工作能否有计划、有组织地进行，对统计整理乃至统计分析的质量具有重要的影响。设计统计整理方案应包括选择整理组织形式、确定分组和分类目录、确定统计资料审核办法、制作整理表格等工作。

思考与练习

一、填空题

1. 按照所采用的计量尺度的不同，统计数据可分为_____、_____和_____。
2. 房地产统计数据的收集方式有_____、_____。
3. 按调查对象包括的范围不同，统计调查可分为_____和_____。
4. 按调查资料登记时间是否具有连续性，统计调查可分为_____和_____。
5. 按调查的组织方式不同，统计调查可分为_____和_____。
6. 二手资料有两个重要的来源，即_____和_____。
7. 对于通过调查取得的第一手数据资料，主要审核数据的_____和_____。
8. 对于获取的第二手数据，则应主要审核数据的_____与_____。
9. 根据分组标志性质和特征的不同，统计分组可分为_____和_____两种。
10. _____是指将经过统计整理得出的系统化统计资料按照一定的顺序填列在一定的表格内所形成的表格。

二、选择题

1. 数据的特点不包括( )。
   A. 离散性　　　B. 统一性　　　C. 波动性　　　D. 规律性
2. ( )是由调查人员向被调查者提问，根据被调查者的答复以取得资料的一种调查方法。
   A. 直接观察法　B. 采访法　　　C. 报告法　　　D. 问卷法
3. ( )是统计整理的前提和基础，也是统计整理中最关键的一步。
   A. 问卷调查　　B. 统计分组　　C. 统计汇总　　D. 统计图
4. 根据统计表的用途不同分类不包括( )。
   A. 调查表　　　B. 整理表　　　C. 分析表　　　D. 分组表

三、简答题

1. 按资料收集的方法不同，统计调查可分为哪几类？

模块二 房地产统计数据的收集与整理

2. 一个完整的统计调查方案应该包括哪些基本内容？
3. 一般可以从不同的角度将问卷中的问题划分为哪些类型？
4. 设计统计整理方案应包括哪些内容？
5. 常用的统计图有哪些？

模块三 房地产统计的指标

教学目标与考核重点

教学内容	单元一 总量指标和相对指标 单元二 平均指标 单元三 标志变异指标	学时	4学时
教学目标	了解总量指标、相对指标的概念、作用及种类； 掌握总量指标的计算方法； 了解平均指标的概念、作用； 掌握平均指标、标志变异指标的计算方法		
关键词	总量指标、相对指标、平均指标、全距、平均差、标准差		
重点	总量指标和相对指标的定义； 平均指标和标志变异指标的计算		
能力目标	能熟练的计算和各种相对指标解释经济现象的结构特征； 能正确的使用平均指标和标准变异指标解释经济现象的数量特征		
素质目标	热爱本职工作，不断地提高自己的技能；传达正确而准确的信息；工作有条理、诚实、精细		

案例导入

近年来郑州市经济增长快于西安市，逐渐拉大了与西安市的距离。与邻近省会城市郑州相比，西安市经济发展的优势在哪里，差距又在哪里？市统计局发布的《西安与郑州主要经济指标对比简析》显示，两市经济总量差距扩大，西安市应充分利用自身优势，发力补足产业短板，调整优化投资结构，实现追赶超越。

1. 经济总量

两市增速相差不多，差距逐年扩大。

郑州作为中国中部地区重要的中心城市、综合交通枢纽和中原经济区核心城市，地缘优势显著，城市总面积为 7 446 km²，比西安市少 2 651 km²，下辖6区5市1县，2015年总人口为956.9万人，比西安市多86.3万人。

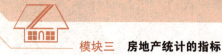

数据显示,"十二五"时期,郑州市经济发展较快,连跨3个千亿台阶,年均增速达11.2%,比西安市高0.2个百分点。2016年,郑州市生产总值为7 994.16亿元,是2011年的2.0倍,GDP总量超越沈阳,在省会城市中排名由第8位前移至第7位。2016年,西安市生产总值也扩张到6 257.18亿元,是2011年的1.9倍。虽然两市增速相差不多,但由于郑州市总量基数较大,所以,总量差距呈逐年扩大趋势。2010年,西安市GDP总量与郑州市的差距仅为686.44亿元,2011年两市差距扩大到千亿,到2016年,两市差距达到1 736.98亿元。

2. 投资

房地产是两市固定资产投资的第一大领域。

"十二五"时期,西安市大多数年份投资额大于GDP总量,而郑州市投资额占GDP比重虽呈现递增态势,但除2015年外,始终保持在80%以下。2015年,西安市固定资产投资增速比上年下降12.5%,投资陷入低迷,2016年,增速虽扭负为正,但仍处于历史低位。而同时期,郑州市投资尽管也告别了18%以上的高增速,有所回落,但仍保持较快增长。2016年,郑州市全社会固定资产投资6 998.60亿元,投资规模超过西安市1 800亿元以上,同比增长11.3%。在全国26个省会城市中,郑州市投资总量位居第3,比上年前移1位,超过长沙市。西安市的投资总量位居第10位,比上年前移1位,超过沈阳市。

从投资结构看,两市固定资产投资的第一大领域都是房地产开发投资,西安市房地产开发投资占投资比重逐年上升,2016年达37.7%,较2011年提高7.9个百分点;而郑州市房地产占比波动上升,2016年达到最高的39.7%,超过西安市2.0个百分点,较上年提高8.3个百分点,表明郑州市房地产市场有所升温。

3. 工业

西安市支柱行业规模化集约度不高。

"十二五"时期,西安市与郑州市的工业增加值总量差距从2011年的1 217.49亿元,逐年扩大至2015年的1 935.58亿元。2016年,差距虽略有缩小,但仍高达1 918.37亿元。2016年,郑州市工业增加值总量为2011年的1.4倍,西安市为1.3倍。西安市工业相当于郑州市的比例从2011年的47.4%下滑至2016年的42.1%。两市工业差距大于GDP差距181.39亿元,说明两市经济总量差距主要来源于工业。工业主导产业发展滞后是差距扩大的重要原因。

与西安市相同,郑州市的工业增加值占生产总值比重从2011年的46.7%下降至2016年的41.5%,呈现逐年下降态势,但工业仍是郑州市经济的主导产业。

2016年年末,郑州市有规模以上工业企业3 155户,比西安市多2 002户,实现规模以上工业增加值3 215.40亿元,是西安市的2.7倍,占GDP的40.2%,比西安市高21.4个百分点。2016年,郑州市规模以上工业排在前五位的行业(非金属矿物制品业、计算机、通信和其他电子设备制造业、烟草制品业、电力、汽车制造业、热力生产和供应业)合计实现增加值1 910.67亿元,占工业增加值的近60%,约占生产总值的24%。而西安市规模以上工业排前五位的行业合计实现增加值641.92亿元,仅占工业增加值的46.0%,占生产总值的10%左右。

可以看出,郑州市工业支柱行业的规模较大,且相对集中,而西安市则规模小,分布相对分散,支柱行业规模化、集约度不高,在一定程度影响了产业的带动力,这也是西安市工业不强的原因之一。

4. 服务业

对经济发展的支撑作用，西安市要大于郑州市。

2011年，西安市第三产业（服务业）增加值总量大于郑州，但2012年以后被郑州市超过。然而从服务业占GDP比重看，西安市始终高出郑州10个百分点左右，西安市服务业对经济发展的支撑作用要大于郑州市。

分行业来看，在服务业5个主要行业中，2016年，两市占比前三位的行业都是金融业、批发和零售业、房地产业，两市服务业支撑主力已悄然发生变化，部分传统行业逐步被新兴行业超越。拉长时序来看，2011年，郑州市、西安市的金融业增加值总量基本持平。2011年，西安金融业开始起飞，连续4年保持12%以上的高增长，在五大行业中发展势头最猛，到2016年，增速虽回落至10%以下，但金融业仍超过批发和零售业成为五大行业的"领头羊"。郑州市的金融业爆发式增长要晚于西安，始于2012年，连续5年保持12%以上的增速，并在2012年当年，增加值总量超过批发和零售业，成为五大行业之首。从支撑作用来看，2011年以来，西安市金融业增加值占GDP比重逐年提高，2016年占比为11.6%，比2011年提高5.0个百分点；郑州为10.2%，比2011年提高4.6个百分点，两市相比，金融业对西安市经济发展的支撑作用更大。

"十三五"时期，郑州市提出加快建设国家中心城市步伐，西安市着力推进"三中心二高地一枢纽"建设，西安市应进一步明确目标，正视差距，坚定信心，科学施策，充分利用自身优势，发力补足产业短板，调整优化投资结构，促进实体经济发展，实现追赶超越目标。

分析：文章中通过哪些方面引用了数据对比，全方面了解两座城市的差异。

单元一　总量指标和相对指标

在经济生活中，人们会经常接触到各类统计指标，尤其是房地产这样的国民经济支柱产业，人们会经常看到这样的指标，即存量房、再上市房、住宅总建筑面积、房屋施工面积、房屋新开工面积、房地产价格指数、国房景气指数等。正是这些客观准确的房地产统计指标数据为人们提供了科学判断房地产市场形势的基础，对于及时发现市场运行中的新情况、新问题，有针对性地采取措施，加强和改善宏观调控，促进房地产市场持续健康发展具有重要的意义。

一、总量指标

总量指标是统计资料经过汇总整理后得到的反映总体规模和水平的总和指标。其表现形式是具有计量单位的绝对数，如商品房需求总量、城市人口总数、商品房销售总量等。总量指标数值的大小受总体范围大小的制约。总体范围大，统计指标数值就大；反之则小。

总量指标的作用表现在三个方面：首先，它可用来反映一个国家、地区、部门或单位的基本状况；其次，它是制定政策、编制计划、进行科学管理的重要依据；最后，它是计算相对指标和平均指标的基础。

（一）总量指标的种类

(1)按所反映现象的内容不同，总量指标可分为总体单位总量与总体标志总量。总体单位总量简称单位总量，它表示总体本身的规模大小，是统计总体单位的合计数；总体标志总量简称标志总量，它是反映总体单位某种标志值总和的总量指标。

(2)按所反映的时间状态不同，总量指标可分为时期指标和时点指标。

1)时期指标是反映社会经济现象总体在一段时期内发展过程的总量。它具有以下特点：第一，时期指标可以累计相加，累加结果表示更长一段时间内事物发展过程的总数量；第二，时期指标数值的大小与计算时期的长短有直接关系，如"房屋新开工面积""商品房建设投资额""固定资产累计折旧"等房地产统计指标。

2)时点指标反映的是现象在某一时刻上的总量。时期指标和时点指标各有不同的特点。

①时期指标数值的大小与时期的长短有直接关系，各时期指标数值可以直接相加，其资料收集要通过经常性调查取得；

②时点指标数值的大小与现象活动过程的长短没有直接关系，各时点指标数值不能直接相加，其资料收集是通过一次性调查来完成的。

(3)按计量单位的不同，总量指标可分为实物量指标、价值量指标和劳动量指标。

①实物量指标是根据事物的属性和特点采用自然的、度量衡的、物理或化学的计量单位计算的总量指标，可以直接反映产品的使用价值或现象的具体内容；

②价值量指标是以货币作为价值尺度计量社会物质财富或劳动成果的统计指标，并且具有较强的综合概括能力；

③劳动量指标是以劳动时间为单位计算的总量指标，其主要在企业范围内使用，是企业编制和检查计划的重要依据。

（二）总量指标的计算

总量指标常用的计算方法有直接计量法、推算和估算法。

1. 直接计量法

直接计量法是指对研究对象进行直接计数、点数或测量后，将总量指标的数值计算出来的方法。这种方法要求对总体的所有单位都进行登记，并汇总出所需要的资料。

2. 推算和估算法

当总量指标不能直接计算或不必直接计算的情况下，可采用推算和估算法。常用的推算方法有以下几项：

(1)因素关系推算法。因素关系推算法是利用社会经济现象各影响因素之间的关系，根据已知因素来推算未知因素的方法。如"商品房销售额＝平均单价×销售数量"，已知这一关系式中的某两项就可推算另一未知因素的数值。

(2)比例关系推算法。比例关系推算法是利用各种相关资料的比例关系进行推算的一种方法。如某房地产开发商的商品房销售量历年均占当地商品房销售量的10%，已知某年当地商品房销售总量为50万套，按比例推算，则某房地产开发商商品房的销售量为50万×10%，即5万套。

(3)平衡关系推算法。平衡关系推算法是利用各种平衡关系来推算未知指标的方法。如

"期初库存量＋本期完工量＝本期销售量＋期末库存量"，已知这一关系式中的三项就可以推算另一未知因素的数值。

(三)房地产总量指标

从房地产产出的具体情况看，房地产总量指标即房地产业总产出包括房地产开发经营业总产出、物业管理总产出、房地产中介服务总产出和居民自有住房服务总产出。

(1)房地产开发经营业总产出是经营房屋销售的差价收入和从事房地产租赁活动获得的租金收入；

(2)物业管理总产出为管理服务的经营收入；

(3)房地产中介服务总产出是从事房地产经纪与代理中介活动取得的收入；

(4)居民自有住房服务总产出原则上应等于按市场上同等住房的房租价格计算的虚拟房租。由于我国尚未形成健全的房地产市场，没有合适的房租价格可以参考，目前以按房屋价值和规定的折旧率虚拟计算的固定资产折旧作为总产出。

近年来，我国房地产占国民经济生产总值的比重很大。但是，并不是房地产业占国民经济总值中的比重越高就越重要，更不是房地产投资与建设越高就越好，要适当控制比例，保持整个国内经济平衡。

扩展阅读

计算和运用总量指标应注意的问题

为保证总量指标的准确性，总量指标统计应遵循以下原则：

(1)明确规定总量的内容、范围及与其他相关指标的界限总量指标数值的计算不同于单纯的数字加总，每个总量指标都有其确定的具体的社会经济内容，都是具有固定质的数量表现。例如，统计工业企业情况，首先必须明确具体是哪个地区的工业企业，还要对"工业企业"的含义加以确定，才能找到正确的总体单位进行调查。

(2)遵守不重复、不遗漏的原则。价值指标在综合过程中会发生重复计算问题，这是由社会经济现象本身的特点和计算方法引起的。根据研究目的，区分好每个总体单位相应值的归类，是一个严谨的问题。

(3)注意实物总量指标的现象同类性。实物指标往往针对物质产品而言，同类性反映产品具有同样的使用价值或经济内容，同类实物之间的相应指标可以直接相加。不同类不能简单相加。例如，直接把钢、煤、棉花、粮食按照吨计量单位相加是毫无意义的，把它们按照价值指标相加以反映某地区的产值能力是允许的。

(4)侧重各单位的统一性和可比性。必须用科学的方法来确定总量指标的总体范围、计算口径、计算方法和计量单位，避免由于各地区各单位的条件和习惯不同而造成统计上的错误。要注意历史条件的变化，不同的历史条件往往影响总量指标所反映的内容和包括的范围。不同统计原则或方法统计的数据，不能直接相加。不同计算方式的总量指标不能简单对比。

二、相对指标

相对指标也称相对数,是用两个有联系的指标进行对比的比值来反映现象数量特征和数量关系的综合指标。

相对指标的表现形式一般用无名数表示,无名数的相对指标是一种抽象化的数值,具体数值大多采用系数(倍数)、成数、百分数或千分数等表示;也有一些相对指标是有名数的,有名数的相对指标是用复合单位表示,如住宅小区的商业网点密度可以用每个商业网点服务的人数(人/个)来表示。

(一)相对指标的作用

(1)现象的绝对差异抽象化,使原来不能直接比较的总量指标可以进行比较。

(2)说明总体内在的结构特征,为深入分析事物的性质提供依据。如计算一个企业产品的市场占有率,可以说明该企业的市场地位和市场竞争能力。

(3)用指标说明现象的相对水平,表明现象的发展过程和程度,反映事物发展变化的趋势。

(二)相对指标的种类

根据相对指标的性质差异和相对指标说明问题的特点,相对指标可划分为结构相对指标、比例相对指标、比较相对指标、动态相对指标、强度相对指标及计划完成相对指标六种。

1. 结构相对指标

结构相对指标是总体内某一部分数值与总体全部数值的比值,反映总体内部的构成和类型特征,一般用百分数或系数表示。结构相对指标的计算公式如下:

$$结构相对指标(\%) = \frac{总体某部分数值}{总体全部数值} \times 100\%$$

运用结构相对指标时,要以统计分组为前提,各部分比重之和必须等于1。

2. 比例相对指标

比例相对指标是反映总体内部各个组成部分之间的数量对比关系的相对指标,如某城市某年度商品房开发面积与廉租住房面积之比。比例相对指标能够反映事物内部各部分之间的数量联系程度和比例关系。比例相对指标的计算公式如下:

$$比例相对指标 = \frac{总体中某一部分数量}{总体中另一部分数量}$$

【例3-1】某房地产开发公司一个新的开发项目中,可销售建筑总面积为320 500 m²,其中,普通小高层面积为308 205 m²,联排别墅面积为12 295 m²,普通小高层面积与联排别墅面积之间的比例为

$$比例相对指标 = \frac{308\ 205}{12\ 295} = 25 : 1$$

3. 比较相对指标

比较相对指标是将某一总体的指标与另一总体同类指标对比的比值,反映同类事物在

同一时间不同空间的差异程度。其目的是观察同类现象之间的对比关系。比较相对指标一般用倍数或百分数表示。比较相对指标的计算公式如下：

$$比较相对指标 = \frac{某地区（单位）的某一指标数值}{另一地区（单位）同一指标的数值} \times 100\%$$

【例 3-2】 根据 2017—2019 年某房地产公司与行业另一公司之间的销售额资料，计算比较相对指标，见表 3-1。

表 3-1 某房地产公司与行业竞争对手之间销售额的对比分析

年 份	销售额/万元		比较相对指标/%
	本公司	另一公司	
2017	250 000	180 000	139
2018	380 000	220 000	173
2019	500 000	300 000	167

4. 动态相对指标

动态相对指标是表明某类现象在不同时间上的指标数值对比关系的相对指标，用以说明现象发展变化的方向和程度。动态相对指标的计算公式如下：

$$动态相对指标 = \frac{某一现象报告期数值}{同一现象基期数值} \times 100\%$$

【例 3-3】 某房地产公司 2019 年商品房销售额为 500 000 万元，2018 年为 380 000 万元，发展速度为

$$发展速度 = \frac{500\ 000}{380\ 000} \times 100\% = 131.58\%$$

5. 强度相对指标

强度相对指标是将两个有联系但不同的指标对比而得到的比值，反映现象的强度、密度或普及程度。强度相对指标是一种特殊形式的相对数，一般采取复名数单位表示。强度相对指标的计算公式如下：

$$强度相对指标 = \frac{某一指标数值}{另一有联系的不同指标的数值}$$

强度相对指标数值的表现形式一般为复合单位，它由分子指标和分母指标原有计算单位组成。强度相对指标的主要作用表现在以下几个方面：

（1）说明社会经济现象的强弱程度，反映一个国家或地区的经济发展水平的高低和经济实力的强弱。

（2）反映社会经济现象的密度或普遍程度。

（3）反映社会生产活动的条件或效果。

强度相对指标包括正指标和逆指标两种形式。如每千人拥有的零售商业机构个数或每个商业机构所服务的人数。前者为正指标；后者为逆指标。

【例 3-4】 某地区 2018 年总人口为 1 200 万人，有 60 000 个零售商业机构，则该地区零售商业网点密度指标为

$$零售商业网点密度 = \frac{60\ 000\ 个}{1\ 200\ 万人} = 50(个/万人)$$

上述地区商业网点密度也可以用逆指标表示：

$$零售商业网点密度 = \frac{1\,200\,万人}{60\,000\,个} = 200(人/个)$$

6. 计划完成相对指标

计划完成相对指标也称计划完成百分数，是将某一时期的实际完成数与同期计划数进行对比，反映计划执行情况的相对指标，一般用百分数表示。计划完成相对指标的计算公式如下：

$$计划完成相对指标 = \frac{实际任务完成数}{计划任务数} \times 100\%$$

$$超额（或未完成）的绝对值 = 实际完成数 - 计划任务数$$

对于计划完成程度的评价，实际完成数是超过计划好，还是低于计划好，还要根据计划指标的性质和内容而定。产量、产值、商品销售额等计划指标是按最低限额规定的，实际完成数越多越好，即计划完成相对指标大于100％就是超额。成本、原材料消耗、费用水平等计划是按最高限额规定的，实际完成数比计划数越小越好，即计划完成相对指标小于100％才算超额。

【例3-5】 某房地产公司某年计划商品房销售额为20 000万元，实际完成14 400万元，则计划完成相对指标为

$$计划完成相对指标 = \frac{14\,400}{20\,000} \times 100\% = 72\%$$

计算结果说明该房地产公司完成销售额计划72％，未完成计划5 600万元。

扩展阅读

计算和运用相对指标应注意的问题

1. 相对指标的分子和分母必须具有可比性

相对指标是运用对比的方法揭示现象之间的联系程度或反映现象之间的差距程度。用于对比的两个指标是否具有可比性决定计算结果能否正确地反映现象之间的数量联系和有没有实际意义。分子指标和分母指标的可比性主要是指所对比指标的经济内容是否一致，计算方法和计量单位是否可比等。

2. 要将相对指标与总量指标结合运用

无论是哪一种统计指标，都有它自身的优势和局限性。总量指标能够反映事物发展的总规模和总水平，却不容易分辨事物之间的差别程度；而相对指标反映了现象之间的数量对比和差异程度，却往往忽视了现象之间的绝对数量之间的差别。因此，要将相对指标和总量指标结合起来使用，才能全面地对社会现象的发展变化做出正确的评价。

3. 正确选择对比基数和善用指标体系

计算相对指标必须选择好对比基数，对比基数选择不当会导致结果出错。例如，计算就业率时，对比基数应该选择从业人数加上失业人数，不应选择全部人口数。一个相对指标仅能从一个侧面说明现象的数量特征，要想全面、深入地分析现象，就应该将多个相对指标结合在一起应用。例如，要分析一所学校的排名情况，从相对指标上来说，师生比、

人均拥有图书量、校园绿化率等都是研究这一问题的相对指标，只有全面剖析才能清楚认识问题。

单元二 平均指标

一、平均指标的概念及作用

1. 平均指标的概念

平均指标是指用来反映同质总体各单位某一数量标志在一定时间、地点、条件下所达到的一般水平的综合指标。平均指标将总体中各单位数量标志值的差异抽象化，它可能不等于总体内任何一个单位的具体水平，但对总体具有代表性。

平均指标容易与强度相对指标混淆，区别主要表现在：

（1）平均指标反映的是现象发展的一般水平，而强度相对指标说明的是某一现象在另一现象中发展的强度、密度或普通程度。

（2）平均指标分子与分母的联系是一种内在的联系，是同一总体标志总量与总体单位总数之比；而强度相对指标是两个性质不同但有联系的总量指标之比，作为分子的总量指标，并不随着作为分母的总量指标而变动，两者在数量上没有依存关系。

2. 平均指标的作用

（1）反映次数分布的集中趋势。次数分布的集中趋势指次数的分布趋向集中于一个分布的中心。其表现是次数分布中心附近变量值的次数较多，而相距次数分布中心较远的变量值的次数较少。在总体中各单位某一标志在数量上的变化是有差异的，变量值从小到大形成一定的分布，平均指标周围的单位数则占较大比重，远离平均数的单位数较少，因而，平均数反映了标志值变动的集中趋势，代表着变量数列的一般水平。

（2）反映现象间的相互依存关系。社会经济现象都是在一定条件下相互影响、相互依存的，为了研究现象之间相互依存的数量关系，常常要用到平均指标。如将耕地按施肥量的多少进行分组，可以计算出各组农作物的收获率，即平均亩产量，从而分析施肥量与农作物的收获率之间的依存关系。

（3）反映总体某一标志值的一般水平在时间上的变动，从而说明现象发展的规律性。

二、平均指标的种类和计算

平均指标主要有算术平均数、调和平均数、几何平均数、中位数和众数。算术平均数、调和平均数、几何平均数是根据总体中各单位变量值计算的，称为数值平均数。中位数和众数是根据总体中某一变量值的特殊位置确定的，因此，中位数和众数又称为位置平均数。

1. 算术平均数

算术平均数是指分布数列中所有单位标志值通过一定方式汇总再与全部单位总数对比的指标。根据所掌握数据的不同，可分为简单算术平均数和加权算术平均数两种。

(1) 简单算术平均数。简单算术平均数适用于未分组的分布数列，就是将总体各单位的变量值之和除以总体单位数。其计算公式如下：

$$\bar{x} = \frac{x_1 + x_2 + x_3 + \cdots + x_n}{n} = \frac{\sum x}{n}$$

式中　$\bar{x}$——算术平均数；

　　　x——变量值（即总体各单位标志值）；

　　　n——总体单位数；

　　　$\sum$——总和符号。

【例 3-6】 假设有 6 个小区，每个小区拥有的房屋面积分别为 56 000 m²、11 000 m²、13 000 m²、34 000 m²、68 000 m²、42 180 m²，则 6 个小区平均拥有的房屋面积为

$$\bar{x} = \frac{\sum x}{n} = \frac{56\,000 + 11\,000 + 13\,000 + 34\,000 + 68\,000 + 42\,180}{6} = 37\,363\ (\text{m}^2)$$

简单算术平均数适用于总体中各变量值出现的次数为一次的情况，只需将各变量值相加除以次数便可得到算术平均数。

(2) 加权算术平均数。在计算算术平均数时，若所根据的资料是经过整理的、按数量标志分组后编制成的变量数列，就采用加权算术平均数的方法计算。加权算术平均数的计算方法是：用标志值乘以相应的各组单位数求出各组标志总量，将各组标志总量相加求得总体标志总量，再除以总体单位总量。其计算公式如下：

$$\bar{x} = \frac{x_1 f_1 + x_2 f_2 + x_3 f_3 + \cdots + x_n f_n}{f_1 + f_2 + \cdots f_n} = \frac{\sum xf}{\sum f}$$

式中　f——权数。

所谓权数，即各组变量出现的次数。次数多的变量值对平均数影响要大些，次数少的变量值对平均数的影响就相对小一些。它具有权衡轻重的作用，因此被称为"权数"。由此可见，平均指标的大小不仅取决于总体单位的变量水平 x，同时，也取决于各个变量值出现的次数 f。

【例 3-7】 某城市中随机抽取 50 个家庭调查住房面积，经分组后结果见表 3-2，试计算这 50 个家庭的平均住房面积。

解：计算过程见表 3-2。

表 3-2　某城市 50 个家庭平均住房面积计算表

序号	A	B	C	D
1	按住房面积分组/m²	组中值(x)	频数(f)	xf
2	70 以下	60	7	420
3	70～90	80	10	800
4	90～110	100	18	1 800
5	110～130	120	9	1 080
6	130 以上	140	6	840
7	合计	—	50	4 940

代入上面的计算公式得：

$$\bar{x} = \frac{x_1 f_1 + x_2 f_2 + x_3 f_3 + \cdots + x_n f_n}{f_1 + f_2 + \cdots f_n} = \frac{\sum xf}{\sum f} = \frac{4\ 940}{50} = 98.8(\text{m}^2)$$

算术平均数在统计中具有重要的地位，它是进行统计分析和统计推断的基础。从统计思想上看，算术平均数是一组数据的中心所在，是数据误差相互抵消后的必然结果，利用算术平均数作为变量的代表值，可以使误差相互抵消，反映出事物的数量特征。但是，算术平均数的缺点是容易受到极端值的影响。算术平均数的几个主要数学性质如下：

1)平均数与次数和的乘积等于所有变量值的总和，即 $n\bar{x} = \sum x$（简单算术平均数），$\bar{x}\sum f = \sum xf$（加权算术平均数），平均数是所有变量值的代表数值。

2)所有变量值与平均数的离差之和等于零，即

简单算术平均数　　　　　　　$\sum (x - \bar{x}) = 0$

加权算术平均数　　　　　　　$\sum (x - \bar{x})f = 0$

在理论上，算术平均数中变量值之间这方面或那方面的偏差可以相互抵消。

3)各个变量值与平均数离差平方之和为最小，即

简单算术平均数　　　　　　　$\sum (x - \bar{x})^2 = \min(\text{最小值})$

加权算术平均数　　　　　　　$\dfrac{\sum (x - \bar{x})^2 f}{\sum f} = \min(\text{最小值})$

2. 调和平均数

调和平均数是总体各单位变量值倒数的算术平均数的倒数，也称倒数平均数。根据资料是否分组，调和平均数可分为简单调和平均数、加权调和平均数两种。当掌握的是变量数列中各组标志总量时，应采用调和平均数。调和平均数是以各组标志总量为权数计算的。

(1)简单调和平均数。简单调和平均数适用于未分组的分布数列。其计算公式如下：

$$\bar{x} = \frac{n}{\dfrac{1}{x_1} + \dfrac{1}{x_2} + \cdots + \dfrac{1}{x_n}} = \frac{n}{\sum \dfrac{1}{x}}$$

在实际应用中简单调和平均数比较少见，常见的是加权调和平均数的计算。

(2)加权调和平均数。加权调和平均数适用于分组的分布数列，其计算形式与算术平均数不同，但实质上同算术平均数的计算方法是一致的，都是用总体标志总量除以总体单位总量。作为算术平均数变形的加权调和平均数，一般应用于没有直接提供被平均标志值的相应单位数的场合。其计算公式如下：

$$\bar{x} = \frac{m_1 + m_2 + \cdots + m_n}{\dfrac{m_1}{x_1} + \dfrac{m_2}{x_2} + \cdots + \dfrac{m_n}{x_n}} = \frac{\sum m}{\sum \dfrac{m}{x}}$$

式中　　m——权数。

模块三　房地产统计的指标

【例3-8】 某月某房地产开发企业按销售业绩高低分组资料见表3-3。

表3-3　某月某房地产开发企业商品房销售业绩分组情况

序号	A	B	C
1	按售楼人员销售额分组/(万元·人$^{-1}$)	组中值 x	销售总额 m/万元
2	50～60	55	220
3	60～70	65	260
4	70～80	75	750
5	80～90	85	510
6	90以上	95	190

试计算该月该企业售楼员的平均销售额。

解：列表计算，结果见表3-4。

表3-4　某月某房地产开发企业商品房销售业绩分组情况

序号	A	B	C	D
1	按售楼人员销售额分组/(万元·人$^{-1}$)	组中值 x	销售总额 m/万元	售楼员人数 f/人
2	50～60	55	220	4
3	60～70	65	260	4
4	70～80	75	750	10
5	80～90	85	510	6
6	90以上	95	190	2
7	合计	—	1 930	26

3. 几何平均数

几何平均数是 n 个变量值连乘积的 n 次方根，它是适用于特殊数据的一种平均数，主要用于计算平均比率或平均速度。在实际应用中，几何平均数主要用于计算社会经济现象的年平均增长率等指标。

(1) 简单几何平均数。简单几何平均数计算公式如下：

$$\bar{x}_g = \sqrt[n]{x_1 \cdot x_2 \cdot x_3 \cdots \cdots x_n} = \sqrt[n]{\prod x}$$

式中　$\bar{x}_g$ ——几何平均数；

$\prod$ ——连乘符号；

n ——变量值的个数。

【例3-9】 某种产品的生产要经过4个车间的加工和检验，第一个车间检验的合格率为98%，第二个车间合格率为97%，第三个车间的合格率为99%，第四个车间的合格率为98%，则该种产品各车间的平均合格率为

$$\bar{x}_g = \sqrt[4]{98\% \times 97\% \times 99\% \times 98\%} = 98\%$$

(2) 加权几何平均数。当资料分组时，各变量值的资料不同，应采用加权几何平均数。其计算公式如下：

$$\overline{x}_g = \sqrt[\Sigma f]{x_1^{f_1} x_2^{f_2} \cdots x_n^{f_n}} = \sqrt[\Sigma f]{\prod x^f}$$

式中 Σf——变量值出现次数的总和；

f——每个标志值出现的次数。

【例3-10】某建设银行某项投资的年利率是按复利计算的，20年的利率分配为：1年是5%，3年是6%，8年是7%，6年是10%，2年是11%，则20年的平均年利率是：

$$\overline{x}_g = \sqrt[1+3+8+6+2]{(1+0.05)^1 \times (1+0.06)^3 \times (1+0.07)^8 \times (1+0.1)^6 \times (1+0.11)^2}$$
$$= 1.080\ 3$$

则：20年的平均年利率$=1.080\ 3-1=0.080\ 3=8.03\%$

4. 中位数

中位数是将总体中各单位变量值按大小顺序排列，处在中间位置的那个变量值即中位数。中位数是将总体中的变量分成两部分，其中一半变量值比它小，另一半变量值比它大。中位数的计算根据资料的分组情况，其方法如下：

(1)对未分组资料应先对总体单位各标志值按大小做顺序排列，当总体单位数为奇数时，中位数是处于第$\frac{N+1}{2}$项位置的标志值；当总体单位数为偶数时，中位数是第$\frac{N}{2}$项和$\frac{N+1}{2}$项两个标志值的平均数。

(2)对分组资料，对单项数列首先计算总次数$\sum f$和$\frac{\sum f}{2}$，然后，对各组次数顺序做累计，确定$\frac{\sum f}{2}$所在的组，与此对应的标志值即中位数。对于组距数列首先应按上述办法确定出中位数所在的组，然后利用公式计算出中位数的近似值。其计算公式如下：

下限公式： $$M_e = L + \frac{\frac{\sum f}{2} - S_{m-1}}{f_m} \times d$$

上限公式： $$M_e = U - \frac{\frac{\sum f}{2} - S_{m+1}}{f_m} \times d$$

式中 M_e——中位数；

L, U——中位数所在组的下限和上限；

f_m——中位数所在组的次数；

S_{m-1}, S_{m+1}——中位数所在组以下和以上各组的累计次数；

$\sum f$——总次数；

d——中位数所在组的组距。

5. 众数

在观察某一总体时，最常遇到的标志值，在统计上称为众数。众数就是所研究的变量数列中出现次数最多的变量值，用M_0表示。众数可以用来说明社会经济现象的一般水平。一般来说，众数的确定只要通过大量观察就可得知。众数的特点是不受数据中极端值的影响。

众数的计算方法如下：

（1）在单项式数列中，确定众数的方法比较简单，可以用观察法直接确定众数，即出现次数最多的变量值为众数。

（2）对于组距式（假设为等距）分布数列，确定众数时，首先确定次数最多的组为众数组，然后计算众数的近似值。其计算公式为如下：

下限公式： $$M_0 = L + \frac{\Delta_1}{\Delta_1 + \Delta_2} \times d$$

上限公式： $$M_0 = U - \frac{\Delta_1}{\Delta_1 + \Delta_2} \times d$$

式中　M_0——众数；

L——众数组的下限；

U——众数组的上限；

Δ_1——众数组次数与前一组次数之差；

Δ_2——众数组次数与后一组次数之差；

d——众数所在组的组距。

众数是由标志值出现次数多少决定的，不受数列中极端变量值的影响，可以反映总体各单位某一数量标志值的集中趋势。众数的次数越多，集中趋势越显著，对总体的一般水平的代表性也就越强。但当总体分布是均匀分布，即总体单位标志值出现的次数相同时，则没有众数。众数有时不止一个，如果只有一个众数称为单众数，多于一个的称为复众数。

扩展阅读

算术平均数、中位数、众数的特点

算术平均数、中位数、众数这三种平均数都可以表明总体单位的一般水平，但是三种平均数也具有不同的特点，从而使它们可以应用于不同的场合。为了更加适当地、正确地使用平均指标，还需要认识它们的区别、了解它们的特点。

算术平均数是应用最广泛的一种平均指标，它的数值是整个总体次数分布的中心，这个中心点的两边具有相等的标志值之和，即相等的$\sum xf$。由于它反映了整个总体的次数分布，所以，既体现了各标志值的作用，也反映了各标志值次数的影响。由于算术平均数是所有的标志值之和除以其观察值的个数，它考虑到了所有数值，因而算术平均数的大小受总体中极端数值的影响。如果总体中有极大值出现，则会使算术平均数偏于分布的右边，如果总体中出现极小值，算术平均数则会偏于分布的左边。

中位数是一种位置平均指标，它从各标志值的顺序出发，将所有标志值分成相等的两部分，一部分数值比它大；另一部分数值比它小。由于中位数只是考虑各单位数值在总体中的顺序变化，因此，它受极端数值的影响较小。

众数是总体中出现次数最多的数值，它只考虑总体中各数值出现频数的多少，不受极端数值的影响，但当总体中出现多个众数时，众数便没有了意义。

模块三 房地产统计的指标

三、平均指数的应用原则

在房地产统计研究和分析中，平均指标有着极其广泛的应用，为了保证平均指标的科学性，更好地发挥其作用，在应用时必须遵守以下几项基本原则：

(1)在同质总体中计算和应用平均指标。同质总体是指由性质相同的同类单位构成的总体。只有在同质总体中，总体各单位才具有共同的特征，这样才能按某一数量标志计算其平均数。把本质不同的事物放在一起平均，将会形成一种虚构的平均数，它会抹杀现象之间的本质差异，歪曲现象的真实情况。因此，总体的同质性是计算应用平均指标首先要注意的问题。

(2)用组平均数补充说明总平均数。平均数是在抽去局部特征和差异以后计算出来的，它给人以总体的、综合的数量概念。如果要进一步分析问题，仅仅到此是不够的，还必须计算总体内部各种类型或各部分的平均数，以配合总平均数作进一步的说明。

(3)用分布数列补充说明总平均数。由于平均数掩盖了总体各单位的数量差异情况，无法反映总体各单位的分布状况。因此，根据分析研究的需要，可以用分布数列补充说明总平均数以便更加客观地对总体单位的分布状况作出评价。

单元三 标志变异指标

一、标志变异指标的概念及作用

1. 标志变异指标的概念

某一数量标志表现在各单位上的数值是不尽相同的，这种标志值之间的差异程度叫作标志变动度，也叫作标志变异指标。换而言之，标志变异指标就是总体各单位指标值变动的范围或离差的程度。

在统计分析中，不仅要计算总量指标、平均指标，用来反映现象的总体规模和一般水平，还要测定标志变异指标，用标志变异指标反映总体各单位标志值的差异程度，表明变量值的离中趋势。这对于说明统计数列的分配性质与特征，有效地进行经济管理和科学决策，具有重要的理论意义和实践意义。

2. 标志变异指标的作用

(1)标志变异指标可以衡量平均指标的代表性。平均指标作为总体某一数量标志的代表值，其代表性取决于总体中各标志值的差异程度，则它必然与该总体数量标志的变异指标直接相关。标志变异指标可以说明平均指标的代表性的大小：标志变异指标越大，说明总体单位的差异程度也越大，次数分布越分散，从而，平均指标的代表性就越小；反之，标志变异指标越小，则平均指标代表性就越大。

(2)标志变异指标可以反映社会经济活动过程的稳定性和均衡性。标志变异指标可以表明生产过程的节奏性、稳定性或其他经济活动过程的均衡性，进行产品质量控制和说明经济管理工作的质量。在检查生产计划执行情况时，除计算平均计划完成程度外，常要用标志变异指标分析计划执行过程中的均衡性和节奏性，检查是否存在前松后紧和突击现象。

(3)标志变异指标可以用来进行产品质量检验与评价投资风险。在进行质量统计检验和评价投资项目风险时，也经常采用标志变异指标。如果标志变异指标较小，说明产品质量比较稳定；反之，标志变异指标较大，则产品质量的稳定性差。另外，标志变异指标越小，对于某些现象来说便越稳定，风险越小；反之，如果标志变异指标越大，说明这些现象的变化越不稳定，风险便越大。

二、标志变异指标的计算

在统计中，标志变异指标的计算主要有全距、平均差、标准差和标准差系数等几种方法。

1. 全距

全距是指一个数列中所有标志的最大值与最小值之差，用 R 来表示，即 $R=x_{\max}-x_{\min}$。全距说明标志值的变动范围。全距大，说明离散程度大，平均数代表性小；全距小，说明离散程度小，平均数的代表性大。全距计算简便，意义清楚。但全距指标只是总体中两个极端标志值的差异，不是根据全部标志值计算的，极易受极端值的影响，又使其具有偶然性。因而，它不能充分反映现象的实际离散情况，也不能用以评价平均指标的代表性。在实际工作中，全距常用于检查产品质量的稳定性和进行质量控制，如控制产品误差范围即是全距。

2. 平均差

平均差是指各标志值对其算术平均数的离差绝对值的平均数。

平均差以均值为中心，反映了每个数据与算术平均数的平均差异程度，它能全面、正确反映一组数据的离散状况。平均差越大，说明该数据分布的离散程度越大；反之，则说明数据的离散程度越小。在计算处理上，由于所有数据与算术平均数的离差之和恒为零，所以，平均差在计算时对离差取了绝对值。平均差的计算根据依据的资料条件不同，可分为简单算术平均差和加权算术平均差两种。

(1)简单算术平均差，资料未分组采用的平均差。其计算公式如下：

$$A \cdot D = \frac{\sum |x-\bar{x}|}{n}$$

式中　$|x-\bar{x}|$——标志值与平均数离差的绝对值。

(2)加权算术平均差，资料分组采用的平均差。其计算公式如下：

$$A \cdot D = \frac{\sum |x-\bar{x}|f}{\sum f}$$

式中　$|x-\bar{x}|$——标志值与平均数离差的绝对值。

【例 3-11】 某房地产开发企业 160 名售楼人员月销售额分组资料见表 3-5，求平均数。

表 3-5　某房地产开发企业月销售额资料表

按销售额分组/万元	组中值 x	频数 f	xf	$\|x-\bar{x}\|f$
12 以下	11	6	66	45.24
12～14	13	13	169	72.02
14～16	15	29	435	102.66
16～18	17	36	612	55.44
18～20	19	25	475	11.50
20～22	21	17	357	41.82
22～24	23	14	322	62.44
24～26	25	9	225	58.14
26～28	27	7	189	59.22
28 以上	29	4	116	41.84
合计	—	160	2 966	550.32

解：

$$\bar{x}=\frac{\sum xf}{\sum f}=\frac{2\ 966}{160}=18.54（万元）$$

$$平均差=\frac{\sum |x-\bar{x}|f}{\sum f}=\frac{550.32}{160}=3.44（万元）$$

平均差的意义明确、简便，包括研究总体所有标志值的差异情况，能准确、综合反映总体的离差大小，但由于在计算中采用绝对值，因而不适用数理统计中的数字处理，故使用受限制。

3. 标准差

标准差也称均方差，是各单位标志值与算术平均数离差的平方的算术平均数的平方根。标准差的平方又称方差。标准差是测定标志变动度的重要指标，它与平均差相同，考虑到总体中各单位标志值的变动影响，而且比较符合数字要求。所以，通常都采用标准差来表明标志变动程度。标准差常用 σ 表示。根据资料是否分组，有简单标准差和加权标准差之分。

（1）简单标准差，资料未分组采用的标准差。其计算公式如下：

$$\sigma=\sqrt{\frac{\sum (x-\bar{x})^2}{n}}$$

（2）加权标准差，分组资料采用的标准差。其计算公式如下：

$$\sigma=\sqrt{\frac{\sum (x-\bar{x})^2 f}{\sum f}}$$

模块三 房地产统计的指标

【例 3-12】某车间 200 名工人日产量分组编成分配数列，见表 3-6，计算其标准差。

表 3-6 某车间 200 名工人日产量分组编成的分配数列

工人按日产量分组/件	工人人数 f	组中值 x/件	xf	$x-\bar{x}$	$\|x-\bar{x}\|$	$\|x-\bar{x}\|f$
30 件以下	10	25	250	−20.5	20.5	205
30～40	50	35	1 750	−10.5	10.5	525
40～50	80	45	3 600	−0.5	0.5	40
50～60	40	55	2 200	9.5	9.5	380
60～70	20	65	1 300	19.5	19.5	390
合计	200	—	9 100	—	—	1 540

解：标准差计算见表 3-7。

表 3-7 标准差计算

工人按日产量分组/件	工人人数 f	组中值 x/件	xf	$x-\bar{x}$	$(x-\bar{x})^2$	$(x-\bar{x})^2 f$
30 件以下	10	25	250	−20.5	420.25	4 202.5
30～40	50	35	1 750	−10.5	110.25	5 512.5
40～50	80	45	3 600	−0.5	0.25	20.0
50～60	40	55	2 200	9.5	90.25	3 610.0
60～70	20	65	1 300	19.5	380.25	7 605.0
合计	200	—	9 100	—	—	20 950.0

$$\sigma = \sqrt{\frac{\sum(x-\bar{x})^2 f}{\sum f}} = \sqrt{\frac{20\ 950}{200}} = \sqrt{104.75} = 10.23(件)$$

上式计算结果表明标准差越大，总体各单位变量值的差异程度越大，平均数的代表性也就越小；标准差越小，总体各单位变量值的差异程度越小，平均数的代表性也就越大。

4. 标准差系数

标准差与相应的平均数之比用以表明标志变异相对程度的指标就是标准差系数，又称离散系数。它可以消除数列平均水平高低对标志变异度大小的影响，反映不同水平和不同性质的变量数列的变异程度，即标准差系数主要用于分析研究不同类别、不同数列、不同计量单位的事物标志变异的情况。标准差系数是标准差除以算术平均数，也叫作离散系数。其计算公式如下：

$$V_\sigma = \frac{\sigma}{\bar{x}}$$

式中 V_σ——标准差系数。

模块小结

经过房地产统计调查数据的收集与整理，可以得到反映房地产现象的系列的统计指标，进一步计算各种各样的指标，以便揭示事物内在的本质特征。本项目主要介绍总量指标、相对指标、平均指标、标志变异指标。

总量指标是统计资料经过汇总整理后得到的反映总体规模和水平的总和指标，其表现形式是具有计量单位的绝对数，如商品房需求总量、城市人口总数、商品房销售总量等。

相对指标也称相对数，是用两个有联系的指标进行对比的比值来反映现象数量特征和数量关系的综合指标。

平均指标是用来反映同质总体各单位某一数量标志在一定时间、地点、条件下所达到的一般水平的综合指标。

思考与练习

一、填空题

1. 按所反映的时间状态不同，总量指标可分为_____和_____。
2. 总量指标常用的计算方法有_____、_____和_____。
3. _____是将两个有联系但不同的指标对比而得到的比值，反映现象的强度、密度或普及程度。
4. _____是用来反映同质总体各单位某一数量标志在一定时间、地点、条件下所达到的一般水平的综合指标。
5. 在观察某一总体时，最常遇到的标志值，在统计上称为_____。
6. _____是各标志值对其算术平均数的离差绝对值的平均数。
7. _____是各单位标志值与算术平均数离差的平方的算术平均数的平方根。

二、选择题

1. (　　)是总体内某一部分数值与总体全部数值的比值，反映总体内部的构成和类型特征，一般用百分数或系数表示。
   A. 结构相对指标　　B. 比例相对指标　　C. 比较相对指标　　D. 动态相对指标
2. 平均指标的种类不包括(　　)。
   A. 平面平均数　　B. 几何平均数　　C. 中位数　　D. 众数
3. (　　)是指分布数列中所有单位标志值通过一定方式汇总后再与全部单位总数对比的指标。
   A. 平面平均数　　B. 几何平均数　　C. 算术平均值　　D. 加权平均值

4. 标准差与相应的平均数之比用以表明标志变异相对程度的指标就是(　　)。

   A. 加权标准差　　　B. 标准差系数　　　C. 简单标准差　　　D. 方差

三、简答题

1. 什么是总量指标？总量指标的作用主要表现在哪些方面？
2. 什么是相对指标？相对指标的表现形式有哪些？
3. 平均指标的作用具有哪些特征？
4. 在统计中，标志变异指标的计算方法有哪些？

模块四 统计指数

教学目标与考核重点

教学内容	单元一 统计指数基本知识 单元二 综合指数 单元三 平均指数 单元四 指数因素分析	学时	4学时
教学目标	了解统计指数的含义、分类，熟悉统计指数的性质、作用，指数体系及因素分析； 掌握数量指标综合指数的编制和分析、质量指标综合指数的编制和分析； 掌握加权算术平均数指数的编制、加权调和平均数指数的编制、固定权数加权平均数指数的编制		
关键词	统计指数、综合指数、平均指数		
重点	数量指标综合指数的编制和分析； 质量指标综合指数的编制和分析； 加权算术平均数指数、加权调和平均数指数、固定权数加权平均数指数的编制		
能力目标	能根据经济现象研究目的选择合适的指数编制方法； 能熟练进行综合指数和平均指数的编制		
素质目标	热爱本职工作，不断提高自己的技能；传达正确而准确的信息；工作有条理、诚实、精细		

案例导入

2018年，随着国家一系列调控措施的出台和实施，某市房地产市场出现了微小的波动。

城区房地产综合物业指数为106.88点，较上季度下降了4.2点；综合物业平均价格3 575.05元/m²，比上季度下降了14.10元/m²，涨幅为－0.39%。

本季度住宅类价格指数为107.67点，较上季度下降了2.15点；住宅类平均价格为1 577.36元/m²，比上季度下降了31.53元/m²，涨幅为－2.00%。

综合楼商铺类价格与上期基本持平，其价格指数为106.66点，较上季度上涨了0.07%；商铺类平均价格为5 572.73元/m²，比上季度上涨了3.32元/m²，涨幅为0.06%。

城区物业价格指数及平均价格变动情况见表4-1。

模块四　统计指数

表 4-1　城区分类物业价格指标

季度	综合物业价格指数/%	住宅价格指数/%	商铺价格指数/%
2018 年第 1 季度	101.59	100.40	101.91
2018 年第 2 季度	102.99	101.81	103.32
2018 年第 3 季度	105.52	108.30	104.74
2018 年第 4 季度	106.26	106.99	106.06
2019 年第 1 季度	107.30	109.82	106.59
2019 年第 2 季度	106.88	107.67	106.66

分析：综合以上报告中的综合物业价格指数、住宅价格指数、商铺价格指数，你如何理解统计指数的性质？

单元一　统计指数基本知识

统计指数产生于 18 世纪后半期，最开始应用于度量物价变动或评价货币购买力。任何一个国家的经济都在进行着商品和劳务的生产、分配、流通和消费，这就需要把为数众多的活动和交换加以概括，这时，统计指数便被证明是一种有效的工具。

一、统计指数的含义

统计指数简称指数，是研究社会经济现象数量变动情况的一种特有的统计分析方法。其意义有广义和狭义之分。

(1) 广义指数。广义指数是泛指社会经济现象数量变动或差异程度的相对数，如前面讨论过的动态相对数、比较相对数等都可以称为指数。

(2) 狭义指数。狭义指数是一种特殊的相对数，即用来说明不能直接相加的复杂社会经济现象在数量上综合变动程度的相对数。例如，对于由不同的产品或商品构成的总体，由于内部各个组成部分的使用价值和计量单位不同，不能直接将其产量、销售量、单位成本、价格等数量简单对比，而要解决这种复杂现象总体各要素相加问题，因而就需要编制统计指数来反映它们的综合变动情况。

二、统计指数的分类

(1) 按研究对象范围的不同，统计指数可分为个体指数、总指数和类指数。个体指数是用来表明复杂社会经济总体中的个别要素变动情况的相对数；总指数是用来表明复杂经济现象中多种要素综合变动情况的相对数；类指数是用来说明总体中某一类或某一组现象变动的相对数，它是将总指数所反映的总体现象进行分类或分组，然后按类或组计算的统计指数。

(2) 按反映的时态状况不同，统计指数可分为动态指数和静态指数。动态指数是表明现象在不同时间上发展变化的指数。大多数房地产指数都是动态指数；静态指数是反映现象在同时期不同空间对比情况和计划综合完成程度情况的指数。

（3）按所表明的经济指标性质不同，统计指数可分为数量指标指数和质量指标指数。数量指标指数是反映社会经济现象的总体数量或规模等数量指标变动方向和程度的相对数；质量指标指数是反映社会经济现象总体单位水平、工作质量、内涵等质量指标变动情况的相对数。

（4）按指数表现形式和计算方法的不同，统计指数可分为综合指数和平均数指数。综合指数又称为总指数的综合形式，是通过确定同度量因素，把不同度量的现象过渡为同度量现象，计算出两个时期的总量指标并进行对比形成的指数；平均数指数又称为总指数的平均形式，是从个体指数出发通过对个体指数加权平均计算形成的指数。

（5）按计算指数时对比采用的不同基期，统计指数可分为定基指数和环比指数。定基指数是指在指数数列中都采用某一固定时期水平编制的指数，反映现象总体的长期变化过程；环比指数是指在指数数列中都采用上期水平做基期水平所编制的指数，反映现象的逐期变动情况。

三、统计指数的性质

为了正确地理解统计指数的含义，首先应了解统计指数的性质。具体来说，统计指数具有相对性、综合性及平均性。

1. 相对性

因为指数反映的是事物发展变化的相对程度，可以度量总体在不同空间或时间上的相对变化，所以，通常以相对数的形式表示。

2. 综合性

对于狭义指数而言，它反映的是复杂现象总体内部各个组成部分的综合变动，而不是某一个组成部分的变动。复杂现象总体的数量变化常常受到许多因素的影响，例如，受多种因素的影响，各种商品价格变动的方向和幅度经常是不一致的，有上涨、有下跌，而且上涨和下跌的幅度也不同。因此，需要以指数来反映复杂现象总体在数量上的综合变动程度。

3. 平均性

指数是总体水平的一个代表性数值。平均性的含义有两点：一是用来进行比较的综合数量是作为个别量的一个代表，这本身就有平均的性质；二是两个综合量对比形成的指数反映了个别量的平均变动水平。就商品综合价格指数而言，它所表明的是各种商品价格变动的平均变动水平。

四、统计指数的作用

（1）综合反映社会经济现象总的变动方向及变动幅度。指数的首要任务是把不能直接相加总的现象过渡到可以相加总对比，从而反映复杂经济现象的总变动方向及变动幅度。换而言之，运用统计指数法的主要目的就在于解决复杂社会经济现象的综合变动情况。

(2)分析现象总变动中各因素变动的影响方向及影响程序。任何一个复杂的现象都是由多个因素构成的,通过编制指数体系,可以对构成复杂现象总变动的因素进行定量分析,并找出主、次因素,这对于综合评价经济现象及指导工作具有重要的意义。

(3)反映同类现象的变动趋势。通过编制指数数列,可以反映各种现象变动程度的发展趋势,对于对比分析有联系而性质不同的动态数列之间的变动关系等具有特殊的意义。

(4)对社会经济现象进行综合评价。对于社会经济现象的数量变动关系,很多方面都可以运用指数来进行综合评价。例如,运用综合经济动态指数评价一个物业公司、物业小区经济效益的高低。

单元二 综合指数

凡是一个总量指标可分解为两个或两个以上因素指标时,为了观察某个因素(指数化因素)指标的变动情况,将其他因素(同度量因素)指标固定下来计算出的指数,称为综合指数。

一、数量指标综合指数的编制和分析

数量指标综合指数简称为数量指数,是综合反映数量指标变动的相对数。

【例 4-1】某城市开发的商品房住宅(多层、经济适用房、别墅、高层)的销售量和销售价格情况见表 4-2。

表 4-2 某城市某月商品房住宅销售量(面积)和销售价格情况表

住宅类型	销售量(面积)/万 m²		销售价格/(千元·m⁻²)	
	基期 q_0	报告期 q_1	基期 p_0	报告期 p_1
多层	20	21	7	7
经济适用房	80	88	4.2	4.1
别墅	32	30	10	12
高层	58	60	8	9

计算该城市的商品房住宅销售指数,反映四种住宅类型的销售综合变动情况及其销售变动对销售额的影响。

解:假定两个时期的销售量都是按同一时期价格计算的销售额,即

$$I_q = \frac{\sum q_1 p}{\sum q_0 p}$$

式中,I_q 为销售量总指数,q_0、q_1 为基期、报告期商品房销售量(数量指标),p 为同一个时期的价格(质量指标),下标 1 和 0 分别表示报告期和基期。

从公式可以看出,计算总指数时必须采用一种假定,即假定两个时期的价格相同来测定产品产量变动情况。将同度量因素固定在同一时期可以有不同的选择,选择使用不同时

期(基期或报告期)的销售价格得到不同的结果,且有不同的经济内容。一般情况下,编制数量指标指数应以质量指标作同度量因素;同时将同度量因素固定在基期。

(1)用报告期出厂价格作为同度量因素,计算如下:

$$I_q = \frac{\sum q_1 p_1}{\sum q_0 p_1} = \frac{21 \times 7 + 88 \times 4.1 + 30 \times 12 + 60 \times 9}{20 \times 7 + 80 \times 4.1 + 32 \times 12 + 58 \times 9} = \frac{1\,407.8}{1\,374} = 102.46\%$$

$$\sum q_1 p_1 - \sum q_0 p_1 = 1\,407.8 - 1\,374 = 33.8(千万元)$$

该指数表明,将同度量因素(价格)固定在报告期,该城市全部商品住宅销售量平均增长了 2.46%,由于销售量增长而增加的销售额为 33.8 千万元。

(2)用基期出厂价格作为同度量因素,计算如下:

$$I_q = \frac{\sum q_1 p_0}{\sum q_0 p_0} = \frac{21 \times 7 + 88 \times 4.2 + 30 \times 10 + 60 \times 8}{20 \times 7 + 80 \times 4.2 + 32 \times 10 + 58 \times 8} = \frac{1\,296.6}{1\,260} = 102.90\%$$

$$\sum q_1 p_0 - \sum q_0 p_0 = 1\,296.6 - 1\,260 = 36.6(千万元)$$

该指数表明,将同度量因素(价格)固定在基期,该城市全部商品住宅销售量增长了 2.9%,由于销售量增长而增加的销售额为 36.6 千万元。

二、质量指标综合指数的编制和分析

质量指标综合指数是说明质量指标变动方向和程度的指数。下面以商品房销售价格指数为例说明其编制方法。

【例 4-2】 某城市开发的商品房(多层、经济适用房、别墅、高层)的销售量和销售价格情况,见表 4-1。计算该城市的住宅价格指数,反映四种住宅类型的价格综合变动情况及其价格变动对销售额的影响。

解: 就产品价格而言,销售量为同度量因素,即

$$I_p = \frac{\sum p_1 q}{\sum p_0 q}$$

式中,I_p 为价格总指数,p_0、p_1 为基期、报告期价格(质量指标),q 为同一个时期的销售量(数量指标),下标 1 和 0 分别表示报告期和基期。

(1)用报告期数量作为同度量因素,计算如下:

$$I_p = \frac{\sum p_1 q_1}{\sum p_0 q_1} = \frac{7 \times 21 + 4.1 \times 88 + 12 \times 30 + 9 \times 60}{7 \times 21 + 4.2 \times 88 + 10 \times 30 + 8 \times 60} = \frac{1\,407.8}{1\,296.6} = 108.58\%$$

(2)用基期数量作为同度量因素,计算如下:

$$I_p = \frac{\sum p_1 q_0}{\sum p_0 q_0} = \frac{7 \times 21 + 4.1 \times 80 + 12 \times 32 + 9 \times 58}{7 \times 20 + 4.2 \times 80 + 10 \times 32 + 8 \times 58} = \frac{1\,381}{1\,260} = 109.60\%$$

该数据表明,编制质量指标指数应以数量指标作同度量因素,同时,将同度量因素固定在报告期。

三、其他形式的综合指数公式

从以上综合指数编制方法可以看出,如何确定同度量因素是一个关键问题。选择同度量因素不仅要解决对不同度量的现象的综合,而且要能解释其实际经济意义。对于价格指数来说,以数量指标为同度量因素,同时也是权数,即不同价格的商品销售量对价格指数也具有权衡轻重的作用。因此,同度量因素的选择实际上也是权数的选择。

历史上,早期的价格指数曾用各种价格的总和进行对比和简单平均方法计算。这类指数由于不考虑各种商品的重要性,难以反映价格的真实变动及其影响而被淘汰了。以后逐渐出现了加权计算的总指数。影响较大并延续至今的加权的综合指数公式,有以下几种。

1. 拉斯贝尔指数与派许指数

德国统计学家拉斯贝尔于 1864 年提出以基期物量为权数的综合指数公式,这种指数公式被后人称为拉氏公式。

拉氏物量指数 $\qquad I_q = \dfrac{\sum q_1 p_0}{\sum q_0 p_0}$

拉氏物量指数 $\qquad I_p = \dfrac{\sum p_1 q_0}{\sum p_0 q_0}$

拉氏公式的价格指数以基期物量为权数,出发点是想说明人们维持基期的消费水平在报告期因价格变动而要多支出(或少支出)的费用。但是,其却不能反映报告期实际消费结构在价格变动情况下的结果。

1874 年,德国统计学家派许又提出了以报告期物量为权数的综合价格指数公式和相应的物量指数公式。后人称这种公式为派氏公式。

派氏物量指数 $\qquad I_q = \dfrac{\sum q_1 p_1}{\sum q_0 p_1}$

拉氏物量指数 $\qquad I_p = \dfrac{\sum p_1 q_1}{\sum p_0 q_1}$

2. 马歇尔—艾奇沃斯指数公式

1887 年,英国经济学家马歇尔提出了以基期与报告期的实物平均量为权数的综合物价指数。此公式又为英国统计学家艾奇沃斯所推广,故被称为马歇尔—艾奇沃斯指数。

$$I_p = \dfrac{\sum p_1 \left(\dfrac{q_0 + q_1}{2} \right)}{\sum p_0 \left(\dfrac{q_0 + q_1}{2} \right)}$$

$$I_q = \dfrac{\sum q_1 \left(\dfrac{p_0 + p_1}{2} \right)}{\sum q_0 \left(\dfrac{p_0 + p_1}{2} \right)}$$

从以上可以看出,按此公式计算的价格指数在拉氏指数和派氏指数之间。虽然从数量测定上似乎不偏不倚，但却失去了拉氏和派氏公式的经济意义。

单元三　平均指数

平均指数是以个体指数为基础，采用加权平均形式编制的总指数。它与综合指数相比，只是所掌握的资料不同，所采用的计算方法不同而已，其计算结果和经济意义是相同的，平均数指数实质上是综合指数的变形。按其指数化因素的性质和平均方法不同，可分为加权算术平均数指数、加权调和平均数指数、固定权数加权平均数指数。

一、加权算术平均数指数

加权算术平均数指数是对个体指数采用加权算术平均方法计算的总指数。一般情况下，其可分为数量指标指数与质量指标指数。

1. 数量指标指数的编制

当掌握的资料是个体产品产量指数和基期的产品产值或销售额等总量指标时，可采用这种形式来编制数量指标指数。其计算公式如下：

$$\overline{K}_q = \frac{\sum K_q q_0 p_0}{\sum q_0 p_0}$$

即若已知 p_0、Q_0、K_q，则可推导出 $\overline{x}_q$。这是因为 $K_q = \frac{q_1}{q_0}$，所以 $q_1 = K_q q_0$，从而

$$\overline{K}_q = \frac{\sum q_1 p_0}{\sum q_0 p_0} = \frac{\sum K_q q_0 p_0}{\sum q_0 p_0}$$

2. 质量指标指数的编制

当掌握的资料是个体质量指数、基期的价格和报告期的产量或销售量时，可以采用这种形式来编制质量指标指数。其计算公式如下：

$$\overline{K}_p = \frac{\sum K_p q_1 p_0}{\sum q_1 p_0}$$

即若已知 p_0、q_1、K_p，则可推导出 $\overline{K}_p$。这是因为 $K_p = \frac{p_1}{p_0}$，所以 $p_1 = K_p p_0$，从而

$$\overline{K}_p = \frac{\sum q_1 p_1}{\sum q_1 p_0} = \frac{\sum K_p q_1 p_0}{\sum q_1 p_0}$$

以上公式推导结果表明，加权算术平均数指数是综合指数的变形形式，在资料完全相同的情况下，加权算术平均数指数与综合指数的计算结果相同。

【例 4-3】　某房地产公司出售三种不同类型的房屋，其出售价格和需求量资料见表 4-3。

模块四 统计指数

表 4-3 房地产公司出售三种不同类型的房屋资料

房地产类型	2018 年出售价格总收入 $q_0 p_0$/万元	2019 年与 2018 年需求量之比 K_q/%	$K_q q_0 p_0$/万元
办公楼	240	105	252
商铺	80	115	92
住宅用房	100	112	112
合计	420	—	456

根据以上资料，编制需求量总指数。

解：需求量总指数 $\overline{K}_q = \dfrac{\sum K_q q_0 p_0}{\sum q_0 p_0} = \dfrac{456}{420} = 108.57\%$

$$\sum K_q q_0 p_0 - \sum q_0 p_0 = 456 - 420 = 36(万元)$$

以上结果表明该房地产销售市场 2019 年三种不同类型的房屋需求量比 2018 年平均增长了 8.57%，增加收入 36 万元。

二、加权调和平均数指数

加权调和平均数指数是对个体指数用加权调和平均法计算的总指数。通常，其可分为数量指标指数和质量指标指数。

1. 数量指标指数的编制

在编制数量指标指数时，当掌握的资料是个体数量指数、基期的价格和报告期的产量或销售时，可以采用这种形式来编制数量总指数。其计算公式如下：

$$\overline{K}_q = \dfrac{\sum q_1 p_0}{\sum \dfrac{1}{K_q} q_1 p_0}$$

即若已知 K_q、q_1、p_0，则可推导出 $\overline{K}_q$。这是因为 $K_q = \dfrac{q_1}{q_0}$，所以 $q_0 = \dfrac{q_1}{K_q}$，从而

$$\overline{K}_q = \dfrac{\sum q_1 p_0}{\sum q_0 p_0} = \dfrac{\sum q_1 p_0}{\sum \dfrac{1}{K_q} q_1 p_0}$$

通过上述推导可以看出，加权调和平均数指数，其形式与加权调和平均数一致，反映出加权调和平均数指数是综合指数的变形形式，在资料完全相同的情况下，加权调和平均数指数与综合指数的计算结果相同。

【例 4-4】 某房地产公司所管辖的某住宅小区某月综合管理费实际支出情况资料见表 4-4。

表 4-4 某住宅小区某月综合管理费实际支出情况

项目	单位	基期价格 p_0/元	报告期价格 p_1/元	报告期管理费支出 $q_1 p_1$/万元	K_p/%	$\dfrac{1}{K_p} q_1 p_1$/万元
人工工资	工日	50	49.23	65	98.46	66.02
绿化建设	m²	45	46.26	12	102.80	11.67

续表

项 目	单位	基期价格 p_0/元	报告期价格 p_1/元	报告期管理费支出 $q_1 p_1$/万元	K_p/%	$\frac{1}{K_p} q_1 p_1$/万元
房屋维修	m²	120	108.84	24	90.70	26.46
设备维修	台	270	262.00	18	97.04	18.55
合 计	—	—	—	119	—	122.70

编制价格总指数：

$$\overline{K}_p = \frac{\sum q_1 p_1}{\sum \frac{1}{K_p} q_1 p_1} = \frac{119}{122.7} = 96.98\%$$

$$\sum q_1 p_1 - \sum \frac{1}{K_p} q_1 p_1 = 119 - 122.70 = -3.70(万元)$$

计算表明该房地产公司所管辖的该住宅小区报告期四种不同管理费的支出比基期平均下降了 3.02%，各种管理费支出节约了 3.70 万元。

2. 质量指标指数的编制

在编制质量指标指数时，当掌握的资料是报告期的产值或销售额等总量指标和个体质量指数时，可以采用这种方法编制质量指标指数。其计算公式如下：

$$\overline{K}_p = \frac{\sum q_1 p_1}{\sum \frac{1}{K_p} q_1 p_1}$$

即若已知 K_p、q_1、p_1，可推导出 $\overline{K}_p$。这是因为 $K_p = \frac{p_1}{p_0}$，所以 $p_0 = \frac{p_1}{K_p}$，从而

$$\overline{K}_p = \frac{\sum q_1 p_1}{\sum q_1 p_0} = \frac{\sum q_1 p_1}{\sum \frac{1}{K_p} q_1 p_1}$$

三、固定权数加权平均数指数

固定权数加权平均数指数是指权数确定后在较长时间内不变。在统计工作中，有时由于报告期权数的资料不易取得，往往选择经济发展比较稳定的某一时期的价值总量结构作为固定权数 w 来计算平均数指数。

固定权数的比重形式即 $\frac{qp}{\sum qp}$，则固定权数加权平均数指数如下：

$$\overline{K} = \frac{\sum kw}{\sum w} = \sum K \frac{w}{\sum w}$$

式中 $\overline{K}$——数量指标指数或质量指标指数；

w——固定权数；

$\sum w$——固定权数之和。

【例 4-5】 房地产公司对某小区住宅进行综合房屋维修，该类综合房屋维修工程报告期

与基期相比，人工费价格指数为 105％，材料费价格指数为 102％，机械使用费价格指数为 95％，其他费用价格指数为 100％。各项费用占该综合房屋维修工程造价的比例分别为：人工费 10％、材料费 65％、机械使用费 20％、其他费 5％。请编制综合房屋维修工程价格总指数。

解：$\overline{K}_p = \sum K_p \dfrac{w}{\sum w} = 105\% \times 10\% + 102\% \times 65\% + 95\% \times 20\% + 100 \times 5\%$
$= 100.8\%$

上述结果表明该房地产公司对某小区住宅综合房屋维修工程报告期价格比基期价格平均增长了 0.8％。

单元四　指数因素分析

一、指数体系

指数体系是指若干有联系的指数在数量上形成的一个整体，反映客观事物本身的内在联系。例如，产值指数＝产量指数×价格指数；产品总成本指数＝产品产量指数×单位成本指数。用公式表示为

$$\overline{K}_{q_p} = \overline{K}_q \times \overline{K}_p$$

指数体系的作用主要表现在以下几个方面：

（1）利用指数体系可以从相对数和绝对数两个方面分析在受多种因素影响的复杂总体中各个因素的影响程度。

（2）利用指数体系可以对某种现象进行预测。

（3）利用指数体系可以进行指数之间的相互推算，已知三个指数中的任意两个，就可以推算出第三个指数。

二、因素分析

（一）因素分析的含义

由指数体系的介绍已经知道，总变动是由多个因素变动共同作用的结果（影响总变动的因素具有可分性）。所以，因素分析就是利用指数体系来分析现象总变动中各因素变动对总变动影响程度的一种方法。

因素分析的基本思路是在影响总变动的因素中，固定其他因素，逐个分析其中一个因素对总变动的影响。

因素分析一般是从相对数分析和绝对数分析两个方面进行分析。相对数分析是对各变动因素变动程度的分析，其分析依据是根据"总指数＝因素指数乘积"的关系式进行的，即

$$\frac{\sum q_1 p_1}{\sum q_0 p_0} = \frac{\sum q_1 p_0}{\sum q_0 p_0} \times \frac{\sum q_1 p_1}{\sum q_1 p_0}$$

绝对数分析是对各变动因素变动所引起的绝对数变化的分析,其分析依据是根据"总变量变动的绝对差额=各因素指数变动差额之和"的关系式进行的,即

$$\sum q_1 p_1 - \sum q_0 p_0 = \left(\sum q_1 p_0 - \sum q_0 p_0\right) + \left(\sum q_1 p_1 - \sum q_1 p_0\right)$$

由此可以看出,指数体系与因素分析的关系为:指数体系是因素分析的依据和手段,因素分析是指数体系的应用。

【例 4-6】 某地区 2019 年房地产销售额指数为 115%,房地产销售量指数为 103.5%,推算房地产销售价格指数。

解: 根据 $\overline{K}_{q_p} = \overline{K}_q \times \overline{K}_p$,即

$$\overline{K}_p = \frac{115\%}{103.5\%} = 111.11\%$$

则该地区 2019 年房地产销售价格指数为 111.11%。

扩展阅读

因素分析

因素分析是依据指数体系的理论,分析受多因素影响的房地产现象总变动中,各因素影响方向和程度的方法。

进行因素分析一般有以下四个步骤。

第一步,分析被研究对象及其影响因素。这里的被研究对象是各种具体的统计指标,如销售额、流通费用额、原材料费用总额、工资总额等。当明确了被研究对象是某个统计指标时,就要分析这个统计指标含有哪些影响因素,这是因素分析的基础。

第二步,建立指数体系。在分析研究对象与其影响因素之间的内在经济联系的基础上,建立指数体系的两个关系式,即相对数关系式和绝对数关系式。相对数关系式表现为现象总体指数等于各影响因素指数的乘数,绝对数关系式表现为现象总体指数的绝对效果等于各影响因素指数绝对效果之和。

第三步,收集资料,计算指数体系关系式中的各项数值。按公式内容和要求,收集资料,并进行整理、计算。

第四步,根据计算的结果,作出分析结论和简要的文字说明。

指数因素分析法也称连锁替代法。它的基本特点是研究某个因素变量变化时,把其他因素固定下来,依次由一个因素变量替代另一个因素变量进行分析。这里需要注意以下两点:

(1)固定不变的因素也即同度量因素的时期选择,一般情况,可按照质量指标指数固定在报告期,数量指标指数固定在基期的规则确定,目的是使各因素指数的连乘积等于总量的指数,各因素指数引起的变动差额之和等于总量变动实际发生的差额。

(2)各因素的排序,如在无特殊要求的情况下,一般按数量指标指数在前,质量指标指数在后的规则排序。

(二)因素分析的类型与方法

根据总变动构成因素的多少，一般可将因素分析分为两因素分析和多因素分析(三个或三个以上因素的分析)。其中，两因素分析又可分为简单现象的两因素分析和复杂现象的两因素分析。

1. 两因素分析

(1)简单现象的两因素分析。简单现象的两因素分析指数体系为

$$k_{q0} = k_q \times k_p$$

简单现象的两因素分析比较简单：

$$\frac{p_1 q_1}{p_0 q_0} = \frac{p_1}{p_0} \times \frac{q_1}{q_0}$$

$$q_1 p_1 - q_0 p_0 = (q_1 - q_0) p_0 + (p_1 - p_0) q_1$$

(2)复杂现象的两因素分析。复杂现象的两因素分析指数体系为

$$\bar{k}_{q_p} = \bar{k}_q \times \bar{k}_p$$

复杂现象的两因素分析方法就是利用指数体系可以进行相对变动分析和绝对变动量分析，分析方法如下：

(1)相对变动度分析公式化。

$$\frac{\sum q_1 p_1}{\sum q_0 p_0} = \frac{\sum q_1 p_0}{\sum q_0 p_0} \times \frac{\sum q_1 p_1}{\sum q_1 p_0}$$

(2)绝对变动量分析公式。

$$\sum q_1 p_1 - \sum q_0 p_0 = \left(\sum q_1 p_0 - \sum q_0 p_0\right) + \left(\sum q_1 p_1 - \sum q_1 p_0\right)$$

2. 多因素分析

多因素分析指数体系为

$$\bar{k}_{qmp} = \bar{k}_q \times \bar{k}_m \times \bar{k}_p$$

利用这个体系所进行的分析如下：

(1)相对变动度分析公式。

$$\frac{\sum q_1 m_1 p_1}{\sum q_0 m_0 p_0} = \frac{\sum q_1 m_0 p_0}{\sum q_0 m_0 p_0} \times \frac{\sum q_1 m_1 p_0}{\sum q_1 m_0 p_0} \times \frac{\sum q_1 m_1 p_1}{\sum q_1 m_1 p_0}$$

(2)绝对变动量分析公式。

$$\sum q_1 m_1 p_1 - \sum q_0 m_0 p_0$$
$$= \left(\sum q_1 m_0 p_0 - \sum q_0 m_0 p_0\right) + \left(\sum q_1 m_1 p_0 - \sum q_1 m_0 p_0\right) +$$
$$\left(\sum q_1 m_1 p_1 - \sum q_1 m_1 p_0\right)$$

模块小结

统计指数简称指数，是研究社会经济现象数量变动情况的一种特有的统计分析方法。凡是一个总量指标可分解为两个或两个以上因素指标时，为了观察某个因素（指数化因素）指标的变动情况，将其他因素（同度量因素）指标固定下来计算出的指数，称为综合指数。平均指数是以个体指数为基础，采用加权平均形式编制的总指数。它与综合指数相比，只是所掌握的资料不同，所采用的计算方法不同而已，其计算结果和经济意义是一样的，平均指数实质上是综合指数的变形。按其指数化因素的性质和平均方法不同，可分为加权算术平均数指数、加权调和平均数指数、固定权数加权平均指数。

思考与练习

一、填空题

1. _____是研究社会经济现象数量变动情况的一种特有的统计分析方法。
2. 凡是一个总量指标可分解为两个或两个以上因素指标时，为了观察某个因素（指数化因素）指标的变动情况，将其他因素（同度量因素）指标固定下来计算出的指数，称为_____。
3. _____是指若干有联系的指数在数量上形成的一个整体，反映客观事物本身的内在联系。
4. 按研究对象范围的不同，统计指数可分为_____、_____和_____。
5. 按计算指数时对比采用的不同基期，统计指数可分为_____和_____。

二、选择题

1. 统计指数划分为个体指数和总指数的依据是按照（　　）。
   A. 包括的范围是否相同　　B. 同度量因素是否相同
   C. 指数化指标是否相同　　D. 计算是否加权
2. 数量指标指数和质量指标指数的划分依据是（　　）。
   A. 所反映的对象范围不同　　B. 所比较的现象特征不同
   C. 所采用指数的编制方法不同　　D. 指数化指标的性质不同
3. 综合指数是指（　　）。
   A. 两个指标对比的一种相对数　　B. 平均指数的变形应用
   C. 总指数的基本形式　　D. 编制总指数的唯一方法
4. 已知某企业报告的生产费用和各种产品的单位成本个人指数，则计算各种产品单位成本总变动指数的公式是（　　）。
   A. 综合指数　　B. 平均指标指数

  C. 算术平均数指数　　　　　　　　D. 调和平均数指数

三、简答题

1. 什么是统计指数？统计指数的性质有哪些？
2. 统计指数的作用有哪些？

模块五 时间序列分析

教学目标与考核重点

教学内容	单元一　时间序列基本知识 单元二　时间序列的水平分析 单元三　时间序列的速度分析 单元四　时间序列的长期趋势分析 单元五　时间序列的季节变动分析	学时	4学时
教学目标	了解时间数列的概念；熟悉时间序列的划分，时间序列可比性的具体要求； 掌握发展水平、平均发展水平、增长量、平均增长量计算； 掌握发展速度、平均发展速度、增长速度、平均增长速度的计算； 掌握时间序列的长期趋势分析方法； 掌握时间序列的季节变动分析		
关键词	时期序列、时点序列、相对数时间序列、平均数时间序列、发展水平平均发展水平、相对数时间序列平均发展水平、增长量、平均增长量发展速度、平均发展速度、增长速度、平均增长速度、时距扩大法移动平均法、最小平方法		
重点	时间序列的水平分析； 时间序列的速度分析； 时间序列的长期趋势分析； 时间序列的季节变动分析		
能力目标	能熟练的计算时间序列的水平分析、时间序列的速度分析、时间序列的长期趋势分析、时间序列的季节变动分析		
素质目标	应具有做事的干劲，对于本职工作要能用心去投入；拥有一个健康良好的身体，才能在工作中充满活力；具有参与的热忱，在工作中寻找乐趣		

案例导入

1. 供给增幅有所回升，全国住宅建设稳步增长

1998年以来，房地产开发住宅的供给量逐年上升，年平均增长速度为12％。2000—

2003年，竣工面积和施工面积均有不同程度上涨，供给能力较强；2004年，商品住宅竣工面积增幅回落。2005年1—10月的竣工面积同期增长率出现强劲反弹，达到了19.2%。经济适用房供给在供给结构中比例下降，别墅高档公寓的供给比例出现小幅下降，普通住宅的供给份额逐渐提升。

从区域上看，尽管中部地区住宅施工面积、新开工面积同期增长比在2005年内出现下挫，但仍高于全国平均水平；西部地区同指标出现不稳定增长，而东部地区同指标均低于全国同期指标，走势与全国平均水平大致相当。

2. 商品住宅投资增幅减缓

在宏观经济快速增长的带动下，1997—2004年商品住宅建设投资额快速增长，年平均增长速度达28.4%，1998—2003年的平均增速为26%。2004年商品住宅投资额达到8 000多亿元，说明商品住宅投资仍保持稳步增长态势。2005年1—10月商品住宅投资增长速度为21.9%，为1998年以来的最低水平。

投资区域分布方面，西部地区2005年以来投资增长出现反常态的发展态势，1—10月商品住宅投资同比增长37.4%，增幅同比增加21.2个百分点；中部地区商品住宅投资增长居于较高水平，而东部地区商品住宅投资增长略低于全国同期指标。

3. 商品住宅投资结构不平衡

从投资对象来看，别墅、高档公寓、经济适用房及普通住宅呈现出不同的投资热度。别墅、高档公寓投资额占住宅投资额的比例基本保持8%～10%，普通商品住宅投资在投资总额中所占比重则有上升，基本保持在每年2%的增幅。近年，经济适用房投资额占住宅投资额的比例呈下降趋势。2004年以后，经济适用房投资年同比增长一直为负值，2004年为—2.50%，出现了相对量上的负增长；2005年1—10月经济适用房投资则同比减少11.1%。从区域上看，2005年以来各地区经济适用房投资的同比增幅均减少，其中中部地区经济适用房投资同比增幅下降程度最高。

（资料来源：节选《中国房地产发展报告》，社会科学文献出版社）

分析：文中用时间数列分析指标对我国住宅市场进行了哪些方面的分析？在分析商品住宅投资增幅减缓及商品住宅投资结构不平衡情况时都使用了哪些分析指标？

单元一　时间序列基本知识

一、时间数列的概念

将不同时间的某一统计指标数据按照时间的先后顺序排列起来而形成的统计数列就是动态数列，也称时间序列。任何一个时间数列，均由两个基本要素构成：一个是时间顺序，即现象所属的时间，常用 t 表示；另一个是与时间对应的统计数据，也就是反映该现象在一定时间条件下数量特征的指标值，即不同时间的统计数据（现象在不同时间的观察值），可以是绝对数、相对数和平均数，见表5-1。

表 5-1　某地区 2009—2018 年居民储蓄和消费水平

年份	居民储蓄存款年底余额/亿元	居民储蓄存款年增加额/亿元	居民人均消费水平/元	城乡居民人均消费水平对比(农村居民＝1)
2009 年	9 628	1 514	4 346	3.5
2010 年	10 336	1 710	4 632	3.6
2011 年	13 768	1 857	4 869	3.8
2012 年	16 317	1 933	5 106	3.9
2013 年	17 362	2 031	5 411	3.8
2014 年	18 250	2 129	5 925	3.7
2015 年	19 036	2 214	6 463	3.8
2016 年	199 885	2 315	7 138	3.7
2017 年	210 352	2 409	8 103	3.6
2018 年	221 886	2 505	9 181	3.5

在时间数列中，现象所属的时间单位可以是年，也可以是季、月、日等，但在同一动态数列中，指标所属的时间长短要统一，这样在分析研究中无须考虑时间单位不同所造成的差异。

在经济现象研究和分析中，时间数列可以用于以下目的：一是描述现象在具体时间条件下的发展状况和变化结果；二是研究现象发展速度、发展趋势，探索其发展变化的规律；三是进行动态预测。

二、时间序列的划分

时间序列按其指标表现形式的不同，可分为绝对数时间序列、相对数时间序列和平均数时间序列三种。其中，绝对数时间序列是基本的序列；相对数时间序列和平均数时间序列是在绝对数时间序列基础上的派生序列。

（一）绝对数时间序列

绝对数时间序列又称总量指标时间序列，是指将特定变量的总量指标在不同时间上的统计观察值按照时间的先后顺序排列所形成的数列。它反映了被研究变量的水平或规模随时间变化的情况，也反映了被研究现象在各个时期(或时点)所达到的规模或水平。绝对数时间序列又可分为时期序列和时点序列。

1. 时期序列

时期序列是指反映被研究现象在一段时期内发展过程总量的绝对数时间序列。其反映了被研究现象在某一段时期内发展变动的总量或绝对水平。时期序列的特点如下：

(1)序列中各项指标数值可以直接相加，相加后反映现象在更长一段时期内的发展总量。

(2)序列中每个指标数值的大小与其包含时间的长短有直接关系，包含时期越长，指标数值越大。

(3)序列中的每一项指标数值都是通过连续登记取得的。

2. 时点序列

时点序列是指反映某种社会经济现象在一定时点上的状况及其水平的绝对数时间序列。时点序列的特点如下：

(1)序列中各项指标数值不能直接相加，相加后的结果没有实际意义。

(2)序列中指标数值的大小与时点间隔的长短无直接关系。

(3)序列中的每一项指标数值都是在某一时刻的特定状况下进行一次性登记取得的。

(二)相对数时间序列

相对数时间序列是由一系列同类相对指标数值按时间先后顺序排列而成的统计序列。其可以反映房地产现象之间的数量对比关系或说明房地产现象的结构、速度的发展变化过程。

由于相对数表现为两个绝对数的对比，而绝对数又可分为时期指标和时点指标，所以，相对数时间序列可通过两个时期序列对比、两个时点序列对比，或一个时期序列和一个时点序列对比而进行编制。相对数时间序列中的各项指标通常是不能直接相加的。

(三)平均数时间序列

平均数时间序列是由一系列同类平均指标数值按时间先后顺序排列而成的统计序列。其可以反映房地产现象一般水平的变化过程或发展趋势。由于平均数也表现为两个绝对数的对比，所以，平均数时间序列也可以由两个时期序列对比、两个时点序列对比，或一个时期序列和一个时点序列对比而编制。平均数时间序列中的各项指标是不能直接相加的。应该特别注意的是，平均数时间序列中的各观测值也是不能相加的，因为其相加没有任何实际的经济意义。

三、时间序列可比性的具体要求

时间序列可以显示房地产现象的发展变化规律，各项指标应具有可比性。因此，可比性是编制时间序列应遵循的基本原则。其具体要求如下。

1. 时间长短应该相等

由于时期指标的数值大小与时期长短有直接关系，所以，时间序列中的各项指标如果是时期指标，其数值所属的时期长度应该相等；时点序列中指标数值的大小，虽然与时点间隔的长短无直接关系，但是为了便于对比分析，时点序列中各数值之间的时间间隔长度也应该相等。当然，有时出于特定目的的需要，也可以把不同时间长度的同类指标组成时间序列来进行比较分析。

2. 总体范围应该一致

总体范围应该一致是为了保证范围的可比性。观测值的大小与被研究现象所属的总体范围有直接关系。随着时间的推移，被研究现象所属的空间范围有可能发生变化，从而造成时间序列的前后观测值之间不能直接进行对比。此时，就有必要适当地调整指标的口径，以使总体范围一致，并在此基础上观察现象在不同时间上的变化过程。

3. 经济内容应该一致

时间序列中的指标有时会出现名称相同但经济内容或经济含义却不相同的情况，如果不注意，就会影响对问题的分析。如建筑材料的价格有购进价格和销售价格之分，如果把这两种价格混在一起构成时间序列，就会得出错误的分析结论。因此，编制时间序列，不仅要看名称，更要注意内容。

4. 计算方法应该统一

时间序列中各项指标的计算口径、计量单位和计算方法应该统一，并保持不变。例如，要研究房地产企业劳动生产率的变动，产量用实物量还是用价值量，人数用全部职工数还是用生产工人数，前后都要统一起来。这是序列中各项指标可比性的一个重要方面。

扩展阅读

时间序列的影响因素

社会经济现象随着时间的推移而呈现的发展变化，是受多种因素共同影响的结果。这些因素有主有次，有强有弱，有长期的也有短期的，有确定性的也有偶然性的。按影响因素的性质和作用形式，可以将时间序列的众多影响因素归结为长期趋势、季节变动、循环变动和不规则变动四种。

(1) 长期趋势。长期趋势通常用字母 T 来表示，是指客观现象受到某种基本的、决定性因素的影响，在较长时期内表现出的持续上升或下降的基本趋势，如某物业服务企业员工的工资呈逐年增长的趋势。

长期趋势是时间序列中最基本的规律性变动，只要认识和掌握了客观现象变化的长期趋势，就可以把握现象发展的长期态势与规律。

(2) 季节变动。季节变动通常用字母 S 表示，是指社会经济现象在一年内随季节更替而出现的周期性波动。引起季节变动的原因既可能是自然条件(如一年四季的更替)，也可能是法规制度和风俗习惯等(如节假日)。季节变动的周期可能是一年，也可能小于一年(如一季、一月、一周或一日等)。

(3) 循环变动。循环变动通常用字母 C 表示，是指客观现象由于受到一些周期性因素的影响而呈现出的周而复始的变动趋势。这里所说的周期并不像数学中的周期那样严格，而是长短不一的。如房地产市场价格在若干年间上升与下降就属于循环变动。

(4) 不规则变动。不规则变动通常用字母 I 表示，是没有规律可循的变动，它从时间序列分离了长期趋势、季节变动和循环变动之后剩余的因素，又称为剩余变动。如自然灾害、政治事件、战争、疾病等偶然因素对客观现象所产生的影响，就属于不规则变动。

虽然时间序列的影响因素可以分解为以上四种因素，但在一个具体的时间序列中这四种因素并不一定要齐全。一般来说，在任何一个时间序列中，长期趋势和不规则变动总是存在的，而季节变动和循环变动则不一定存在。例如，年度数据形成的时间序列就不包括季节变动，因为在年度数据中这种季节性的起伏波动相互抵消了，有些现象在长期发展过程中本身不存在周期在一年以上的周期性起伏，因而也就没有循环变动。

单元二　时间序列的水平分析

时间序列的分析指标可分为：绝对数分析指标，即发展水平和增长量；相对数分析指标，即发展速度和增长速度；平均数分析指标，即平均发展水平、平均增长量、平均发展速度、平均增长速度。

一、发展水平

发展水平是具体反映某种社会经济现象在不同发展时期或时点上实际达到的水平。时间序列中的每项指标数值都可以称为发展水平。它是计算各种时间序列分析指标的基础。发展水平既有总量指标，也有相对指标和平均指标。

发展水平按在时间序列中的位置不同，可分为最初水平、最末水平和中间水平。把时间序列的第一项称为最初水平，通常用 a_0 表示；最后一项称为最末水平，通常用 a_n 表示；其余中间各项称为中间水平，通常用 $a_1, a_2, \cdots, a_{n-1}$ 表示。发展水平按研究目的可分为报告期水平和基期水平。将被研究时期的发展水平称为报告期水平；将被比较时期的发展水平称为基期水平。

二、平均发展水平

平均发展水平也称为序时平均数或动态平均数，是指时间序列中各个时间上发展水平的平均数，通常用字母 $\bar{a}$ 表示。其能从动态上反映客观现象在某段时间内发展变化的一般水平。对于不同的时间序列，其平均发展水平的计算方法也是不同的。

（一）绝对数时间序列平均发展水平的计算

绝对数时间序列有时期序列与时点序列之分，且两者具有不同的特征，因此，其平均发展水平的计算方法也有所区别。

1. 时期序列的平均发展水平

时期序列中各发展水平具有可加性，可以采用简单算术平均法计算其平均发展水平。其计算公式如下：

$$\bar{a} = \frac{a_1 + a_2 + \cdots + a_n}{n} = \frac{\sum a_i}{n}$$

式中　$\bar{a}$——平均发展水平；
　　　a_i——时期序列各时期的发展水平；
　　　n——发展水平的个数。

2. 时点序列的平均发展水平

根据发展水平的排列是否连续，时点序列有连续时点序列与间隔时点序列之分，不同类型的时点序列，其平均发展水平的计算方法也不同。

连续时点序列是指对各个时点上的发展水平逐个登记、连续排列所形成的时点序列。

它又具有以下两种情形：

(1)各发展水平按时间顺序排列，未经任何分组。对于这种情形，可以采用简单算术平均法计算其平均发展水平。其计算公式如下：

$$\bar{a} = \frac{a_1 + a_2 + \cdots + a_n}{n}$$

式中　$\bar{a}$——平均发展水平；
　　　n——发展水平的个数。

(2)对各发展水平进行分组。若已经对时点序列采取分组形式进行了加工整理，则必须运用加权算术平均数法来计算其平均发展水平。其中的权重为各时点发展水平所持续的时间。其计算公式如下：

$$\bar{a} = \frac{a_1 f_1 + a_2 f_2 + \cdots + a_n f_n}{f_1 + f_2 + \cdots + f_n} = \frac{\sum_{i=1}^{n} a_i f_i}{\sum_{i=1}^{n} f_i}$$

式中　f_i——序列中各时点发展水平所持续的时间；
　　　$\bar{a}$——平均发展水平；
　　　a_i——时点序列各时点的发展水平；
　　　n——发展水平的个数。

间隔时点序列是指对各个时点上的发展水平不是逐个登记，而是有一定时间间隔的时点序列。其也包含两种情形：一种是序列中相邻两个发展水平之间的时间间隔相等，即等间隔时点序列；另一种是序列中相邻两个发展水平之间的时间间隔不相等，即异间隔时点序列。

1)等间隔时点序列。对于等间隔时点序列，可以采用简单算术平均法来分层计算其平均发展水平，具体步骤如下：

①对每期期初和期末的发展水平简单平均，并将结果作为该期的代表值。假设等间隔时点序列各时点的发展水平分别为 $a_1, a_2, \cdots, a_n$，则很容易求得各时期的代表值，分别为 $\frac{a_1 + a_2}{2}, \frac{a_2 + a_3}{2}, \frac{a_3 + a_4}{2}, \cdots, \frac{a_{n-1} + a_n}{2}$。

②再对各时期的代表值进行简单平均，便可以求得等间隔时点序列的平均发展水平，即

$$\bar{a} = \frac{\frac{a_1 + a_2}{2} + \frac{a_2 + a_3}{2} + \frac{a_3 + a_4}{2} + \cdots + \frac{a_{n-1} + a_n}{2}}{n - 1}$$

$$= \frac{\frac{a_1}{2} + a_2 + a_3 + a_4 + \cdots + a_{n-1} + \frac{a_n}{2}}{n - 1}$$

其中各个符号所代表的含义与前面所描述的相同。

以上求取等间隔时点序列的方法也被称为首末折半法，该方法假设时点序列中相邻两个时点之间发展水平的变化是均匀的。但是应注意的是，该方法只适用于等间隔时点序列这一类型。

【例5-1】某地产2019年第一季度各月土地储备数量见表5-2。试根据该数据计算其土

地储备量的平均发展水平。

表 5-2　某地产 2019 年第一季度各月土地储备量数据　　　m²

月份	1月月初	1月月末	2月月末	3月月末
土地储备	2 527	2 530	2 545	2 537

解：根据等间隔时点序列平均发展水平的计算公式如下：

$$\bar{a} = \frac{\frac{a_1}{2} + a_2 + a_3 + a_4 + \cdots + a_{n-1} + \frac{a_n}{2}}{n-1}$$

$$= \frac{\frac{2\,527}{2} + 2\,530 + 2\,545 + \frac{2\,537}{2}}{4-1}$$

$$= 2\,535.67(万\ m^2)$$

2)异间隔时点序列。对于异间隔时点序列，可以采用加权平均的方法来计算其平均发展水平。这里所选择的权重为各时点之间间隔的时间长度。具体计算公式如下：

$$\bar{a} = \frac{\left(\frac{a_1+a_2}{2}\right)f_1 + \left(\frac{a_2+a_3}{2}\right)f_2 + \left(\frac{a_3+a_4}{2}\right)f_3 + \cdots + \left(\frac{a_{n-1}+a_n}{2}\right)f_{n-1}}{\sum_{i=1}^{n-1} f_i}$$

式中，f_i 为相邻时点之间的时间间隔。

容易理解，由上式计算的平均发展水平也是一个近似值。

【**例 5-2**】　某地产股票 2020 年 8 月份的收盘价格见表 5-3。计算其收盘价格的平均发展水平。

表 5-3　某地产股票 2020 年 8 月份收盘价格元

日期	收盘价格	日期	收盘价格
8月1日	33.39	8月22日	32.40
8月5日	34.91	8月26日	33.03
8月8日	32.05	8月28日	33.05
8月12日	32.81	—	—

解：该收盘价数据属于异间隔时点序列，代入公式有关数据得：

$$\bar{a} = \frac{\left(\frac{a_1+a_2}{2}\right)f_1 + \left(\frac{a_2+a_3}{2}\right)f_2 + \left(\frac{a_3+a_4}{2}\right)f_3 + \cdots + \left(\frac{a_{n-1}+a_n}{2}\right)f_{n-1}}{\sum_{i=1}^{n-1} f_i}$$

$$= \frac{\left(\frac{33.39+34.91}{2}\right)\times 5 + \left(\frac{34.91+32.05}{2}\right)\times 3 + \left(\frac{32.05+32.81}{2}\right)\times 4 + \left(\frac{32.81+32.40}{2}\right)\times 10 + \left(\frac{32.40+33.03}{2}\right)\times 4 + \left(\frac{33.03+33.05}{2}\right)\times 2}{5+3+4+10+4+2}$$

$$= 33.00(元)$$

(二)相对数时间序列平均发展水平的计算

在相对数时间序列中,各个时间上的观测值不具有可加性,因此,不能直接根据相对数时间序列中的各观测值计算其平均发展水平。由于相对数中的各观测值是两个有联系的绝对数的比值,所以,在计算相对数时间序列的平均发展水平时,应该首先分别计算分子序列与分母序列的平均发展水平,然后将分子序列与分母序列的平均发展水平进行对比,便可以得到相对数时间序列的平均发展水平。其计算公式如下

$$\bar{c} = \frac{\bar{a}}{\bar{b}}$$

式中　$\bar{c}$ ——相对数时间序列的平均发展水平;
　　　$\bar{a}$ ——分子序列的平均发展水平;
　　　$\bar{b}$ ——分母序列的平均发展水平。

相对数时间序列平均发展水平的计算,关键在于计算 $\bar{a}$ 与 $\bar{b}$,而 $\bar{a}$ 与 $\bar{b}$ 的计算则取决于其所对应的时间序列是时期序列还是时点序列。

扩展阅读

现就分子、分母均为时期序列或时点序列两种情况分别讨论。

1. 分子、分母均为时期序列

当分子与分母均为时期序列时,可以采取简单算术平均法分别计算分子与分母序列的平均发展水平,然后将二者的平均发展水平进行对比,便可以求得相对数时间序列的平均发展水平。具体计算公式如下:

$$\bar{c} = \frac{\bar{a}}{\bar{b}} = \frac{\dfrac{\sum\limits_{i=1}^{n} a_i}{n}}{\dfrac{\sum\limits_{i=1}^{n} b_i}{n}} = \frac{\sum\limits_{i=1}^{n} a_i}{\sum\limits_{i=1}^{n} b_i}$$

式中各符号所代表的含义与前述相同。

2. 分子、分母均为时点序列

当分子、分母均为时点序列时,根据相邻时点观测值之间的间隔是否相等,又可分为等间隔与异间隔两种情况。

(1)等间隔。当分子与分母均为时点序列且间隔相等时,可以通过"首末折半法"分别求取分子与分母序列的平均发展水平,再将二者进行对比,便可以求出平均数时间序列的平均发展水平。其计算公式如下:

$$\bar{c} = \frac{\bar{a}}{\bar{b}} = \frac{\sum\limits_{i=1}^{n} a_i}{\sum\limits_{i=1}^{n} b_i} = \frac{\dfrac{\dfrac{a_1}{2} + a_2 + a_3 + a_4 + \cdots + a_{n-1} + \dfrac{a_n}{2}}{n-1}}{\dfrac{\dfrac{b_1}{2} + b_2 + b_3 + b_4 + \cdots + b_{n-1} + \dfrac{b_n}{2}}{n-1}} = \frac{\dfrac{a_1}{2} + a_2 + a_3 + a_4 + \cdots + a_{n-1} + \dfrac{a_n}{2}}{\dfrac{b_1}{2} + b_2 + b_3 + b_4 + \cdots + b_{n-1} + \dfrac{b_n}{2}}$$

式中，各符号所代表含义与前述相同。

【例 5-3】 某房地产公司 2019 年上半年全体员工人数及性别构成数据见表 5-4。试根据数据计算男女员工所占比例的平均发展水平。

表 5-4 某房地产公司 2019 年上半年员工构成数据资料

月份	男性员工/人	女性员工/人	总员工/人	男员工比例/%	女员工比例/%
1 月月底	353	462	815	43.31	56.69
2 月月底	368	470	838	43.91	56.09
3 月月底	395	491	886	44.58	55.42
4 月月底	386	467	853	45.25	54.75
5 月月底	379	454	833	45.50	54.50
6 月月底	361	455	816	44.24	55.76

解：该数据属于相对数时间序列，且分子与分母均为等间隔的时点序列。根据公式有：
男性员工所占比例的平均发展水平为

$$\bar{c} = \frac{\bar{a}}{\bar{b}} = \frac{\dfrac{a_1}{2} + a_2 + a_3 + \cdots + \dfrac{a_n}{2}}{\dfrac{b_1}{2} + b_2 + b_3 + \cdots + \dfrac{b_n}{2}} = \frac{\dfrac{353}{2} + 368 + 395 + 386 + 379 + \dfrac{361}{2}}{\dfrac{815}{2} + 838 + 886 + 853 + 833 + \dfrac{816}{2}}$$
$$= 44.61\%$$

女性员工所占比例的平均发展水平为

$$\bar{c} = \frac{\bar{a}}{\bar{b}} = \frac{\dfrac{a_1}{2} + a_2 + a_3 + \cdots + \dfrac{a_n}{2}}{\dfrac{b_1}{2} + b_2 + b_3 + \cdots + \dfrac{b_n}{2}} = \frac{\dfrac{462}{2} + 470 + 491 + 467 + 454 + \dfrac{455}{2}}{\dfrac{815}{2} + 838 + 886 + 853 + 833 + \dfrac{816}{2}}$$
$$= \frac{2\,340.5}{4\,225.5} = 55.39\%$$

(2)异间隔。若相对时间序列中分子与分母序列为异间隔时点序列，则必须以各发展水平之间的时间间隔为权数，运用加权平均法分别计算分子、分母的平均发展水平，再将二者进行对比，即可求得该种相对数时间序列的平均发展水平。其计算公式如下：

$$\bar{c} = \frac{\bar{a}}{\bar{b}} = \frac{\dfrac{\left(\dfrac{a_1+a_2}{2}\right)f_1 + \left(\dfrac{a_2+a_3}{2}\right)f_2 + \left(\dfrac{a_3+a_4}{2}\right)f_3 + \cdots + \left(\dfrac{a_{n-1}+a_n}{2}\right)f_{n-1}}{\sum_{i=1}^{n-1} f_i}}{\dfrac{\left(\dfrac{b_1+b_2}{2}\right)f_1 + \left(\dfrac{b_2+b_3}{2}\right)f_2 + \left(\dfrac{b_3+b_4}{2}\right)f_3 + \cdots + \left(\dfrac{b_{n-1}+b_n}{2}\right)f_{n-1}}{\sum_{i=1}^{n-1} f_i}}$$

式中　f_i——各发展水平间隔的时间长度。

（三）平均数时间序列平均发展水平的计算

平均数时间序列平均发展水平的计算方法与相对数时间序列相同，也是首先要计算构成平均数的分子序列与分母序列的平均发展水平，然后由两者进行对比便可求得平均数序列的平均发展水平。其计算公式如下：

$$\bar{c} = \frac{\bar{a}}{\bar{b}}$$

式中，各符号的含义与相对数时间序列平均发展水平计算公式中的符号相同。

需要注意的是，平均数时间序列平均发展水平计算的关键在于分子与分母序列平均发展水平的计算，而分子与分母序列平均发展水平的计算关键在于分子与分母序列的类型。对于不同类型，其计算方法也是不同的。这与相对数平均发展水平的计算是相同的，故在此不再做详细介绍。

三、增长量

增长量是所研究现象在一定时期内增减的绝对量，即报告期水平与基期水平之差，说明某种社会经济现象报告期水平比基期水平增加（或减少）了多少。其计算公式如下：

增长量＝报告期水平－基期水平

计算结果可以为正值，也可以为负值。计算结果为正值，表示增加量；计算结果为负值，表示减少量。由于比较的基期不同，增长量可分为逐期增长量和累计增长量两种。

1. 逐期增长量

逐期增长量是指报告期水平与其前一期发展水平之间的差值，用于反映客观现象报告期水平较其前一期发展水平增长的绝对数量。其可以用以下符号表示：

$$(a_1 - a_0), (a_2 - a_1), (a_3 - a_2), \cdots, (a_n - a_{n-1})$$

2. 累计增长量

累计增长量是指报告期水平与某一固定时期（也称为基期）的发展水平之间的差值。其反映了客观现象报告期水平较某一固定时期发展水平增长的绝对数量。在实践中，一般选择时间序列的基期作为固定时期。若用 $a_0, a_1, a_2, \cdots, a_{n-1}, a_n$ 来分别表示时间序列各期的发展水平，则各时期的累计增长量可以用以下符号表示：

$$(a_1 - a_0), (a_2 - a_0), (a_3 - a_0), \cdots, (a_{n-1} - a_0), (a_n - a_0)$$

3. 累计增长量与逐期增长量的关系

累计增长量与逐期增长量之间的关系如下：

（1）某一期的累计增长量等于该期以及该期之前所有各期逐期增长量之和。其可用以下符号表示：

$$a_n - a_0 = (a_1 - a_0) + (a_2 - a_1) + (a_3 - a_2) + \cdots + (a_n - a_{n-1})$$

（2）某一期的累计增长量与其前一期累计增长量之差等于该期的逐期增长量。其可用以下符号表示：

$$(a_n - a_0) - (a_{n-1} - a_0) = a_n - a_{n-1}$$

【例 5-4】 某房地产开发企业 2012—2019 年的年固定资产投资额的数据资料见表 5-5，

则可以通过该表分别计算各期的累计增长量与逐期增长量,并呈现两者之间的关系。

解: 累计增长量与逐期增长量的计算及关系见表 5-5。

表 5-5　某房地产开发企业 2012—2019 年固定资产投资额数据资料　　　　万元

年份	符号	固定资产投资额	逐期增长量	累计增长量
2012	a_0	4 350.0	—	—
2013	a_1	5 556.7	1 206.7	1 206.7
2014	a_2	7 047.7	1 491.0	2 697.7
2015	a_3	8 877.4	1 829.7	4 527.4
2016	a_4	10 987.0	2 109.6	6 637.0
2017	a_5	13 723.9	2 736.9	9 373.9
2018	a_6	11 283.4	−2 440.5	6 933.4
2019	a_7	14 957.4	3 674.0	10 607.4

四、平均增长量

平均增长量是指某现象在一定时期内平均每期增减变化的数量,也称平均增减量,说明该现象在一个较长时期内每期增减变化的一般水平。其计算公式如下:

$$平均增长量 = \frac{逐期增长量之和}{逐期增长量个数} = \frac{累计增长量}{数列项数 - 1}$$

单元三　时间序列的速度分析

对时间序列进行速度分析是相对数与平均数概念的具体运用,是从平均数与相对数的角度来衡量社会经济现象发展与增长的快慢。一般来说,对时间序列进行速度分析的指标主要有发展速度、平均发展速度、增长速度与平均增长速度四种。

一、发展速度

发展速度是指某种社会经济现象报告期水平与基期水平之比,表明报告期水平已发展到基期水平的百分之多少或多少倍,说明某现象的发展方向和程度。其计算公式如下:

$$发展速度 = \frac{报告期水平}{基期水平}$$

发展速度大于 1(或 100%)表示上升,小于 1(或 100%)表示下降。根据研究目的不同计算发展速度可采用不同的基期,由于对比基期的不同,发展速度又可分为环比发展速度和定基发展速度。

1. 环比发展速度

环比发展速度是时间序列中报告期水平与前一期水平之比,反映某现象逐期发展变动的程度。其计算公式如下：

$$环比发展速度 = \frac{报告期水平}{前一期水平}$$

2. 定基发展速度

定基发展速度是时间序列中各报告期水平与某一固定基期水平之比，反映某现象在一个较长时期内的发展变动程度。因此，定基发展速度又称为总发展速度。其计算公式如下：

$$定基发展速度 = \frac{报告期水平}{固定基期水平}$$

3. 环比发展速度与定基发展速度的关系

根据环比发展速度与定基发展速度的定义及计算公式，人们不难推断出它们之间存在以下数量关系：

(1) 某一期的定基发展速度等于该期及以前各期环比发展速度的连乘积，可用以下公式表示：

$$\frac{a_n}{a_0} = \frac{a_1}{a_0} \times \frac{a_2}{a_1} \times \frac{a_3}{a_2} \times \cdots \times \frac{a_n}{a_{n-1}} = \prod_{i=1}^{n} \frac{a_i}{a_{i-1}}$$

(2) 某一期的定基发展速度与其前一期的定基发展速度之比等于该期的环比发展速度，可用以下公式表示：

$$\frac{a_n}{a_0} \Big/ \frac{a_{n-1}}{a_0} = \frac{a_n}{a_{n-1}}$$

二、平均发展速度

平均发展速度是时间序列速度分析时一个非常重要的指标。平均发展速度是指由各期环比发展速度所构成时间序列的平均发展水平，它反映了客观现象在较长一段时期内发展程度的一般水平。根据考察的侧重点不同，平均发展速度的计算方法有水平法和累计法两种。

1. 水平法

水平法也称为几何平均法，是指运用几何平均数来计算平均发展速度的方法，在时间序列中，总发展速度（也就是定基发展速度）等于各期环比发展速度的连乘积。因此，在计算平均发展速度时，不能采用简单算术平均法，而应该采用几何平均法计算。根据水平法计算平均发展速度的公式为

$$\overline{R} = \sqrt[n]{\frac{a_1}{a_0} \times \frac{a_2}{a_1} \times \frac{a_3}{a_2} \times \cdots \times \frac{a_n}{a_{n-1}}} = \sqrt[n]{\frac{a_n}{a_0}} = \sqrt[n]{R_{n(定基)}}$$

式中　$\overline{R}$——平均发展速度；
　　　a_i——时间序列的各期发展水平；
　　　n——环比发展速度的项数。

2. 累计法

累计法也称为方程式法，是指运用解 n 次方程的正根来计算平均发展速度的方法。运用此方法的思路是：在时间序列最初水平 a_0 的基础上，按平均发展速度 $\overline{R}$ 发展所得到的各期发展水平之和，应该等于客观现象各期实际发展水平的总和。其可用以下符号表示：

$$a_1 = a_0 \overline{R}$$
$$a_2 = a_1 \overline{R} = a_0 \overline{R}^2$$
$$a_3 = a_2 \overline{R} = a_0 \overline{R}^3$$
$$\vdots$$
$$a_n = a_{n-1} \overline{R} = a_0 \overline{R}^n$$

对以上各式的左右两边分别求和，得到：

$$\sum_{i=1}^{n} a_i = a_0 (\overline{R} + \overline{R}^2 + \overline{R}^3 + \cdots + \overline{R}^n)$$

$$(\overline{R} + \overline{R}^2 + \overline{R}^3 + \cdots + \overline{R}^n) = \frac{\sum_{i=1}^{n} a_i}{a_0}$$

上式所示的一元 n 次方程，得到的解就是平均发展速度。

扩展阅读

计算和运用平均发展速度时应注意的问题

(1)根据统计研究目的选择计算方法。计算平均发展速度有水平法和累计法两种方法。这两种方法在具体运用上各有其特点和局限性。当目的是考察最末一年发展水平而不关心各期综合水平时，可采用水平法；当目的在于考察各期发展水平总和而不关心最末一年水平时，可采用累计法。这样可以扬长避短，发挥两种计算方法的优势。

(2)要注意社会经济现象的特点。

1)当现象随着时间的推移比较稳定地逐年上升或逐年下降时，一般采用水平法计算平均发展速度。但要注意，如果编制的动态数列中，最初水平和最末水平受特殊因素的影响出现过高或过低的情况，则不可计算平均发展速度。

2)当现象的发展不是有规律地逐年上升或下降，而是经常表示为升降交替，一般采用累计法计算平均发展速度。但要注意，如果资料中间有几年环比速度涨得特别快，而又有几年降低得比较多，出现悬殊和不同的发展方向，就不可计算平均发展速度，因为用这样的资料计算的平均发展速度会降低这一指标的意义，从而不能确切说明实际情况。

(3)应采取分段平均速度来补充说明总平均速度。用分段平均速度来补充说明总平均速度在分析较长历史时期资料时尤为重要。因为仅根据一个总的平均指标只能笼统概括地反映其在很长时期内逐年平均发展或增长的程度，对于深入了解这种现象的发展和变化情况往往是不够的。例如，要分析中华人民共和国成立以来粮食产量的平均发展速度和平均增长速度时，就有必要分别以国民经济恢复时期、各个五年计划时期和各个特定时期(如某几年受自然灾害的影响，产量逐年下降)等分段计算其平均速度加以补充说明。

(4)平均发展速度指标要与其他指标结合应用。

1)分析经济指标变动时，要与发展水平、增长量、环比速度、定基速度等各项基本指标结合应用，起到分析研究和补充说明的作用，以便对现象有比较确切和完整的认识。

2)在经济分析中，要与其他有关经济现象的平均发展速度指标结合运用。例如，工农业生产的平均速度、基本建设投资额与新增固定资产的平均量、商品销售额与利润额的平均速度等，都可以结合进行比较研究，以便深入了解有关现象在各个研究时期中每年平均发展速度和增长程度，为研究国民经济各种具体密切联系的现象的发展动态提供数据。

三、增长速度

增长速度是报告期增长量与基期发展水平之比，表明了社会经济现象增长程度的相对指标，说明报告期水平比基期水平增减多少倍。其计算公式如下：

$$增长速度 = 发展速度 - 1$$

当发展速度大于 1 时，增长速度为正值，表示现象增加的程度；当发展速度小于 1 时，增长速度为负值，表示现象减少的程度。

与发展速度相类似，根据计算时采用的基期不同，增长速度也可分为环比增长速度与定基增长速度两种类型。

1. 环比增长速度

环比增长速度是指时间序列中报告期逐期增长量与其前一期发展水平之间的比值。其反映了现象逐期增长的方向及其相对程度。其计算公式如下：

$$环比增长速度 = \frac{逐期增长量}{前一期发展水平} = 环比发展速度 - 1$$

可以用符号表示如下：

$$G_{i(环比)} = \frac{a_i - a_{i-1}}{a_{i-1}} = \frac{a_i}{a_{i-1}} - 1 = R_{i(环比)} - 1$$

式中　$G_{i(环比)}$——环比增长速度；

　　　$R_{i(环比)}$——环比发展速度；

　　　a_i——时间序列各期的发展水平，$i=1,2,3,\cdots,n$。

2. 定基增长速度

定基增长速度是指时间序列的累计增长量与某一固定时期的发展水平（通常选择最初水平）之间的比值，又称为总增长速度。其反映了客观现象在一个较长的时期内增长的方向及相对程度。其计算公式如下：

$$定基增长速度 = \frac{累计增长量}{某一固定时期的发展水平} = 定基发展速度 - 1$$

可以用符号表示如下：

$$G_{i(定基)} = \frac{a_i - a_0}{a_0} = \frac{a_i}{a_0} - 1 = R_{i(定基)} - 1$$

式中　$G_{i(定基)}$——定基增长速度；

　　　$R_{i(定基)}$——定基发展速度；

　　　a_i——时间序列各期的发展水平，$i=1,2,3,\cdots,n$。

3. 环比增长速度与定基增长速度的比较

值得注意的是，某一期的定基增长速度不能由该期及其以前各期环比增长速度的连乘来求得，不能直接进行推算。在实践中，若要根据环比增长速度求定基增长速度，则首先须将环比增长速度转化为环比发展速度，然后根据环比发展速度与定基发展速度之间的关系，求得定基发展速度，最后将定基发展速度转化为定基增长速度。

显然，增长速度是发展速度的派生指标，但是两者所说明的含义是不同的。发展速度表示的是"发展到"或"增加到"；而增长速度表示的是"增加了"，指净增加的方向与程度。

【例 5-5】 试根据表 5-5 中所示的某房地产开发企业 2012—2019 年固定资产投资额的数据，分别计算其固定资产投资额的环比增长速度与定基增长速度。

解：根据表 5-5 中所示的数据，分别代入环比增长速度及定基增长速度的计算公式，则很容易得到表 5-6 所示的计算结果。

表 5-6　某房地产开发企业年固定资产投资额环比与定基增长速度计算表

年份	固定资产投资额/万元	环比增长速度/%	定基增长速度/%
2012	4 350.0	—	—
2013	5 556.7	27.74	27.74
2014	7 047.7	26.83	62.02
2015	8 877.4	25.96	104.09
2016	10 987.0	23.76	152.57
2017	13 723.9	24.91	215.49
2018	11 283.4	−17.79	159.39
2019	14 957.4	32.56	243.85

显然，某一期的定基增长速度并不等于该期及其以前各期环比增长速度的连乘积。

四、平均增长速度

平均增长速度是指由各期环比增长速度所构成的时间序列的平均发展水平，也称为平均增减程度。其反映了客观现象在某一时期内逐期增减变化的相对程度的一般水平。

平均增长速度通常利用发展速度与增长速度之间的关系来计算，即首先计算平均发展速度，再将其减去 1 便可以求得平均增长速度。具体计算公式如下：

$$\overline{G} = \overline{R} - 1$$

式中　$\overline{G}$——平均增长速度；
　　　$\overline{R}$——平均发展速度。

若计算所得的平均增长速度为正，表明客观事物在某一时间内逐期递增，此时也称为平均递增率；反之，若计算所得的平均增长速度为负，表明客观现象在某一段时间内逐期递减，此时也称为平均递减率。

单元四　时间序列的长期趋势分析

长期趋势分析是运用一定的数学关系式，对原数列进行修匀（即整理、加工），将其变成一个新数列，以排除季节变动、循环变动和不规则变动等因素的影响，显示出现象发展变化的趋势或规律，为预测、决策等管理活动提供依据。分析测定长期趋势的方法较多，常用的有时距扩大法、移动平均法和最小平方法。

一、时距扩大法

时距扩大法是测定时间序列最原始、最简单的方法。其是指通过先将原时间序列中较小的时距适当进行扩大,再根据放大了的时间单位整合原时间序列的发展水平,从而得到一个较大时距的时间序列,以此来显示和观测原时间序列长期趋势的一种分析方法。该方法的目的是消除其他因素的影响,以便显示出时间序列的长期趋势。

在运用时距扩大法分析时间序列的长期趋势时,应注意使同一序列前后的时距单位一致,以保证数据的可比性。至于时距单位的大小,应具体情况具体分析,一般以时距扩大后序列能明显呈现出长期趋势为准。

时距扩大法最大的优点是形象直观、计算简便。但其局限性也相当明显,主要表现在经时距扩大后所形成的新序列包含的项数比原时间序列少很多,信息量损失过大,因此,不适用于对时间序列未来发展趋势进行预测。

二、移动平均法

移动平均法是时距扩大法的一种改良,是指根据时间序列数据资料,逐项递推移动,依次计算包含一定项数的扩大时距平均数,从而形成一个新的时间序列,据此反映原序列的长期趋势并进行外推预测的一种方法。

使用移动平均法的关键是确定移动的项数。如果时间序列中有自然周期,就应以该周期长度作为移动平均的项数。

1. 移动平均法的实施步骤

运用移动平均法测定时间序列的长期趋势,一般应按照以下步骤进行:

(1)确定移动平均的项数。在采用移动平均法进行长期趋势分析时,每一移动平均数位于序时项数的中间位置。若采用奇数项计算移动平均数,只需一次移动平均便可以取得序时项数中间项的长期趋势值;若采用偶数项计算移动平均数,序时项数的终点位于偶数项的中间位置,不与任何一个具体时期相对应。此时,为了求得某一具体时期的长期趋势值,还须以序时项数为2进行二次移动平均,以对长期趋势值进行修正。

(2)计算各指标数值的平均发展水平。从原始时间序列的第一项数据开始,运用简单算术平均法,计算给定移动平均项数下各指标数值的平均发展水平。

(3)逐项移动平均。逐项一边移动一边平均,直至原始时间序列数据中的最后一项数据也参与到计算中来为止。

【例5-6】 根据某房地产公司2004—2017年商品房销售额资料,试分别采取三项及四项移动平均法对该销售额时间序列数据进行分析,确定其长期趋势。

解: 根据表5-7所示的数据资料,各时期发展水平的三项移动平均数及四项移动平均数可以分别按以下方法进行计算。

表 5-7　某房地产公司商品销售额资料

年　份	销售额/亿元
2004	1.20
2005	1.33
2006	1.40
2007	1.36
2008	1.44
2009	1.54
2010	1.45
2011	1.54
2012	1.43
2013	1.55
2014	1.66
2015	1.79
2016	1.90
2017	2.10

1. 三项移动平均数

(1)应确定移动平均的项数,这里已经规定为三项。

(2)计算各指标数值的平均发展水平。

$$第一个三次移动平均数 = \frac{1.20 + 1.33 + 1.40}{3} = 1.31(亿元)$$

$$第二个三次移动平均数 = \frac{1.33 + 1.40 + 1.36}{3} = 1.36(亿元)$$

可以将上述第一、第二个移动平均数分别看作 2005 年及 2006 年的发展水平。

(3)其他移动平均数的计算方法与第一、第二个计算类似,计算结果见表 5-8。此处不再赘述。

2. 四项移动平均数

四项移动平均数的计算方法与三项移动平均数很类似,只是需要对四项移动平均数再以序时项数为 2 进行第二次移动平均,以便对各时期的长期趋势值进行修正。具体计算步骤如下:

(1)计算四项移动平均数。

$$第一个四项移动平均数 = \frac{1.20 + 1.33 + 1.40 + 1.36}{4} = 1.32(亿元)$$

$$第二个四项移动平均数 = \frac{1.33 + 1.40 + 1.36 + 1.44}{4} = 1.38(亿元)$$

以上计算所得到的第一、第二个四项移动平均数可以分别看成 2005 年与 2006 年,2006 年与 2007 年之间的发展水平。依次类推,其他四项移动平均数也可以按照类似的方法进行计算,结果列于表中。

(2)计算四项移动平均的正位数。由于以上计算的移动平均数不与任何一个具体时期相对应，所以，需要以序时项数为2进行二次移动平均，以求得四项移动平均数的正位数。计算方法如下：

$$第一个四项平均数的正位数 = \frac{1.32 + 1.38}{2} = 1.35(亿元)$$

可以将该正位数作为2006年的发展水平。依次类推，可以很方便地求得其他四项移动平均数的正位数，并把它们作为相应年份的发展水平。计算结果见表5-8。

表5-8　某房地产公司商品房销售额资料　　　　　亿元

年份	销售额	三项移动平均数	四项移动平均数	四项移动平均正位数
2004	1.20	—	—	—
2005	1.33	1.31	1.32	—
2006	1.40	1.36	1.38	1.35
2007	1.36	1.40	1.44	1.41
2008	1.44	1.45	1.45	1.45
2009	1.54	1.48	1.49	1.47
2010	1.45	1.51	1.49	1.49
2011	1.54	1.47	1.49	1.49
2012	1.43	1.51	1.55	1.52
2013	1.55	1.55	1.61	1.58
2014	1.66	1.67	1.73	1.67
2015	1.79	1.78	1.86	1.80
2016	1.90	1.93	—	—
2017	2.10	—	—	—

2. 使用移动平均法的注意事项

与时距扩大法相比较而言，移动平均法计算简单，能以较多的数据反映长期趋势，且可以进行预测。因此，移动平均法在实践中得到了广泛的应用。在运用移动平均法进行长期趋势分析时，应注意以下几个问题：

（1）在对原始时间序列数据进行移动平均后，头尾数据的项数会减少，因此，会造成数据和信息的丢失。

（2）应适当选择移动平均的项数。若现象的变化带有一定的周期性，则应以周期长度为移动平均的项数。具体而言，对于季节数据，可以计算四项移动平均数；对于月度数据，则应计算12项移动平均数，以消除季节变动的影响，反映现象变化的长期趋势。若现象的变化没有明显的周期性，则可以计算奇数项的移动平均数，其刚好可以对准所平均的中点时期，进行一次移动平均就可以了。而若计算偶数项的移动平均数，则还需要对所得到的移动平均数进行二次移动平均，以便得到它的正位数。

三、最小平方法

最小平方法是分析测定长期趋势的最重要方法。最小平方法的基本思想是通过数学方程配合一条较为理想的趋势线,并使配合的这条理想的趋势线最接近原序列,即原序列中的各散点与趋势线的离差平方和为最小。最小平方法既可以拟合直线趋势,也可以拟合曲线趋势。

1. 直线趋势模型

在时间序列的散点图的变动近似一条直线时,就可以对现象的变动趋势拟合直线趋势。其模型可用以下公式表示:

$$\hat{y}_t = a + bt$$

式中 $\hat{y}_t$——第 t 期预测值;
　　a——趋势线在 y 轴上的截距;
　　b——趋势线的斜率(也称平均增减量);
　　t——时间变量(一般用序号表示)。

根据最小平方法的原理,$\sum(y_t - \hat{y}_t)^2$ 等于最小值,y_t 为实际值,可以推导出以下两个标准公式:

$$\sum y = na + b\sum t$$
$$\sum ty = a\sum t + b\sum t^2$$

式中 n——时间序列的项数。

解标准方程式得:

$$b = \frac{n\sum ty - \sum t \sum y}{n\sum t^2 - (\sum t)^2}$$

$$a = \frac{1}{n}\left(\sum y - b\sum t\right)$$

求得 a、b 两个参数,代入直线趋势模型中,便可以得到与实际观察值相对应的趋势值。由此可以形成一条趋势直线,既可以认识现象的发展变化时间,还可以预测未来。

【例 5-7】取用表某房地产公司 2006—2019 年商品房销售额资料(表 5-9),用最小平方法建立直线趋势方程测定长期趋势并预测 2012 年的商品房销售额。

表 5-9　某房地产公司商品房销售额长期趋势计算表

年份	销售额 y/亿元	t	t^2	ty
2006	1.33	1	1	1.33
2007	1.40	2	4	2.80
2008	1.36	3	9	4.08
2009	1.44	4	16	5.76
2010	1.54	5	25	7.70
2012	1.45	6	36	8.70
2013	1.54	7	49	10.78
2014	1.43	8	64	11.44
2015	1.55	9	81	13.95

续表

年份	销售额 y/亿元	t	t^2	ty
2016	1.66	10	100	16.60
2017	1.79	11	121	19.69
2018	1.90	12	144	22.80
2019	2.10	13	169	27.30
合计	20.49	91	819	152.93

解：
$$b = \frac{13 \times 152.93 - 91 \times 20.49}{13 \times 819 - 91^2} = 0.052(亿元)$$

$$a = \frac{20.49 - 0.052 \times 91}{13} = 1.212(亿元)$$

则直线趋势方程为 $\hat{y}_t = 1.212 + 0.052t$。

预测 2012 年的商品房销售额，因 $t = 16$，则 $\hat{y}_t = 2.044$ 亿元。

2. 曲线趋势模型

如果时间序列散点图的变动近似一条曲线，就可以对现象的变动趋势拟合曲线趋势。常用的曲线模型有二次曲线模型和指数曲线模型。

（1）二次曲线模型。二次曲线适用于有一个弯的曲线，其模型可用以下公式表示：

$$\hat{y}_t = a + bt + ct^2$$

二次曲线方程中有 a、b、c 三个特定参数，根据最小平方法原理，可推导出求解三个特定参数的三个标准方程式为

$$\sum y = na + b\sum t + c\sum t^2$$
$$\sum ty = a\sum t + b\sum t^2 + c\sum t^3$$
$$\sum t^2 y = a\sum t^2 + b\sum t^3 + c\sum t^4$$

与直线趋势模型相同，如果令时间序列的中点时期为原点，则有 $\sum t_i = 0$，求解 a、b、c 三个待定参数的三个标准方程式可简化为

$$\sum y_t = na + c\sum t^2$$
$$\sum ty_t = b\sum t^2$$
$$\sum t^2 y_t = a\sum t^2 + c\sum t^4$$

【例 5-8】根据我国房地产开发企业新开工房屋面积（其他类）资料（表 5-10），用最小平方方法建立二次曲线趋势模型。

表 5-10 我国房地产开发企业新开工房屋面积二次曲线趋势计算表

年份	y	t	t^2	t^4	ty	$t^2 y$	$\hat{y}_t$
2013	695.4	−3	9	81	−2 086	6 259	753.4
2014	940.3	−2	4	16	−1 881	3 761	815.4
2015	892.6	−1	1	1	−893	893	976.4

续表

年份	y	t	t^2	t^4	ty	$t^2 y$	$\hat{y}_t$
2016	1 247.9	0	0	0	0	0	1 236.3
2017	1 683.1	1	1	1	1 683	1 683	1 595.2
2018	1 900.5	2	4	16	3 801	7 602	2 053.1
2019	2 680.0	3	9	81	8 040	24 120	2 610.0
合计	10 039.8	0	28	196	8 664	44 318	10 039.8

根据表中数据计算如下：

$$10\ 039.8 = 7a + 28c$$
$$8\ 664 = 28b$$
$$44\ 318 = 28a + 196c$$
$$a = 1\ 236.22$$
$$b = 309.43$$
$$c = 49.51$$

我国房地产开发企业新开工房屋面积二次曲线趋势方程如下：

$$\hat{y}_t = 1\ 236.22 + 309.43t + 49.51t^2$$

（2）指数曲线模型。如果时间序列中各期的环比发展速度（或环比增长速度）大体相等，说明现象的发展大体表现为指数曲线，就可以将现象的变动趋势拟合为指数曲线模型。其可用以下公式表示：

$$\hat{y}_t = ab^t$$

式中　a——现象的基期水平；

　　　b——平均发展速度。

指数曲线模型中 a、b 两个待定参数也可以用最小平方法估计。为了计算的方便，可以将指数曲线模型线性化，即对指数曲线方程两边取对数得：

$$\log \hat{y}_t = \log a + t \log b$$

根据最小平方法原理，按直线形式确定参数的方法，得如下标准方程：

$$\sum \log y = n \log a + \log b \sum t$$
$$\sum t \log y = \log a \sum t + \log b \sum t^2$$

如果令时间序列的中点时期为原点时，则有 $\sum t = 0$，标准方程式可简化为

$$\sum \log y = n \log a$$
$$\sum t \log y = \log b \sum t^2$$

求出 $\log a$ 和 $\log b$ 后，再取其反对数，即得参数 a 和 b。

单元五 时间序列的季节变动分析

季节变动的分析测定是运用一定的方法，通过季度或月份的历史资料，计算出季节指数，以反映现象的季节变动方向和程度。分析测定季节变动的意义在于认识和掌握其变化规律，克服季节变动带来的不良影响，争取工作的主动性，为编制计划、组织生产、安排市场、进行经济预测和决策提供依据。分析测定季节变动，至少须掌握经济现象连续三年的月份或季度资料，才能比较客观地显示出季节变动。分析测定季节变动，按其是否消除长期趋势的影响而分为两类方法，即按月（季）简单平均法和趋势剔除法。

一、按月（季）简单平均法

按月（季）简单平均法是对时间序列进行季节变动分析时最常用的一种方法，又称为周期平均法，是指在季节变动分析时，不考虑客观现象中长期趋势的影响，而是直接根据时间序列数据计算季节指数的分析方法。季节指数可以按月计算，也可以按季计算。其计算公式如下：

$$季节指数 = \frac{同月（季）平均数}{月（季）总平均数} \times 100\%$$

按月（季）简单平均法测定季节变动的步骤如下：
(1) 根据时间序列计算各年的同月（季）平均数。
(2) 根据数据资料计算所有年份的月（季）总平均数。
(3) 将以上步骤(1)和步骤(2)计算所得到的同月（季）平均数与月（季）总平均数进行对比，便可以得到季节指数。

【例 5-9】某房地产公司从 2015—2019 年，每年各月份商品房销售量见表 5-11，已知 2020 年 1 月份的销售量为 35 套，试预测 2020 年其他各月的商品房销售量。

表 5-11 某房地产公司 2015—2019 年各月商品房销售量套

月份 年份	1月	2月	3月	4月	5月	6月	7月	8月	9月	10月	11月	12月	年平均
2015年	34	38	21	23	17	10	6	4	6	10	14	26	17.4
2016年	32	37	20	24	15	9	7	5	7	11	17	25	17.4
2017年	34	37	23	21	16	12	8	4	5	13	18	28	18.3
2018年	32	35	21	25	18	11	6	3	8	12	19	27	18.1
2019年	36	36	19	24	16	12	9	5	5	13	18	29	18.5
同月平均	33.6	36.6	20.8	23.4	16.4	10.8	7.2	4.2	6.2	11.8	17.2	27.0	17.9
季节指数/%	187.4	204.1	116.0	130.5	91.4	60.2	40.1	23.4	34.6	65.8	95.9	150.6	—

解： 从表 5-11 中求得的季节指数可见，该商品的市场销售量呈现明显的季节波动。

计算预测值：

2020年2月销售量＝(35÷187.4)×204.1＝38.1(套)

2020年3月销售量＝(35÷187.4)×116.0＝21.7(套)

依次类推，可以求出2020年各月的销售量。

另外，在年末编制出下一年的全年销售计划后，如要预测下一年各月的销售额时，也可利用季节指数来进行预测。

二、趋势剔除法

如果时间序列具有明显的长期趋势，则在进行季节变动分析之前，应首先采取趋势剔除法将长期趋势的影响剔除掉。在采取趋势剔除法时，假定趋势变动、季节变动、循环变动及不规则变动是乘法模式对时间序列产生的影响。利用趋势剔除法对时间序列进行季节变动分析时的步骤：第一，对原时间序列进行4项(或12项)移动平均，消除其他因素的影响，所得到的平均数即为长期趋势值T；第二，剔除原序列中的长期趋势，即将原时间序列的各期发展水平y_i除以对应的移动平均数T_i，便可以得到剔除长期趋势影响的新时间序列y_i/T_i；第三，针对剔除长期趋势的新时间序列y_i/T_i计算季节指数，进行季节变动分析。

1. 循环变动分析

循环变动是以若干年为周期的波动。分析测定循环变动的主要目的是探索其波动规律，预见事物发展变化的转折点，从而抓住有利时机，趋利避害，为决策和管理提供依据。测定循环变动的方法较多，其中常用的是剩余法。

剩余法又称为残余法，就是根据乘法模型的思路，从按月(季)编制的时间序列中消除长期趋势和季节变动的影响，得到一个包括循环变动和不规则变动的新序列，继而运用移动平均法消除不规则变动，测定出循环变动。如果原序列是年度资料，则不含季节变动，只需要从原序列中消除长期趋势，然后用移动平均法消除不规则变动，就可以测定出循环变动。

一般来说，采取剩余法对时间序列进行循环变动分析时可以分为三步。在此，以月度数据为例，介绍其操作步骤。

(1) 根据时间序列资料计算季节指数S，并用原序列除以S，求得消除季节指数以后的资料，即

$$\text{无季节变动资料}=y/S=TCI$$

(2) 测定长期趋势，并以无季节变动资料除以T，得到消除长期趋势以后的资料，即

$$\text{循环变动与不规则变动资料}=\frac{TCI}{T}=CI$$

(3) 对循环变动与不规则变动资料进行移动平均处理(移动周期取3或5均可)，消除不规则变动，剩余结果为循环变动指数。循环变动指数为100%，称为无循环波动；循环变动指数大于100%，称为经济上涨期；循环变动指数小于100%，则称为经济下落期。

【例5-10】 假设已经采取剩余法计算得到了所给时间序列的循环变动指数，试判断以下各种叙述的含义：

(1) 循环变动指数等于100%。

(2) 循环变动指数大于100%。

(3)循环变动指数小于 100%。

解：(1)表示经济无大的波动。

(2)表示经济处于上升发展阶段。

(3)表示经济处于衰退阶段。

循环变动分析主要应用于经济状况的预测。通过循环变动分析，可以认识经济波动的周期性规律，预测经济发展的前景。全面预测经济发展形势在下一个周期循环中的具体表现，为判定相关的经济政策提供指导和依据。

2. 不规则变动分析

不规则变动是偶然因素引起的，无周期、无规律的波动。分析测定不规则变动可以正确评价经纪现象发展过程中人们的主观努力和客观环境条件下的不同影响，以便进一步分析深层次的原因，更科学地组织未来的生产经营活动。

测定不规则变动仍可采用上述的剩余法主次剔除季节变动、长期趋势和循环变动的影响，求得不规则变动指数，即

$$I = \frac{y}{STC}$$

$$I = \frac{y}{TC}$$

上述两个公式分别适用于按月（季）编制的时间数列和按年编制的时间数列。不规则变动指数围绕 100% 上下波动，大于 100% 的为正面影响，起增大观察值的作用；小于 100% 的为负面影响，起减小观察值的作用。距离 100% 越远，影响越大；等于 100%，则没有不规则变化。

扩展阅读

产生季节变动趋势的原因

产生季节变动趋势的原因有：一是自然因素，自然现象的季节性变化作用；二是社会因素，包括政策因素（法律、社会制度的作用）和人为因素（民间习俗的作用）。

在实践工作中，应对以下问题有清楚而正确的认识：第一，季节变动不局限于"一年四季"自然变化所包含的有规律的周期性变化，还包括社会因素作用所引起的有规律的周期性变化；第二季节变动不局限于"一年四季"的划分，还可以"年、季、月、旬、周、日"划分；如江西省南昌市八一桥 24 小时车流量观察，就是要观察车流量的高峰期所在的时间，这时就要以"小时"来划分。

模块小结

时间序列按其指标表现形式的不同，可分为绝对数时间序列、相对数时间序列和平均数时间序列三种。其中，绝对数时间序列是基本的序列，相对数时间序列和平均数时间序列是在绝对数时间序列基础上的派生序列。

模块五 时间序列分析

绝对数时间序列又称总量指标时间序列，是指将特定变量的总量指标在不同时间上的统计观察值按照时间的先后顺序排列所形成的数列。相对数时间序列是由一系列同类相对指标数值按时间先后顺序排列而成的统计序列；平均数时间序列是由一系列同类平均指标数值按时间先后顺序排列而成的统计序列。

时间序列的分析指标可分为：绝对数分析指标，即发展水平和增长量；相对数分析指标，即发展速度和增长速度；平均数分析指标，即平均发展水平、平均增长量、平均发展速度、平均增长速度。

对时间序列进行速度分析是相对数与平均数概念的具体运用，它是从平均数与相对数的角度来衡量社会经济现象发展与增长的快慢。一般来说，对时间序列进行速度分析的指标主要有发展速度、增长速度、平均发展速度与平均增长速度四种。

长期趋势分析是运用一定的数学关系式，对原数列进行修匀（即整理、加工），将其变成一个新数列，以排除季节变动、循环变动和不规则变动等因素的影响，显示出现象发展变化的趋势或规律，为预测、决策等管理活动提供依据。分析测定长期趋势的方法较多，常用的有时距扩大法、移动平均法和最小平方法。

季节变动的分析测定是运用一定的方法，通过季度或月份的历史资料，计算出季节指数，以反映现象的季节变动方向和程度。分析测定季节变动的意义在于认识和掌握其变化规律，克服季节变动带来的不良影响，争取工作的主动性，为编制计划、组织生产、安排市场、进行经济预测和决策提供依据。分析测定季节变动，至少须掌握经济现象连续三年的月份或季度资料，才能比较客观地显示出季节变动。分析测定季节变动，按其是否消除长期趋势的影响而分为两类方法，即按月（季）简单平均法和趋势剔除法。

思考与练习

一、填空题

1. 将不同时间的某一统计指标数据按照时间的先后顺序排列起来而形成的统计数列就是_____。

2. _____是指反映被研究现象在一段时期内发展过程总量的绝对数时间序列。

3. _____是指反映某种社会经济现象在一定时点上的状况及其水平的绝对数时间序列。

4. _____是具体反映某种社会经济现象在不同发展时期或时点上实际达到的水平。

5. 由于比较的基期不同，增长量可分为_____和_____两种。

6. 根据研究目的不同计算发展速度可采用不同的基期，由于对比基期的不同，发展速度又可分为_____和_____。

7. _____是运用一定的方法，通过季度或月份的历史资料计算出季节指数，以反映现象的季节变动方向和程度。

8. 如果时间序列具有明显的长期趋势，则在进行季节变动分析之前，应首先采取

_____将长期趋势的影响剔除掉。

二、选择题

1. 时间序列按其指标表现形式的不同分类不包括(　　)。
   A. 绝对数时间序列　　　　　　　　B. 相对数时间序列
   C. 平均数时间序列　　　　　　　　D. 比较数时间序列

2. 关于时点序列的特点不包括(　　)。
   A. 序列中各项指标数值不能直接相加，相加后的结果没有实际意义
   B. 序列中指标数值的大小与时点间隔的长短无直接关系
   C. 序列中的每一项指标数值都是在某一时刻的特定状况下进行一次性登记取得的
   D. 序列中的每一项指标数值都是通过连续登记取得的

3. (　　)是指时间序列中各个时间上发展水平的平均数，通常用字母 $\bar{a}$ 表示。
   A. 平均发展水平　　　　　　　　　B. 绝对数时间序列平均发展水平
   C. 时点序列的平均发展水平　　　　D. 相对数时间序列平均发展水平

4. (　　)是指某现象在一定时期内平均每期增减变化的数量，说明现象在一个较长时期内每期增减变化的一般水平。
   A. 平均增长量　　B. 逐期增长量　　C. 累积增长量　　D. 增长量

5. (　　)是时间序列中报告期水平与前一期水平之比，反映现象逐期发展变动的程度。
   A. 定基发展速度　　B. 环比发展速度　　C. 平均发展速度　　D. 水平发展速度

三、简答题

1. 时间数列均由哪两个基本要素构成？
2. 时间序列可比性的具体要求有哪些？
3. 什么是间隔时点序列？间隔时点序列包含哪两种情形？
4. 什么是增长量？增长量如何计算？
5. 什么是长期趋势分析？分析测定长期趋势分析的方法有哪些？

模块六 房地产抽样调查

教学目标与考核重点

教学内容	单元一 抽样基本知识 单元二 抽样估计方法与方式 单元三 抽样误差及其测定 单元四 抽样数目的测定	学时	4学时
教学目标	了解抽样调查的概念和特征； 熟悉抽样调查的理论基础、适用场合、抽样方案设计的基本概念； 熟悉抽样误差及其测定； 掌握抽样分布及抽样估计的基本方法，以及抽样调查的组织方式		
关键词	抽样调查、概率抽样、非概率抽样、点估计、区间估计、抽签法、随机数表法、等距抽样、整群抽样、多阶段抽样		
重点	抽样估计的基本方法； 抽样调查的组织方式； 抽样误差及其测定		
能力目标	能正确利用抽样推断的原理和方法对房地产经纪现象进行推断估计		
素质目标	具有高度的挫折忍受力，百折不挠的意志，对工作充满持续的激情		

案例导入

北京奥运虽然已经落幕，但新建的奥运场馆和国家大剧院尽展风姿，基础设施不断完善，城市环境更加优美，由此带来的城市变化逐渐形成了对外地游客新的吸引力，使北京在国内旅游市场表现出更大的潜力。北京假日旅游市场的兴旺平稳、活跃安全、秩序井然，不仅增加了效益，也使在京游客的满意度得到了提高。2008年"十一"黄金周即将到来，北京市统计咨询中心将在"十一"期间的开展黄金周游客满意度调查。

分析：请给出北京市统计调查咨询中心一个合理的抽样调查方案，并说明采用的抽样方法。

模块六 房地产抽样调查

单元一 抽样基本知识

一、抽样调查的概念

抽样调查也称为样本调查，是按照随机原则，从研究总体的所有单位中，抽取部分单位为样本，然后以对样本的观测或调查结果对总体的数量特征作出具有一定可靠程度和精确度的估计或推断的一种调查方法。

抽样调查可分为概率抽样和非概率抽样两类。通常所说的抽样调查如果未加限定，大多指概率抽样调查。

1. 概率抽样

概率抽样又称为随机抽样，是指按照随机原则从总体中抽取样本单位的一种抽样方法。

随机原则是指在抽样时完全排除人为因素的影响，使每个总体都有均等的机会被选中。概率抽样的优点在于能有效地避免人为因素带来的误差，使得根据样本数据能有效地估计与推断总体的数量特征，减小误差。因此，概率抽样在统计实践与科学研究中得到了极为广泛的运用。

2. 非概率抽样

非概率抽样又称为非随机抽样，是指从调查的目的或需要出发，根据调查者的经验或判断，有意识地从总体中抽取样本单位的一种抽样方法。重点调查、典型调查及统计实践中的配额抽样等，都属于非概率抽样。

非概率抽样在了解总体的基本情况、总结经验教训及研究新生事物等方面具有极大的优势。但是其缺点也相当明显，抽取的样本受调查者人为因素的影响，不仅存在较大的系统误差，而且该误差无法计算和控制。

二、抽样调查的特点

与普查相比，抽样调查具有经济、及时、准确和高效等显著特点，因此，成为房地产调查工作中最为普遍采用的方法。抽样调查方法的特点具体表现在以下几个方面：

(1) 时间短、收效快。抽样调查涉及面较小，取得调查结果比较快，能在较短的时间内获得同普查大致相同的调查效果，还可以运用抽样调查技术来检验普查及有关资料的正确性，并给予必要的修正。

(2) 质量高、可信程度好。抽样调查是建立在数理统计基础之上的科学方法，只要由专业人员主持抽样调查，严格按照抽样调查的要求抽样，就可以确保获取的信息资料具有较好的可靠性和准确性，对那些无法或没有必要进行普查的项目具有很好的适用性。

(3) 费用省、易推广。由于抽样调查是从众多的调查对象中随机找很少的一部分人作调查，在保证调查的有效性的前提下，可以大大减少工作量，降低费用开支，提高经济效益。同时，由于抽样调查需要的人力、物力比较少，企业容易承担、容易组织。

模块六 房地产抽样调查

三、抽样调查的适用场合

在以下一些情形中，进行全面调查来收集总体的数据资料是不可能的或不可行的，只能采取抽样调查的方式并进行抽样推断。

1. 调查对象为无限总体时

对于无限总体，根本无法进行全面调查，只能采取抽样估计的方式来认识总体的数量特征。

2. 无须进行全面调查时

在有些情况下，虽然可以进行全面调查，但是需要耗费大量的人力、物力或财力。然而，若采取抽样调查的方式不仅可以达到同样的效果，而且可以大大降低成本。

3. 调查具有破坏性或消耗性时

在很多情况下，统计调查往往具有很大的破坏性。如某房地产企业对公共照明灯的使用寿命进行调查，就属于破坏性试验，只能采取抽样调查的方式收集数据。

4. 对全面调查所收集的数据资料进行检验时

有时需要对全面调查所收集到的数据进行检验，则可以进行抽样调查。运用抽样调查收集的数据计算全面调查的差错率，进而对全面调查所得数据进行修正。

5. 对经营过程进行质量控制时

通过抽样调查，可以及时收集到有关产品或服务的质量信息，并分析各种潜在的原因，以便采取相应的措施对服务过程进行质量控制。

四、抽样方案设计

抽样方案设计就是从总体抽取样本之前，预先确定抽样程序和方案，在保证所抽取的样本对总体有充分代表性的前提下，力求取得的最经济、有效的结果。

1. 调查目的

组织一次统计调查必须有明确的目的，即首先要明确研究什么问题、收集什么资料、要解决哪些问题。有了明确的目的，才能做到"有的放矢"，目的不明确就无法确定调查对象、调查内容和范围及采用哪种调查方式方法等一系列问题。其结果会造成：一方面，所获得的是不需要或无关紧要的资料，白白浪费了人力、物力和时间；另一方面，又可能漏掉了一些主要项目和内容，不能满足调查要求。因此，明确调查目的非常重要。

2. 调查对象和调查单位

确定调查目的之后，就可以根据调查目的的要求来确定调查对象和调查单位。

（1）调查对象是指需要进行调查的研究对象。确定调查对象就是明确规定所要研究的总体的范围。因为社会现象的发展过程是一个错综复杂而又互相联系的整体，如何正确地区分现象之间的界限，即科学地确定被调查总体的界限，这是一个非常重要的问题。只有把调查对象和它近似的一些现象划分清楚才能获得正确的资料。例如，我国人口普查是确定以常住人口为调查对象，则暂住人员不在调查范围之内。

（2）调查单位就是被调查的每个总体单位。确定调查单位，就是要解决向谁做调查的问题。例如，全国人口普查，调查对象是全国人口，调查单位则是每个人；某地工业企业生产情况抽样调查中，该地区所有工业企业就是调查对象，每个被抽中成为样本的工业企业就是一个调查单位。

在统计调查中，除明确调查单位外，还要规定报告单位。报告单位即填报单位，也就是在调查中提供或上报资料的单位。

调查单位和填报单位是有区别的。调查单位是调查项目的承担者，而填报单位则是负责向上报告调查内容的单位（即报告单位）。两者有时是一致的，如工业企业普查，每个工业企业既是一个调查单位，由于企业资料由本企业上报，则该企业又是一个填报单位；有时两者并不一致，如进行企业设备普查时，企业的每台设备就是调查单位，而每个企业则是填报单位。

3. 调查项目和拟定调查表

确定调查项目就是确定在调查时准备调查的主要内容，也就是明确调查目的规定下应调查的各个统计指标；拟定调查表就是设计一张统计表作为承载数据的载体，将确定好的调查项目（标志）按照一定的顺序排列放置其中，同时留有空格，便于被调查者填写、登记和日后汇总。

4. 调查时间和地点

调查时间包括两个含义：一个是资料所属时间；另一个是调查时限。确定资料所属时间就是在调查方案中，明确规定资料所属的时点或时期。这是由资料性质所决定的，有的资料反映某一时点水平，有的资料反映某一时期的总量。如果要调查的是时期现象，就要明确规定资料所反映的内容从何年何月何日起到何年何月何日止。例如，调查产品的产量、商品销售额等资料时，资料所属时间是该时间最初至最末的总计数字。如果所要调查的是时点现象，就要明确资料所属时间，即标准调查时点。例如，调查人口数、企业数、商品库存数等资料时，应规定标准时点（某日某时）。

调查时限是指调查工作的起讫时间，包括收集资料和报送资料的全部工作所需要的时间。

调查地点是指登记资料的地点。一般调查地点和调查单位所在地是一致的。

5. 编制调查的组织计划

在调查方案中，应编制调查工作的组织计划。其主要内容包括调查组织领导机构和经费使用去向、调查步骤、调查前的准备工作（包括宣传工作、人员培训、文件资料准备、人员配备和试点工作等）。

单元二 抽样估计方法与方式

一、抽样估计的基本方法

抽样估计常用的方法有两种，即点估计和区间估计。

(一)点估计

点估计是指以根据样本所得到的统计量直接作为总体参数的估计值的一种估计方法。该方法适用于大样本情况下对总体参数的估计。也就是说,直接用样本的均值 $\bar{x}$、成数 p 分别作为总体均值 μ、成数 P 的估计值。

例如,某地为了解本地商品住宅户型面积,随机抽选 1 000 套商品住宅就其建筑面积进行调查,平均面积的抽查结果为 $95.50m^2$,面积在 $90m^2$ 以下的商品住宅 350 套。那么,可以认为该地商品住宅平均面积就是 $95.50m^2$,$90m^2$ 以下的商品住宅占 35%。

点估计的优点在于它能够提供总体参数的具体估计值,而不足之处在于无法知道点估计的结果误差到底有多大。点估计只适用于准确程度和可靠程度要求不高的抽样推断。点估计的方法有很多,主要有矩估计法、顺序统计量法及极大似然估计法等。本单元主要介绍矩估计法。

矩是指以期望值为基础定义的数字特征,如数学期望、方差及协方差等;矩估计法是指用样本的矩去估计总体的矩,从而获得有关总体参数估计值的一种方法。矩估计法的基本思想是样本源于总体,因此,样本的矩便能在一定程度上反映总体的矩,而且根据大数定律,样本的矩会以一定的概率向总体的矩收敛。

(二)区间估计

区间估计是指根据样本统计量和抽样误差,在一定的可靠程度下估计总体参数值的所在范围或区间的一种估计方法。

区间估计不仅能根据样本统计量及抽样平均误差给出总体参数所在的区间,而且能以一定的概率保证总体参数落在该区间内(即置信度)。区间估计既能解决抽样估计的精确度问题,也能解决抽样估计的可靠性问题,因此,在实践中得到了广泛的应用。

1. 置信度

所谓置信度,是指区间估计的可靠程度或可信程度,也就是总体参数落在所估计区间内的可能性大小,一般用 $1-a$ 表示。其中,a 表示显著性水平,即某一小概率事件发生的临界概率。

在统计实践中,经常采用的显著性水平与置信度包含以下三种:

(1)显著性水平 $a=0.05$ 时,置信度 $1-a=0.95$。

(2)显著性水平 $a=0.01$ 时,置信度 $1-a=0.99$。

(3)显著性水平 $a=0.001$ 时,置信度 $1-a=0.999$。

一般来说,在抽样估计中,估计的精确度与置信度之间存在着此消彼长的关系:若要提高抽样估计的精确度,则必须减小抽样极限误差,缩小置信区间,抽样估计的置信度就会降低;相反,若要提高抽样估计的置信度,则必须增大抽样极限误差,增大置信区间,抽样估计的精确度就必然会降低。在实际工作中,关键在于如何对二者进行权衡和取舍。

2. 区间估计的步骤

(1)抽取样本。根据样本单位的标志值,计算样本平均数 $\bar{x}$(或样本成数 p),计算样本标准差 S(或样本成数标准差 S_p),推算出样本抽样平均误差 $\sigma_{\bar{x}}$(或 σ_p)。

(2)根据给定的抽样估计可靠程度,查表得到概率度 t。

(3) 根据概率度和抽样平均误差，计算估计区间。

【例 6-1】 为了解某地商品住宅户型面积及结构，随机抽选 1 000 套商品住宅就其建筑面积进行调查，数据见表 6-1。

表 6-1 某地商品住宅户型面积抽样资料表

面积/m²	80 以下	80～90	90～100	100～110	110 以上
套数/套	100	250	300	200	150

试以 95% 的可靠性估计该地商品住宅平均面积的范围和面积在 90m² 以下的商品住宅所占的比重的取值范围。

解：(1) 总体平均数的估计。

1) 根据样本数据资料计算样本平均数和样本标准差。x 取平均值。

$$x_1=75, x_2=85$$
$$x_3=95, x_4=105$$
$$x_5=115$$
$$75\times100+85\times250+95\times300+105\times200+115\times150=95500$$

$$\bar{x}=\frac{\sum xf}{\sum f}=\frac{95\ 500}{1\ 000}=95.5(\text{m}^2)$$

$$X=\sqrt{\frac{\sum(x_i-\bar{x})^2 f_i}{\sum f_i}}=12.03(\text{m}^2)$$

$$\sigma_{\bar{x}}=\frac{S}{\sqrt{n}}=\frac{12.03}{\sqrt{1\ 000}}=0.38(\text{m}^2)$$

2) 根据给定的可靠程度 95%，概率度 $t=1.96$。

3) 计算估计区间，该地商品住宅平均面积的区间范围是：

$$95.5-1.96\times0.38\leqslant\bar{X}\leqslant95.5-1.96\times0.38$$
$$94.76(\text{m}^2)\leqslant\bar{X}\leqslant96.24(\text{m}^2)$$

即可以 95% 概率保证该地商品住宅平均面积在 94.76～96.24m²。

(2) 总体成数的估计。按照相同步骤，确定该地商品住宅在 90m² 以下所占比重的取值范围：

$$p=\frac{n_1}{n}=\frac{350}{1\ 000}=35\%$$

$$\sigma_{\bar{p}}=\sqrt{\frac{p(1-p)}{n}}=\sqrt{\frac{0.35\times(1-0.35)}{1\ 000}}=0.015$$

$$\Delta p=1.96\times0.015=0.029\ 4$$

在 95% 的概率保证程度下，该地面积在 90m² 以下的商品住宅所占比重的取值范围：

$$35\%-1.96\times1.5\%\leqslant P\leqslant35\%+1.96\times1.5\%$$
$$32.06\%\leqslant P\leqslant37.94\%$$

二、抽样调查的组织方式

为了快速、高质量地取得数据资料，确保抽样估计的精确度与可靠度，保证抽样估计任务的完成，必须根据抽样估计的目的、任务及调查对象的特征，分别采取不同的组织方式进行抽样。根据对总体单位的分布状况进行加工整理情况的不同，抽样调查的组织方式主要有五种，即简单随机抽样、类型抽样、等距抽样、整群抽样和多阶段抽样。

（一）简单随机抽样

简单随机抽样也称为纯随机抽样，是指对总体单位不做任何的分类和排队处理，按照随机原则直接从总体中抽取样本单位的抽样组织方式。常用的简单随机抽样方法有抽签法、随机数表法等。简单随机抽样是一种最基本的抽样方式，是其他各种抽样组织方式的基础和前提。

简单随机抽样的特点是简单易行，符合随机性原则，可以保证总体中所有相互独立的调查单位都有同等的机会被选中。当总体中单位数不多且分布比较均匀、总体中各单位的数量特征值的差异比较小或总体单位有现成的编号时，适宜采取简单随机抽样方式。

从总体中按简单随机抽样方法抽出样本，有许多种方法，最基本的方法是抽签法和随机数表法。

1. 抽签法

抽签法适用于总体单位数较少的总体，即总体单位数在 100 以内，而且分布比较集中，可以从全及总体单位中事先确定样本单位号随机抽取。

首先，将总体单位编号，通常令总体中的每个单位按自然数的顺序编为 1，2，3，…，N。另外，编制 N 个与总体各单位对应的号签，然后将全部号签充分摇匀，采用重复抽样或不重复抽样方法，从中随机抽取 n 个号签，与之对应的总体单位即为抽中的样本单位。

2. 随机数表法

在大规模的社会经济调查中，由于总体单位数目特别大，使用抽签法的工作量相当大，所以通常利用随机数表来确定样本单位。随机数表是用计算机、随机数字机等编制的。根据不同的需要，可灵活确定随机数的起始位置，按行、列或画某一随机线取得随机数字，利用取得的随机数字抽取对应编号的单位组成样本。

扩展阅读

简单随机抽样的优点和局限性

简单随机抽样的优点是方法简单。当调查总体名单完整时，可直接随机抽取样本。由于抽取概率相同，计算抽样误差及总体指标加以推断比较方便。

值得注意的是，简单随机抽样在实际运用中也有很大的局限性，主要表现在以下几个方面：

(1) 简单随机抽样不适用于单位数很多的全及总体。由于在抽样之前，应确定总体的范围，所以，必须对总体的每个单位都进行编号。但是在实践中，当总体单位数量很多时，对其进行编号是困难的，有时候甚至是不可能的，这就使其适用性受到影响。

(2) 简单随机抽样不适用于各单位标志值差异很大的全及总体。若总体中各单位标志值的差异比较大，按简单随机抽样所得样本对总体的代表性就低，抽样估计的精确度就会降低，其适用性也会受到影响。

(二)类型抽样

类型抽样也称为分层抽样或分类抽样，是指先按某一特定标志对总体单位进行分组，然后在所分的各组中采取简单随机抽样或其他抽样方式抽取样本单位的抽样组织方式。类型抽样主要适用于被研究总体在某一特定标志上存在明显差异的场合。如为研究珠海市物业管理的收费情况，就可以先对被调查对象按物业类型进行分类，然后再按简单随机抽样方式在各组中选择样本单位。

1. 类型抽样的特点

类型抽样的特点是将统计分组和抽样原理有机地结合在一起，通过分组，使组内具有同质性，组间具有差异性，然后从各组中采用简单随机抽样或机械抽样方法抽取样本单位，这样就可以保证样本对总体具有更高的代表性，因此，计算出的抽样误差就比简单随机抽样和机械抽样误差小一些。类型抽样的主要原则是分组应使组内差异尽可能小，组间差异尽可能大。

2. 类型抽样的分类

按照样本单位在各组中分配状况的不同，类型抽样可分为等比例类型抽样和不等比例类型抽样两种。

(1)等比例类型抽样。此种方法即按各组单位数与总体单位数的比重来分配抽样数目，例如，第 i 组的单位数为 N_i，总体单位数为 N，从总体中抽取 n 个单位组成样本，则第 i 组的样本单位数应为 $n \cdot \dfrac{N_i}{N}$。等比例类型抽样适用于总体单位标志值均匀地分布在全及总体各单位之间的情况。在实际工作中，一般以等比例类型抽样的应用较为广泛。

(2)不等比例类型抽样。不等比例类型抽样是指不按照相同的抽样比来确定各组中所应抽样的样本单位数的类型抽样方式。在实际中这种抽样方式运用很少，只在特殊情况下使用。它主要适用于某组中的单位数在总体中所占的比重太小，按等比例抽样抽不到或只能抽到非常少的样本单位的场合。

(三)等距抽样

等距抽样也称为机械抽样或系统抽样，是指先将总体中各单位按照某一特定标志进行排序，然后按照固定的顺序与相同的间隔或抽样比抽取样本单位的抽样组织方式。等距抽样的随机性主要体现在第一个样本单位的抽取上。第一个样本单位确定后，其余样本单位也就随之确定了，因此，一定要确保第一个样本单位抽取的随机性。

按照对总体各单位进行排序时所采用标志的不同，等距抽样可分为无关标志排序抽样与有关标志排序抽样两种。

1. 无关标志排序抽样

无关标志排序抽样是指排序的标志与被研究的标志无关，如考查学生考试成绩按姓氏笔画排序，观察产品的质量按生产的先后顺序排列等。具体做法是先将总体 N 个单位按某一无关标志排序，然后将 N 划分为 n 个相等部分，每部分包含 k 个单位。在第一部分中随机抽取第 i 个单位，而在第二部分中抽取第 $i+k$ 个单位，在第三部分中抽取第 $i+2k$ 个单位,…,在第 n 个部分中抽取第 $i+(n-1)k$ 个单位,共 n 个单位构成样本。由此可见,等距抽样每个样本单位的间距均为 k,当第一个单位随机确定后,其余各个单位的位置也就确定了,这种方法共可取 k 个样本(实际调查只抽取一个样本)。

按无关标志排序可以保证抽样的随机性,它实质上相当于简单随机抽样,一般按不重复简单随机抽样的抽样误差公式来计算抽样误差。

2. 有关标志排序抽样

有关标志排序抽样是指对总体各单位进行排序时所使用的标志与被研究的问题相关的等距抽样方式。它在实质上具有某些类型抽样的特点,因而能保证所得样本的代表性。在对总体中各单位的变异程度有了大致了解以后,便可以按其标志的数值大小进行排序,然后按照相同的间隔抽取样本单位。如为考察物业管理专业学生物业统计课程期末考试成绩,可按学生的考试成绩进行排序,再进行抽样。

【例 6-2】 某银行储蓄所月末按定期储蓄的账号进行每隔 5 户的等距抽样,得到表 6-2 中的资料,试以 95.45% 的概率估计指标范围。

表 6-2　某银行储蓄存款抽样调查计算表

存款金额/百元	组中值 x	户数 f	xf	$x-\bar{x}$	$(x-\bar{x})^2 \cdot f$
1~100	50.5	60	3 030	-292.4	5 129 865.6
100~300	200	150	30 000	-143	3 067 350
300~500	400	200	80 000	57	649 800
500~600	650	62	40 300	307	5 843 438
600 以上	950	14	13 300	607	5 158 286
合计	—	486	166 630		25 007 025.6

解:(1)平均每户定期存款数:

$$\bar{x} = \frac{\sum xf}{\sum f} = \frac{166\,630}{486} = 342.86(百元)$$

$$\sigma_{\bar{x}} = \sqrt{\frac{\sum(x-\bar{x})^2 f}{\sum f}} = \sqrt{\frac{25\,007\,025.6}{486}} = 226.84(百元)$$

$$\mu_{\bar{x}} = \sqrt{\frac{\sigma_{\bar{x}}^2}{n}\left(1-\frac{n}{N}\right)} = \sqrt{\frac{226.84^2}{486} \times \left(1-\frac{486}{486 \div \frac{1}{5}}\right)} = 9.20(百元)$$

以 95.45% 的概率保证平均每户定期存款 $\bar{x} = \bar{x} \pm \Delta_{\bar{x}} = \bar{x} \pm t\mu_{\bar{x}} = 342.86 \pm 2 \times 9.20$,即在 324.46 百元~361.26 百元。

(2)存款 30 000 元以上户数的比重:

$$p = \frac{200+62+14}{486} = 0.567\,9$$

$$1-p = 1-0.567\,9 = 0.432\,1$$

$$\mu_p = \sqrt{\frac{p(1-p)}{n}\left(1-\frac{n}{N}\right)} = \sqrt{\frac{0.567\,9 \times 0.432\,1}{486}\left(1-\frac{486}{486 \div \frac{1}{5}}\right)} = 1.58\%$$

以 95.45% 的概率保证存款 30 000 元以上户数占全部储蓄数的比重 $P=p\pm\Delta_p=p\pm t\cdot\mu_p=56.79\%\pm2\times1.58\%=56.79\%\pm3.16\%$，即 53.63%～59.95%。

（四）整群抽样

整群抽样也称为分群抽样或集团抽样，是指将总体各单位按某一特定标志划分为若干个群，然后以群为单位按照简单随机抽样或等距抽样的方式抽取部分群，对选中群中的所有单位进行全面调查的一种抽样组织方式。

整群抽样与类型抽样具有某些方面的相似性，如都需要将总体单位进行分组。然而，分组的目的和作用是不同的。在整群抽样中所分的组称为"群"，目的是扩大单位。在抽样时，抽取的基本单位不再是总体中的各个单位，而是所分的群；而在类型抽样中所分的组称为"类"，它的作用在于缩小总体，减小总体中各单位标志值之间的差异。在抽样时，抽取的基本单位仍然是总体单位。

整群抽样的优点是简化了抽样调查的工作程序，且由于其对选中群中的全部基本单位进行全面调查，也使得统计研究工作比较集中。但其局限性也是很明显的，表现在样本单位的分布集中在少数群内，严重影响了总体单位的均匀分配。因此，与其他抽样方式相比，整群抽样的抽样误差较大，所得样本的代表性较低。在统计实践中，这一缺陷主要通过增大样本群的数量来弥补。

（五）多阶段抽样

多阶段抽样又称为多级抽样，是指将抽取样本基本单位的过程划分为几个阶段，然后逐阶段抽取样本基本单位的抽样组织方式。当总体中单位数很多且分布广泛，几乎不可能直接从总体中抽取样本单位时，适合采取多阶段抽样方式。

上面所介绍的简单随机抽样、类型抽样、等距抽样及整群抽样，由于都是直接从总体中抽取样本单位，所以均属于单阶段抽样。若先对总体进行分组，并从中随机选择一些组，然后再从选中的组中随机抽取样本单位，则称为二阶段抽样；若是对总体进行多层次分组，再从随机选中的组中按随机原则抽取样本单位，则称为多阶段抽样。与其他抽样组织方式相比，多阶段抽样具有以下几个优点。

1. 便于组织

在多阶段抽样中，可以现有的行政区划或地理区划作为各阶段的划分标志，从而简化了编制样本框的工作。

2. 方式灵活

在多阶段抽样中，各阶段可以采取以上四种抽样组织方式中的任何一种。通常，在初级阶段多采用类型抽样或等距抽样方式，而在基层阶段多采用等距抽样或简单随机抽样方式。同时，还可以根据各阶段特点的不同，选择不同的抽样比。具体而言，方差大的阶段，相应的抽样比也较大；方差小的阶段，抽样比也可以较小。

3. 可获得各阶段的调查资料

根据最基层抽样获得的数据资料，可以进行逐级抽样估计，进而获得各级的调查资料。

4. 精确度高

多阶段抽样在简化抽样程序的同时，所抽取的样本单位分布较为广泛，所得的样本具有较高的代表性，抽样估计的误差较小，精确度高。

多阶段抽样的缺点是分阶段进行，因此，各阶段抽样估计的误差会发生传递。

单元三　抽样误差及其测定

一、有关基本概念

(一)全及总体和样本

1. 全及总体

全及总体简称总体，即所要调查的研究对象的整体，其由具有某种共同性质的许多单位所组成。全及总体明确了抽样调查的范围，是样本赖以抽样的母体。通常，总体的单位数用 N 表示。

2. 样本

样本也称为抽样总体或子样，是指按照随机原则从全及总体中抽取的一部分单位所构成的集合体。样本中所包含的总体单位数称为样本容量，一般用字母 n 表示。

根据样本容量的大小，可将样本分为大样本和小样本。所谓大样本，是指样本容量大于 30 的样本；反之，就属于小样本。在抽样调查中，得到的样本大多数为大样本。

样本比 $\frac{n}{N}$ 是指样本容量与总体单位数的比值，通常用字母 f 表示。

(二)全及指标与样本指标

1. 全及指标

全及指标又称总体指标或母体参数，是根据全及总体各单位有关标志计算的，反映总体某种属性或数量特征的综合指标。它们是客观存在、唯一且未知的，主要有全及平均数、全及成数和全及标准差。

(1)全及平均数。全及平均数表示总体内各单位某一标志值的一般水平，它在概率中被称为数学期望或总体均值。全及平均数的计算公式如下：

$$\mu = \frac{\sum_{i=1}^{N} x_i}{N}$$

(2)全及成数。全及成数反映总体中具有某种属性的单位数在总体中所占比重。总体中具有某种属性的单位数在总体中所占比重加上不具有某种属性的单位数在总体中所占比重肯定等于 1。全及成数本身也可以进一步计算全及成数平均数和全及成数标准差。一般情况下,设定总体单位数为 N,具有某种属性的单位数为 N_1,不具有某种属性的单位数为 N_0。那么,全及成数的计算公式如下:

$$P = N_1 / N$$

(3)全及标准差。全及标准差反映总体各单位某一标志值的离散程度,从而说明平均数代表的程度大小。标准差的平方称为方差。全及标准差的计算公式如下:

$$\bar{\sigma} = \sqrt{\frac{\sum_{i=1}^{N}(x_i - \mu)^2}{N}}$$

2. 样本指标

样本指标又称抽样指标,是由样本各单位有关标志计算的,反映样本特征,用来估计全及指标的综合指标。常用的样本指标有样本平均数、样本平均数标准差和样本成数。

(1)样本平均数。样本平均数(用 $\bar{x}$ 表示)是由样本各单位的数量标志值进行平均计算所得的指标。其计算公式如下:

$$\bar{x} = \frac{\sum_{i=1}^{n} x_i}{n}$$

(2)样本平均数标准差。样本平均数标准差(用 S 表示)是反映样本各单位数量标志差异程度的指标。其计算公式如下:

$$S = \sqrt{\frac{\sum_{i=1}^{n}(x_i - \bar{x})^2}{n}}$$

(3)样本成数。样本成数(用 p 表示)是反映抽样总体的各单位中具有某种属性的单位在所有单位中所占的比重。在单位数为 n 的样本中,具有某种属性(取值为 1)的单位数为 n_1,其所占比重也就是成数 $p = n_1/n$;不具有某种属性(取值为 0)的单位数为 n_0,其所占比重 $q = n_0/n$,则有

$$\bar{x}_p = \frac{n_1 \times 1 + n_0 \times 0}{n} = p$$

二、非抽样误差和抽样误差

从理论上来说,统计抽样调查中的统计误差主要有非抽样误差和抽样误差。

(1)非抽样误差也称为调查误差,是在调查过程中由于观察、测量、登记、计算上产生的技术性、登记性误差和调查者或被调查者的主观原因造成的原始资料与实际情况不符产生的。这种误差在所有统计调查方式中都有可能产生,不是抽样调查特有的,并且难以计算和控制。

(2)抽样误差是指由于随机抽样的偶然因素使样本各单位的结构不足以代表总体各单位的结构,而引起抽样指标和全及指标之间的绝对离差。

抽样误差可分为以下两种:

1)系统性误差。系统性误差是由于调查人员没有遵守抽样的随机原则,使样本缺乏代表性而产生的误差。如抽取调查单位时,调查者有意识地挑选较好的或较差的单位进行调

查，据此计算的抽样指标数值必然要比全及指标数值偏高或者偏低。

2) 随机误差。随机误差是指在抽样调查过程中，按照随机原则从全及总体中抽取部分单位作为抽样总体，但抽样总体与全及总体在结构上不可能完全一致，抽样指标数值与全及指标数值之间必然存在一定的误差。

采用抽样调查时，调查误差和抽样误差都可能发生。在抽样调查中，只要遵守随机原则，系统性误差可以避免，但随机误差是不可避免的。

扩展阅读

影响抽样误差的因素

一般来说，影响抽样误差的因素有样本容量的大小、总体中各单位标志值变异程度、抽样方法、抽样的组织方式。

(1) 样本容量的大小。样本容量 n 与抽样误差成反比例关系。在其他条件不变的情况下，随着样本容量的越大，所抽取的样本对总体的代表性就越高，抽样误差也就越小。在极端的情况下，当样本容量 n 等于总体容量 N 时，抽样调查就变成了全面调查。此时，抽样误差为零。

(2) 总体中各单位标志值变异程度。抽样误差的大小和总体各单位标志值变动程度的大小成正比。总体标志值变动程度越小，抽样误差也越小；反之，抽样误差就越大。如果总体各单位的标志值表现没有差异，样本指标和总体指标是一致的，就不存在非系统性抽样误差了。

(3) 抽样方法。抽样方法即从总体中随机抽取一部分单位构成样本的方法。

在样本容量一定的前提下，不重复抽样由于避免了样本单位的重复出现，所得到样本的内部结构就更加接近于总体的内部结构，样本对总体的代表性也较好。因此，其抽样误差比重复抽样的抽样误差要小。在实际中，一般也是采用不重复抽样来得到样本，提高抽样估计的准确度。

(4) 抽样的组织方式。抽样的组织方式主要是从样本的代表性方面来影响抽样误差的。一般来说，不同的抽样组织方式，所得样本的代表性是不同的，抽样误差也就不同。在统计实践中，应采取适当的组织方式，提高样本对总体的代表性及抽样估计的精确度。

三、抽样平均误差

抽样平均误差是所有可能的样本指标与全及指标之间误差的平均数。

由于样本是按随机原则抽取的，在同一总体中，按确定的样本容量，可以抽出多个样本，而每次抽取的样本都可以计算出相应的抽样平均数或抽样成数等指标。它们与总体平均数或总体成数之间都存在误差，这些误差有大有小、有正有负，具有不确定性。为了用样本指标推算总体指标，就需要计算这些误差的平均数，以反映抽样误差的一般水平。抽样平均误差反映了抽样指标与总体指标的平均离差程度。抽样平均误差的作用首先表现在它能够说明样本指标代表性的大小。平均误差大，说明样本指标对总体指标的代表性低；反之，则说明样本指标对总体指标的代表性高。

数理统计证明,抽样平均误差与样本容量的平方根成反比,而与总体标准差成正比,且与抽样方法有关。抽样平均误差一般有以下两种:

(1) 重复抽样条件下。

样本平均数的抽样平均误差 $\sigma_{\bar{x}} = \dfrac{S}{\sqrt{n}}$

样本成数的抽样平均误差 $\sigma_{\bar{p}} = \dfrac{\sigma_p}{\sqrt{n}} = \sqrt{\dfrac{p(1-p)}{n}}$

(2) 不重复抽样条件下。

样本平均数的抽样平均误差 $\sigma_{\bar{x}} = \sqrt{\dfrac{S^2}{n}\left(1-\dfrac{n}{N}\right)}$

样本成数的抽样平均误差 $\sigma_{\bar{p}} = \sqrt{\dfrac{p(1-p)}{n}\left(1-\dfrac{n}{N}\right)}$

上述公式中,标准差 σ 和成数 P 是全及标准差 $\bar{\sigma}_x$ 和全及成数 p,由于它们是未知的,一般用样本标准差和样本成数代替;而在实际工作中,当总体单位数 N 很大或者无法掌握总体单位数 N,且抽样比例 (n/N) 很小时,即使采用不重复抽样方法,也可采用重复抽样的计算公式计算抽样平均误差。

四、抽样极限误差

抽样平均误差只是从理论上说明了样本指标与总体指标差异的一般情况,并未衡量样本指标与总体指标之间的绝对误差。一般来说,总体指标是确定的,而样本指标则是一个随机变量,其围绕着总体指标而上下波动。因此,总体指标与样本指标之间存在一个误差范围。

抽样极限误差是指用绝对值形式表示的样本指标与总体指标偏差的可允许的最大范围。抽样极限误差表明被估计的总体指标有希望落在一个以样本指标为基础的可能范围内。抽样极限误差是由抽样指标变动可允许的上限或下限与总体指标之差的绝对值求得的。由于总体平均数和总体成数是未知的,要靠实测的抽样平均数和成数来估计,因而,抽样极限误差的实际意义是推定总体平均数落在抽样平均数的范围内,总体成数落在抽样成数的范围内。

(1) 样本均值的抽样极限误差。样本均值的抽样极限误差是指以绝对值形式表示的样本均值的抽样误差的可能范围。其可用以下公式表示:

$$|\bar{x}-\mu| \leqslant \Delta\bar{x}$$

通过简化,可得如下不等式:

$$\bar{x}-\Delta\bar{x} \leqslant \mu \leqslant \bar{x}+\Delta x$$

上式表明,样本均值是以总体均值 μ 为中心上下波动的,波动范围为 $\mu \pm \Delta x$。

(2) 样本成数的抽样极限误差。样本成数的抽样极限误差是指以绝对值形式表示的样本成数的抽样误差的可能范围。其可用以下公式表示:

$$|p-P| \leqslant \Delta p$$

可变换为如下不等式:

$$p - \Delta p \leqslant P \leqslant p + \Delta p$$

由上式可以看出,样本成数是以总体成数 P 为中心上下波动的,波动范围为 $P \pm \Delta p$。

基于理论要求,抽样极限误差需要用抽样平均误差 $\sigma_{\bar{x}}$ 或 $\sigma_{\bar{p}}$ 为标准单位来衡量,即把极

限误差 Δx 和 Δp 除以相应的 $\sigma_{\bar{x}}$ 或 σ_p，得出相对的误差程度 t 倍。t 称为抽样误差的概率度，于是有：

$$\Delta x = t\sigma_{\bar{x}} \text{ 或 } \Delta p = t\sigma_p$$

对抽样平均数而言，$t = \Delta x \div \sigma_{\bar{x}}$；对抽样成数而言，$t = \Delta p \div \sigma_p$。

概率度越大，抽样误差的允许范围越大，抽样估计的可信度越高；概率度越小，抽样误差的允许范围越小，抽样估计的可信度越低。这时有：

$$\bar{x} - t\sigma_{\bar{x}} \leqslant \bar{X} \leqslant \bar{x} + t\sigma_{\bar{x}}$$

$$p - t\sigma_p \leqslant P \leqslant p + t\sigma_p$$

抽样极限误差的实际意义是希望总体平均数落在以抽样平均数为中心的一定范围内，总体成数落在以抽样成数为中心的一定范围内。

单元四 抽样数目的确定

在开始组织抽样调查之前，确定抽取多少样本个体是个很重要的问题，抽样的数目过少，会使抽查结果出现较大的误差，与预期目标相差甚远；而抽样的数目过多，又会造成人力、财力和时间的浪费。因此，必要抽样数目的确定是组织抽样调查中需要解决的一个重要问题。

必要抽样数目是指在事先给定抽样误差范围条件下，所确定的规模有限、能够反映总体数量特征和接近总体分布状况的样本个体数。

确定必要抽样数目的计算公式可根据极限抽样误差公式推导而来。

1. 简单随机抽样方式平均数的必要抽样数目的计算公式

（1）重复抽样：

$$n = \frac{t^2 \sigma^2}{\Delta^2 x}$$

式中　　$\Delta^2 x$——平均数极限抽样误差。

（2）不重复抽样：

$$n = \frac{t^2 N \sigma^2}{N \Delta^2 x + t^2 \sigma^2}$$

2. 简单随机抽样方式成数的必要抽样数目的计算公式

（1）重复抽样：

$$t = \frac{t^2 p(1-p)}{\Delta^2 p}$$

式中　　$\Delta^2 p$——成数极限抽样误差。

（2）不重复抽样：

$$n = \frac{t^2 N p(1-p)}{N \Delta^2 p + t^2 p(1-p)}$$

必要样本样本数目 n 与总体方差、极限抽样误差、抽样推断的可靠性之间具有下述关系：在其他条件不变的情况下，总体方差越大，必要样本容量 n 便越多，必要样本容量与总体方差成正比;抽样推断的可靠性越高,必要样本容量便越多,两者成正方向关系;极限抽样误差越大,样本容量就越小,两者成反方向关系。

扩展阅读

影响抽样数目的因素

(1)被调查对象标志的差异程度。被调查对象的差异程度越大,必要的抽样数目也越多。

(2)允许误差的数值的大小。允许误差同抽样数目成反比,允许误差越小,抽样数目越多;允许误差越大,抽样数目越少。允许误差的大小主要取决于调查的目的和力量。调查结果要求比较精确,又有掌握抽样调查技术的队伍,允许误差可以缩小一些;反之,允许误差可以放大一些。

(3)对调查结果要求的把握程度。要求的把握程度越大,抽样数目应当多一些;要求的把握程度越小,抽样数目可以少一些。

(4)抽样的方法。在同等条件下,不重复抽样比重复抽样需要的样本数目少。

(5)抽样技术。采用分层抽样和系统抽样方式比简单随机抽样需要的样本数目少。

另外,根据调查经验,调查表的回收率的高低也是影响样本数目的一个重要因素。调查表的回收率通常都很低,采用邮寄调查法则更低,有时回收率超过30%已经属于理想状况了。因此,确定样本数目时应考虑到回收率的问题,在回收率低的情况下应适当加大样本数目。

模块小结

抽样调查也称为样本调查,是按照随机原则,从研究总体的所有单位中,抽取部分单位为样本,然后以对样本的观测或调查结果对总体的数量特征作出具有一定可靠程度和精确度的估计或推断的一种调查方法。抽样调查可分为概率抽样和非概率抽样两类。

概率抽样又称为随机抽样,是指按照随机原则从总体中抽取样本单位的一种抽样方法;非概率抽样又称为非随机抽样,是指从调查的目的或需要出发,根据调查者的经验或判断,有意识地从总体中抽取样本单位的一种抽样方法。重点调查、典型调查及统计实践中的配额抽样等都属于非概率抽样。

抽样估计常用的方法有点估计和区间估计两种。点估计是指以根据样本所得到的统计量直接作为总体参数的估计值的一种估计方法,该方法适用于大样本情况下对总体参数的估计。区间估计是指根据样本统计量和抽样误差,在一定的可靠程度下估计总体参数值的所在范围或区间的一种估计方法。根据对总体单位的分布状况进行加工整理情况的不同,抽样调查的组织方式主要有简单随机抽样、类型抽样、等距抽样、整群抽样及多阶段抽样五种。

模块六　房地产抽样调查

思考与练习

一、填空题

1. _____是指按照随机原则从总体中抽取样本单位的一种抽样方法。
2. _____是指从调查的目的或需要出发，根据调查者的经验或判断，有意识地从总体中抽取样本单位的一种抽样方法。
3. _____是指以根据样本所得到的统计量直接作为总体参数的估计值的一种估计方法，该方法适用于大样本情况下对总体参数的估计。
4. _____就是所要调查的研究对象的整体，由具有某种共同性质的许多单位所组成。
5. _____适用于总体单位数较少的总体，即总体单位数在100以内，而且分布比较集中，可以从全及总体单位中事先确定样本单位号随机抽取。
6. _____是指由于随机抽样的偶然因素使样本各单位的结构不足以代表总体各单位的结构，而引起抽样指标和全及指标之间的绝对离差。
7. _____是所有可能的样本指标与全及指标之间误差的平均数。

二、选择题

1. 抽样法所必须遵循的基本原则是（　　）。
   A. 准确性原则　　　　　　　　B. 随机性原则
   C. 可靠性原则　　　　　　　　D. 灵活性原则
2. （　　）反映总体中具有某种属性的单位数在总体中所占比重。
   A. 全及成数　　B. 全及标准差　　C. 全及指标　　D. 样本指数
3. 常用的样本指数不包括（　　）。
   A. 样本平均数　　　　　　　　B. 样本平均数标准差
   C. 样本成数　　　　　　　　　D. 样本指标
4. （　　）是指先将总体中各单位按照某一特定标志进行排序，然后按照固定的顺序与相同的间隔或抽样比抽取样本单位的抽样组织方式。
   A. 等距抽样　　B. 类型抽样　　C. 整体抽样　　D. 随机抽样

三、简答题

1. 什么是抽样调查？抽样调查具有哪些特征？
2. 抽样调查的适用场合有哪些？
3. 抽样估计常用的方法有哪些？
4. 什么是类型抽样？类型抽样的特点有哪些？
5. 什么是多阶段抽样？与其他抽样组织方式相比，多阶段抽样具有哪些优点？

模块七 相关分析与回归分析

教学目标与考核重点

教学内容	单元一 相关分析基本知识 单元二 一元线性回归分析 单元三 多元线性回归分析	学时	4 学时
教学目标	了解相关关系、函数关系，相关关系与函数关系的区别和联系； 了解一元线性回顾分析的含义，多元线性回归模型的一般形式； 熟悉相关关系的分类、内容； 掌握相关关系的测定、一元线性回归模型及估计标准误差、多元回归模型的预测		
关键词	相关关系、函数关系、简单相关表、分组相关表、绘制相关图简单相关系数、偏相关系数、复相关系数、回归分析、一元线性回归分析、多元线性回归分析		
重点	一元线性回归分析； 多元线性回归分析		
能力目标	能在实践中依据实际资料进行现象之间的相关分析； 能在实践工作中利用回归分析的结果进行预测，并使预测结果服务于实践工作		
素质目标	查阅及整理资料，具有分析问题、解决问题的能力；有效地计划并实施各种工作		

案例导入

著名的经济学家、诺贝尔奖获得者斯蒂格利茨指出，21世纪全球经济的两件大事：一是美国的高科技；二是中国的城镇化。中国的城镇化将是区域经济实力提升、国家竞争力增强的重要途径，同时，也会对全球经济局势产生重要的影响。2016年，我国城市化率达到57.35%，比2010年年底的49.7%增长了7.65%，这标志着中国的人口城镇化已进入加速发展时期。而城市化的发展，有利于提高人们的生活质量，生活质量提高依赖于收入的提高。人总是追求更高的生活质量，生活质量提高又往往意味着服务业的发展、公共服务的进步，而服务业的发展则创造了就业。各经济现象之间往往是相互联系、相互依存的。那么事实是不是如此呢？结合2015年我国31个省、市、自治区的相关数据，可以得到表7-1所示的数据。

模块七 相关分析与回归分析

表 7-1　2015 年中国各地区城镇化指标相关系数矩阵

项目	城镇化率	人均可支配收入	第三产业占 GDP 比重	城镇失业率
城镇化率	1.00			
人均可支配收入	0.90	1.00		
第三产业 GDP 比重	0.60	0.74	1.00	
城镇失业率	−0.40	−0.18	−0.36	1.00

从表 7-1 中不难发现，城镇化率与居民人均可支配收入相关系数达到 0.9，而居民人均可支配收入与第三产业（服务业）产值占 GDP 的比重相关系数也达到 0.74，同时，城镇化率与城镇登记失业率负相关。这也证明了上面的观点。各经济变量之间紧密联系，那么各变量间具体的影响程度如何呢？以城镇化率与人均可支配收入为例，设城镇化率为 x，居民人均可支配收入为 y，代入数据后可得：$\hat{y}=-13\,810+630.65\,x$，说明城镇化率每增加一个百分点，则居民人均可支配收入将平均增加 630.65 元，并且这一方程对居民人均可支配收入所有变差的解释力度达 81.79%。可见城镇化对我国居民生活水平提高是显著有利的。

分析：文中如何运用相关与回归作为处理变量数据之间相关关系的统计方法。

单元一　相关分析基本知识

社会经济现象不是相互孤立的，它们之间存在相互依赖、相互制约的关系，如居民收入的提高对房地产市场需求量的影响、广告宣传对房地产营销的促进等。将客观事物之间的相互联系通过数量关系表现出来，一方面可以掌握它们相互联系的方式，认识现象的发展规律；另一方面，也可以用于预测现象未来的发展规律。

一、相关关系与函数关系

现象之间的数量关系存在两种类型，即相关关系和函数关系。

1. 相关关系

相关关系是指现象间客观存在的、非确定性的对应关系，即当一种现象（自变量）发生某一数量变化时，与其相关的另一现象（因变量）也相应发生数量变化，且会有多个数值与之相对应，表现出一定的波动性和随机性，这种对应关系只可以用一个近似的数学方程式表示。如人均收入与房屋销售额的关系，人均收入影响房屋销售额，但房屋销售额还受人均收入以外的消费心理、市场环境等因素的影响，两者并不是一一对应的关系，而是一种复杂的相互对应的关系，在自变量和因变量之外还有其他现象与它们有关联。

2. 函数关系

函数关系是指现象之间存在严格的数量依存关系，表现为变量之间存在具有确定性的对应关系。在函数关系中，一种现象（自变量）取某一数值时；另一种相关现象（因变量）有完全确定的数值与之对应，这种现象间严格的一一对应的数量依存关系在数学上称为函数关系，且可以通过数学公式表现出来。例如，在每平方米价格一定的情况下，商品房销售额和销售面积之间就存在函数关系。函数关系是一种简单的相互依存关系，在自变量和因变量之外没有其他现象与它们有关联。

函数关系是数学的研究对象，相关关系才是统计学的研究对象。

3. 相关关系与函数关系的区别与联系

作为两种不同类型变量之间的数量关系，一方面，由于观测与测量误差等原因，函数关系往往通过相关关系的形式表现出来；另一方面，为了研究相关关系，通常也需要利用确定的数学表达式来展现变量之间的相关方式及其数量关系。因此，函数关系可以作为相关关系的研究工具。

二、相关关系的分类

依据不同的标准，相关关系可以划分为不同的类型，在统计实践中，相关关系可作如下划分：

（1）按相关的形式可分为线性相关和非线性相关。若某一变量的值随着另一个（几个）变量取值的变化而发生大致均等的变化，在平面直角坐标系中大致呈现出一条直线的相关关系称为线性相关。相反，若某一变量的值随着另一个（几个）变量取值的变化而发生非均等的变化，在平面直角坐标系中呈现出一条曲线的相关关系称为非线性相关。

（2）按所涉及变量值的不同可分为单相关和复相关。若某一变量的值只受另一个变量取值的影响，称两变量间为单相关。如学生的学习成绩与学习时间、可支配收入与消费支出之间就属于单相关关系。若某一变量的值受到另外几个变量取值的影响，称这些变量间为复相关。如某种商品的需求量与其价格、收入水平及替代品的价格之间就属于复相关。

（3）按相关的方向不同可分为正相关和负相关。当一个变量的值与另一个（几个）变量的取值按相同的方向变化时，则称变量之间存在正相关。一般来说，随着居民家庭月可支配收入的提高，居民消费支出也会随之增加。当某一变量的值与另一个（几个）变量的取值按相反的方向变化时，称变量之间存在负相关。如肺癌患者的治愈率与其吸烟时间的长短之间是负相关关系，两者变化方向相反。

（4）按变量之间相关的程度不同可分为不相关、不完全相关和完全相关。若某一变量的值完全不受另一个（几个）变量取值的影响，其数值变化相互独立，则称变量之间不相关。如股票价格与温度之间一般是不相关的；若某一变量的值完全是由另一个（几个）变量的取值所决定时，则称变量之间完全相关。不完全相关是介于不相关与完全相关之间的一种中间状态，是指某一变量的值不仅与另一个（几个）变量的取值有关，而且还受到随机因素的影响。

显然，不相关与完全相关是相关关系中的特例。在现实经济生活中，变量之间的关系往往表现为不完全相关的形式，它是相关分析的主要研究对象。

三、相关分析的内容

研究变量之间的相关关系，主要目的是明确其相互之间相关的紧密程度及变化规律，以便做出判断，进行预测和控制。在实际的统计工作中，相关分析主要包括以下主要内容。

1. 确定相关关系的密切程度

运用定性分析方法，编制相关表、绘制相关图等方法都不能确切地表现变量之间相关的紧密程度。在统计实务中，主要是通过计算相关系数的方法确定变量间相关的紧密程度。若相关系数表明相关关系很紧密，则必须进行相应的回归分析。

2. 建立相关关系的数学表达式

为了确定变量之间数量变化方面的一般关系，通常需要借助数学公式来描述相关关系，进而进行判断、推算及预测。若变量之间存在线性相关，则采用拟合线性方程的方法；若变量之间存在非线性关系，则采取拟合曲线方程的方法。这在统计学中也被称为回归分析。

3. 判断变量之间是否存在相关关系及其表现形式

判断变量之间是否存在相关关系是进行相关分析的重要前提和出发点。若通过定性分析的方法，初步确定变量之间存在相关关系，则可以进一步运用编制相关表、绘制相关图等方法确定变量之间相关关系的表现形式，以便运用相应的相关分析方法进行研究，不至于发生认知上的偏差，得出错误结论。

4. 根据实际值计算变量估计值的误差程度

根据拟合的线性方程或曲线方程，当给定某一个（几个）变量的若干值，可以求出另一个变量相应的若干值。通常，估计值与实际值之间是存在差距的，统计学中用估计标准误差来描述变量估计值误差程度的大小。估计标准误差越大，表明估计值与实际值的差距越大，估计越不准确；相反，估计标准误差越小，表明估计值与实际值的差距越小，估计越准确。估计标准误差的大小一般与被研究变量之间相关关系的紧密程度有密切关系。

四、相关关系的测定

在统计学中，测定相关关系的方法大致有编制相关表、绘制相关图及计算相关系数三种。作为研究相关关系的直观工具，在进行定量分析之前，可以运用相关表和相关图来对变量之间相关关系的方向、形式及紧密程度等做出大致的判断，进而运用相关系数来定量描述变量之间的相关程度。

（一）编制相关表

相关表是一种反映变量之间相关关系的统计表，在定性认识的基础上，把具有相关关系的现象的原始资料按一定顺序排列，以观察它们之间的相互关系。编制对应相关表不仅可以直观地显示现象之间的数量相关关系，而且也是计算相关指标的基础。按照数据资料是否分组来划分，相关表有简单相关表和分组相关表两种。

1. 简单相关表

简单相关表是指未将数据分组，直接将某一变量的取值按照从小到大的顺序排列，再将另一与其相关变量的取值一一对应平行排列所形成的表格。

【例 7-1】 为研究学生周自学小时数与平均成绩的关系，某教师组织学生对全班学生进行抽样调查，收集到表 7-2 所示的原始数据。试为这份数据编制一个简单相关表。

表 7-2　20 名物业管理专业学生周自学小时数与平均成绩数据

学号	周自学小时数/小时	平均成绩/分	学号	周自学小时数/小时	平均成绩/分
01	10	63	11	14	72
02	8	48	12	16	84
03	14	65	13	14	78
04	12	58	14	14	84
05	12	69	15	10	60
06	10	72	16	12	82
07	8	60	17	12	73
08	16	85	18	12	70
09	12	72	19	18	96
10	12	78	20	14	87

解：将周自学小时数按照从小到大的顺序排列，重新编制表格，便可以得到表 7-3 所示的简单相关表。

表 7-3　物业管理专业学生周自学小时数与平均成绩的相关表

学号	周自学小时数/小时	平均成绩/分	学号	周自学小时数/小时	平均成绩/分
02	8	48	17	12	73
07	8	60	18	12	70
01	10	63	03	14	65
06	10	72	11	14	72
15	10	60	13	14	78
04	12	58	14	14	84
05	12	69	20	14	87
09	12	72	08	16	85
10	12	79	12	16	84
16	12	82	19	18	96

从表 7-3 可以看出，随着周自学小时数的增加，学生的平均成绩呈提高的趋势，说明两者之间存在明显的正相关关系。即使在周自学小时数相同的情况下，学生的平均成绩存在差异，但仍然能体现出周自学小时数与学习成绩之间的相关关系。

2. 分组相关表

分组相关表是指将原始数据进行分组，整理而成的相关表。根据分组的情况，分组相关表又有单变量分组相关表和双变量分组相关表之分。

(1) 单变量分组相关表。单变量分组相关表是指在编制分组相关表时，只对具有相关关系的变量中的一个变量进行分组，列出各组频数，对另一个变量不进行分组，并只计算出次数和平均数的一种相关表。

(2) 双变量分组相关表。双变量分组相关表是指在编制相关表时，将具有相关关系的两个变量同时进行分组,一个分组设置在主体栏;另一个分组设置在叙述栏所形成的分组相关表。双变量分组相关表在统计实践中运用得较少。

(二)绘制相关图

相关图又称散点分布图,是以直角坐标系的横轴代表自变量,纵轴代表因变量,将两个变量之间相对应的变量值以坐标点的形式描绘出来,反映两变量之间相关关系的图形。相关图一般绘制为散点图或折线图。

(1)完全相关、不完全相关和不相关的图形表现如图 7-1 所示。

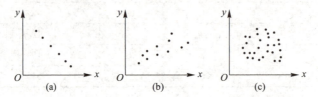

图 7-1　完全相关、不完全相关和不相关的图形表现

(a)完全相关;(b)不完全相关;(c)不相关

(2)正、负相关的图形表现如图 7-2 所示。

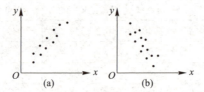

图 7-2　正、负相关的图形表现

(a)正相关;(b)负相关

(3)线性与非线性相关的图形表现如图 7-3 所示。

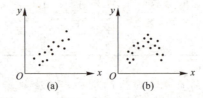

图 7-3　线性与非线性相关的图形表现

(a)线性相关;(b)非线性相关

(三)计算相关系数

相关系数是测定变量之间相关关系密切程度和相关方向的统计指标。其可分为简单相关系数、偏相关系数和复相关系数。这里只介绍简单相关系数。简单相关系数是测定两个变量之间线性相关关系密切程度和相关方向的统计指标,用 r 表示。其计算公式如下:

模块七　相关分析与回归分析

$$r = \frac{\sum(x-\bar{x})(y-\bar{y})}{\sqrt{\sum(x-\bar{x})^2 \sum(y-\bar{y})^2}}$$

式中　$\bar{x}$——变量 x 所对应观测值的算术平均值；

$\bar{y}$——变量 y 所对应观测值的算术平均值。

其中，相关系数 r 的符号决定相关关系的方向，其绝对值的大小决定相关的紧密程度。

1. 相关系数的性质

(1)相关系数能判断两变量之间是否存在线性相关关系及相关的方向和紧密程度，但不能作为判断非线性相关关系的依据。因此，当 $r=0$ 或很小时，只能说两变量之间不存在线性相关关系，而不能说它们不相关。

(2)在计算相关系数时，两变量之间不存在主次关系。

(3)用以计算相关系数的两变量的数据必须是随机抽取的。

(4)相关系数是有正负之分的。相关系数为正，表明两变量之间正相关；相关系数为负，表明两变量之间负相关。

(5)r 的取值范围为 $|r| \leqslant 1$。$|r|$ 越接近于 1，表明两变量之间的线性相关程度越强；$|r|$ 越接近于 0，表明两变量之间的线性相关程度越弱。在统计实践中，一般根据 $|r|$ 的大小将两变量之间线性相关的程度作以下划分：

1)当 $|r|=0$ 时，两变量之间不存在线性相关关系。

2)当 $0 < |r| \leqslant 0.4$ 时，两变量之间线性相关的紧密程度很弱。

3)当 $0.4 < |r| \leqslant 0.7$ 时，两变量之间线性相关的紧密程度显著。

4)当 $0.7 < |r| < 1$ 时，两变量之间高度线性相关。

5)当 $|r|=1$ 时，两变量之间存在完全的线性相关关系。

2. 相关系数的计算

在统计实践中，可以运用公式来计算相关系数，但比较复杂。因此，通常采用以下简便公式来计算相关系数：

$$r = \frac{n\sum xy - \sum x \sum y}{\sqrt{[n\sum x^2 - (\sum x)^2][n\sum y^2 - (\sum y)^2]}}$$

式中　n——样本容量。

3. 相关系数的检验

根据相关系数的计算公式可知，其结果受以下因素影响：

(1)样本的代表性。根据不同的样本计算得到的相关系数一般也是不同的，具有一定的随机性。

(2)样本容量。一般来说，样本容量越大，相关系数的可信度就越高。相反，样本容量越小，相关系数的可信度越低。

因此，在实践中，有必要对相关系数进行显著性检验，以判别样本相关系数是否能够代替总体相关系数。

扩展阅读

相关分析的注意事项

（1）相关系数不能解释两变量之间的因果关系。相关系数只是表明两个变量间互相影响的程度和方向，并不能说明两变量之间是否有因果关系，以及何为因、何为果。即使是在相关系数非常大时，也并不意味着两变量之间具有显著的因果关系。例如，根据一些人的研究，发现抽烟与学习成绩有负相关关系，但不能由此推断是抽烟导致了学习成绩差。

因与果在很多情况下是可以互换的。如研究发现收入水平与股票的持有额正相关，并且可以用收入水平作为解释股票持有额的因素，但是否存在这样的情况，人赚的钱越多，买的股票也越多，而买的股票越多，赚的钱也就越多，何为因？何为果？众所周知，经济增长与人口增长相关，可是究竟是经济增长引起人口增长，还是人口增长引起经济增长呢？不能从相关系数中得出结论。

（2）警惕虚假相关导致的错误结论。有时两变量之间并不存在相关关系，但可能出现较高的相关系数。

如存在另一个共同影响两变量的因素。在时间序列资料中往往会出现这种情况，有人曾对教师薪金的提高和酒价的上涨做了相关分析，计算得到一个较大的相关系数，这是否表明教师薪金提高导致酒的消费量增加，从而导致酒价上涨呢？经分析，事实是由于经济繁荣导致教师薪金和酒价的上涨，而教师薪金增长和酒价之间并没有什么直接关系。

原因的混杂也可能导致错误的结论。如有人做过计算，发现在美国经济学学位越高的人，收入越低，笼统地计算学位与收入之间的相关系数会得到负值。但分别对大学、政府机构、企业各类别计算学位与收入之间的相关系数得到的则是正值，即对同一行业而言，学位高，收入也高。

另外，注意不要在相关关系据以成立的数据范围以外推论这种相关关系仍然保持。例如，雨下得多，农作物长得好，在缺水地区、干旱季节，雨是一种福音，但雨量太大，可能会损害庄稼。又如，广告投入多，销售额上涨，利润增加，但盲目加大广告投入，未必使销售额再增长，利润还可能减少。正相关达到某个极限，就可能变成负相关。这个道理似乎人人都明白，但在分析问题时却容易被忽视。

单元二 一元线性回归分析

一、回归分析的含义

在现代统计学上，回归分析是指对于具有相关关系的变量，根据其相关的形式，选择一个恰当的数学模型（也称为回归方程），用以近似描述变量间的平均变化关系的一种统计分析方法。

通过相关分析可以明确变量之间相关的形式、方向和紧密程度，而通过回归分析可以根据一个(几个)变量的数值或变动来预测另一个变量的数值或变动。

(一)相关分析与回归分析的比较

1. 相关分析与回归分析的联系

(1)相关分析是回归分析的前提和基础。只有在存在相关关系的变量之间才能进行回归分析，且相关的紧密程度越高，回归分析的结果越理想。

(2)回归分析是相关分析的继续和深化。仅仅通过相关分析得到有关变量之间相关关系的形式、方向及紧密程度的信息是远远不够的。只有通过回归分析得到回归方程，才能进行相应的预测和控制，为科学决策做好准备。

2. 相关分析与回归分析的区别

(1)在相关分析中，各个变量之间的地位是平等的，没有主次之分；而在回归分析中，根据研究目的及自身性质的不同，变量被区分为自变量(解释变量)和因变量(被解释变量)两类。

(2)在相关分析中，所有的变量都必须是随机变量；而在回归分析中，解释变量必须是确定性变量，是可以控制的，而被解释变量必须为随机变量。

(二)回归分析的种类

在回归分析实践中，根据统计数据建立起来的回归方程形式多种多样，依据不同的标准，回归分析可分为不同的类型。

(1)按自变量的个数可分为一元回归和多元回归。一元回归是最简单的回归模型，只包含两个变量，其中一个为解释变量，为确定性变量；另一个为被解释变量，其取值受到偶然因素的影响，具有不确定性，为随机变量；多元回归是指回归方程中含有两个或两个以上解释变量的情形。

(2)按回归线形态的不同可分为线性回归和非线性回归。线性回归是指变量之间的变化规律呈线性形式，反映在平面直角坐标系中就是回归线接近于一条直线；非线性回归是指变量之间的变化规律呈非线性关系，表现在平面直角坐标系中就是回归线为一条曲线，如图 7-4 所示。

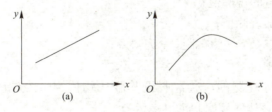

图 7-4　线性回归与非线性回归图示

(a)线性回归；(b)非线性回归

扩展阅读

"回归"一词是由英国生物学家葛尔登（Francis GaCton）首先提出的，他在对遗传学的研究中发现，具有高个双亲的子女和具有矮个双亲的子女，他们的身高均表现出有向一般人平均身高回归的趋势。他在这一研究中建立的数学公式被叫作回归方程式。回归方程式是通过回归分析得出的，回归分析就是指将两个或两个以上的变量之间的紧密的相关关系，利用变量的一些样本数据模拟出一个数学关系式，并据此用一个或几个变量取值去估计另一个变量的取值的统计分析方法。

回归有不同的类别，根据参与回归的变量个数不同，回归有一元回归和多元回归之分，一元回归就是指只有一个因变量和一个自变量的回归，也称简单回归；多元回归则是含有两个或两个以上的自变量和一个因变量的回归，也称复回归。根据回归方程的表现形式分类，则有线性回归和非线性回归之分，线性回归也称直线回归，非线性回归也称曲线回归。其中，简单线性回归是最基本的。

二、一元线性回归分析

一元线性回归是指对具有线性相关关系的两个变量之间数量变化的一般规律进行测定，确定一个与之相应的线性方程，以便进行预测和控制。

一元线性回归分析最大的特点是研究对象只包含两个变量，一个是解释变量；另一个是被解释变量，且两个变量之间具有线性关系。

（一）一元线性回归模型

1. 一元线性回归模型的建立

对于具有线性关系的两个变量，因为受到随机因素的干扰，在建立模型时应考虑随机扰动项 μ_1，即一元线性回归模型可以表示为

$$y_t = a + bx_t + \mu_1$$

式中　y_t——被解释变量的观测值；

x_t——解释变量的观测值；

a，b——待估计参数，a 为截距，b 为斜率；

μ_1——随机扰动项。

在实践中，μ_1 是不可观测的，通常假设其服从均值为 0、方差为 σ^2 的正态分布，即 $\mu_1 \sim N(0, \sigma^2)$。因此，总体线性回归可以表示为

$$E(y) = a + bx$$

一般来说，变量的总体数据往往是不可得到的，得到的只是变量的样本观测值 (x_1, y_1)、(x_2, y_2)、…、(x_n, y_n)。我们可以通过这些样本观测值得到参数 a 和 b 的估计值 $\hat{a}$ 和 $\hat{b}$，进而得到样本回归方程，并以此作为对总体回归方程的估计。样本回归方程也被称为一元线性回归方程，其表达式如下：

$$\hat{y} = \hat{a} + \hat{b}x$$

式中 $\hat{y}$、$\hat{a}$、$\hat{b}$ 分别为 y、a 和 b 的估计值。

2. 参数估计

设 $(x_i, y_i)(i=1, 2, 3, \cdots, n)$ 为两变量的 n 组观测值，对任一给定的 x_i，将其带入上面公式，即可得到 y_i 的估计值 $\hat{y}_i = \hat{a} + \hat{b}x_i(i=1, 2, 3, \cdots, n)$。$\hat{y}_i$ 与其实际观测值 y_i 的差值，即离差为 $y_i - \hat{y}_i = y_i - \hat{a} - \hat{b}x_i(i=1, 2, 3, \cdots, n)$。

根据最小二乘法原理，欲使回归直线与变量的 n 组观测值拟合得最好，就必须使得这些离差的平方和取得最小值，即必须使 $Q = \sum(y-\hat{y})^2 = \sum(y-\hat{a}-\hat{b}x)^2$ 取得最小值。

根据微积分中求极小值的理论，欲取得最小值，只需将上式分别对 $\hat{a}$ 和 $\hat{b}$ 求偏导数，并令其等于 0，最后整理可得：

$$\begin{cases} \sum y = n\hat{a} + \hat{b}\sum x \\ \sum xy = \hat{a}\sum x + \hat{b}\sum x^2 \end{cases}$$

解以上方程组，即可以得到回归参数的估计值分别为

$$\begin{cases} \hat{b} = \dfrac{n\sum xy - \sum x \sum y}{n\sum x^2 - (\sum x)^2} \\ \hat{a} = \bar{y} - \hat{b}\bar{x} \end{cases}$$

（二）一元线性回归的估计标准误差

一般来说，根据一元线性回归方程得到的被解释变量的理论值 $\hat{y}$ 与实际值 y 是有差距的。因此，这便产生了如何衡量估计结果的准确性问题。

一元线性回归的估计标准误差简称为估计标准差，是用来衡量回归直线对相关关系的代表性大小的统计分析指标，是指被解释变量实际值与估计值的平均离差。其计算公式如下：

$$s_e = \sqrt{\dfrac{\sum(y-\hat{y})^2}{n-2}}$$

或者

$$s_e = \sqrt{\dfrac{\sum y^2 - \hat{a}\sum y - \hat{b}\sum xy}{n-2}}$$

式中 $n-2$——自由度；

s_e——估计标准误差。

在实践中，在样本容量比较大的情况下，为了方便计算，可以用 n 代替上面两公式中的 $n-2$，从而得到以下计算公式：

$$s_e = \sqrt{\dfrac{\sum(y-\hat{y})^2}{n}} = \sqrt{\dfrac{\sum y^2 - \hat{a}\sum y - \hat{b}\sum xy}{n}}$$

估计标准差与被解释变量 y 的计量单位应该相同。作为反映平均差异程度和代表性的指标，估计标准差反映了被解释变量的实际值与其估计值之间的平均差异程度，表明了估计值对实际值的代表性的强弱。估计标准差越小，说明被解释变量估计值与实际值的差异越小，估计值对实际值的代表性越强，回归方程估计或预测的精确度越高；估计标准差越

大，说明被解释变量估计值与实际值的差异越大，估计值对实际值的代表性越弱，回归方程估计或预测的精确度越低。

单元三　多元线性回归分析

在现实社会经济活动中，变量之间的关系是错综复杂的，一个变量的变化可能会受到多个因素变化的影响。在这种情况下，为研究变量之间数量变化的规律性，就有必要进行多元线性回归分析。

多元线性回归分析是指在线性相关的条件下，对一个变量受到另外两个或两个以上变量影响的数量变化关系所做的分析。

一、多元线性回归模型的一般形式

多元线性回归模型是在线性相关的条件下，表现一个变量对另外两个或两个以上变量之间数量变化关系的数学公式。其一般形式如下：

$$\hat{y} = b_0 + b_1 x_1 + b_2 x_2 + \cdots + b_k x_k$$

式中　$\hat{y}$——被解释变量，也称为因变量；

x_1、x_2、$\cdots$、x_k——解释变量，也称为自变量；

b_0、b_1、b_2、$\cdots$、b_k——模型的待估计参数。

多元线性回归模型的分析方法和步骤与一元线性回归模型很相似，但符号比较复杂，计算量也相对较大。对模型参数的估计，也是运用最小二乘法，使 $\sum (y - \hat{y})^2$ 取最小值。由于计算量非常大，在统计实践中，一般都运用统计软件来计算待估参数。

二、回归模型的预测

回归模型预测是利用统计回归分析方法，以相关序列为依据建立线性回归模型，将一个自变量或几个自变量的给定值代入回归模型，对因变量可能出现的变动趋势和水平进行预测，回归模型预测在实践中运用甚为广泛。

回归预测考虑了现象间的联系，对提高预测的准确度是有益的，利用回归模型进行预测时应注意以下问题：

（1）对预测对象进行定性分析，确定研究对象具有真实的显著相关关系。建立回归方程前，首先应对预测对象进行定性分析，以判定现象之间是否确实存在因果关系，如定性分析出错，所建立的模型就会失去意义。

（2）对回归系数进行分析。回归预测模型中的回归系数表明自变量对因变量的影响方向和影响程度。

（3）应用相关分析进行预测或估计时，要注意现象的质的界限或结构变形。回归模型的选择是根据观测资料确定的，模型中的参数也是根据相应资料计算出来的。因此，回归模型只能说明变量在一定范围和一定条件下的因果关系。超出这一范围后，模型的函数形式可能发生变化,如由直线变为曲线;或即使是直线,模型中的参数值可能不再符合实际情况。如果这时仍以原模型进行外推预测就会出现较大偏差,甚至得出完全错误的结论。所以,在应用回归模型进行估算时,必须考虑应用条件和现象的结构是否发生变化。

模块小结

相关关系是指现象之间客观存在的、非确定性的对应关系,即当一种现象(自变量)发生某一数量变化时,与其相关的另一现象(因变量)也相应发生数量变化,且会有多个数值与之相对应,表现出一定的波动性和随机性,这种对应关系只可以用一个近似的数学方程式表示。回归分析是指对于具有相关关系的变量,根据其相关的形式,选择一个恰当的数学模型(也称为回归方程),用以近似描述变量间的平均变化关系的一种统计分析方法。

在统计学中,测定相关关系的方法有编制相关表、绘制相关图及计算相关系数三种。

相关表是一种反映变量之间相关关系的统计表,在定性认识的基础上,把具有相关关系的现象的原始资料,按一定顺序排列以观察它们之间的相互关系。

相关图又称散点分布图,是以直角坐标系的横轴代表自变量,纵轴代表因变量,将两个变量之间相对应的变量值以坐标点的形式描绘出来,反映两变量之间相关关系的图形。

相关系数是测定变量之间相关关系密切程度和相关方向的统计指标。

多元线性回归分析是指在线性相关的条件下,对一个变量受到另外两个或两个以上变量影响的数量变化关系所作的分析。

思考与练习

一、填空题

1. _____ 是指将原始数据进行分组,整理而成的相关表。
2. 相关图一般绘制为 _____ 或 _____ 。
3. _____ 是测定变量之间相关关系密切程度和相关方向的统计指标。
4. _____ 是指对于具有相关关系的变量,根据其相关的形式,选择一个恰当的数学模型(也称为回归方程),用以近似描述变量之间的平均变化关系的一种统计分析方法。
5. _____ 是用来衡量回归直线对相关关系的代表性大小的统计分析指标,是指被解释变量实际值与估计值的平均离差。
6. _____ 是指在线性相关的条件下,对一个变量受到另外两个或两个以上变量影响的数量变化关系所作的分析。

二、选择题

1. （　　）是指现象之间存在严格的数量依存关系，表现为变量之间存在具有确定性的对应关系。

　　A. 函数关系　　　　B. 相关关系　　　　C. 线性关系　　　　D. 线性回归关系

2. 在实际的统计工作中，相关分析主要内容不包括（　　）。

　　A. 确定相关关系的密切程度

　　B. 建立相关关系的等级表达式

　　C. 判断变量之间是否存在相关关系及其表现形式

　　D. 根据实际值计算变量估计值的误差程度

3. 在统计学中，测定相关关系的方法不包括（　　）。

　　A. 编制相关表　　B. 绘制相关图　　C. 计算相关系数　　D. 统计相关系数

三、简答题

1. 现象之间的数量关系存在哪两种类型？
2. 依据不同的标准，相关关系可以划分为不同的类型，在统计实践中，相关关系如何划分？
3. 相关分析与回归分析的联系和区别有哪些？
4. 什么是一元线性回归分析？一元线性回归分析的最大特点是什么？

模块八 房地产市场统计

教学目标与考核重点

教学内容	单元一　房地产市场基本知识 单元二　房地产市场需求和供给统计 单元三　房地产市场竞争状况统计	学时	4学时
教学目标	了解房地产市场的特征； 熟悉房地产市场的类型及构成要素、房地产市场需求、房地产市场供给； 熟悉房地产市场的运行过程、运行机制； 掌握房地产供求平衡分析、房地产市场竞争状况统计指标		
关键词	房地产市场、市场主体、市场客体、市场组织形式、房地产需求、房地产供给房地产供求平衡、房地产供求机制、房地产价格机制、房地产竞争机制整体市场占有率、相对市场占有率、对比市场占有率		
重点	房地产市场需求； 房地产供给统计房； 地产市场竞争状况统计指标		
能力目标	根据曲线图，能拿分析房地产供求平衡分析； 根据房地产市场竞争状况统计指标，能进行房地产市场竞争状况的统计		
素质目标	具有良好的工作态度，遇到问题，分析问题，解决问题；具有吃苦耐劳、爱岗敬业的职业精神		

案例导入

M公司拟在W市的H区投资开发商品住宅项目，经调查分析，得出市场研究报告如下。

1. W市房地产供给状况分析

（1）规模特征。供应量大，竞争激烈。2006年，W市有形市场投入资金为58.9亿元，储备土地16 954亩；供应房地产开发土地35宗2 618亩，比上年增长107%；交易实现金额41.04亿元，比上年增长137%。由于住房分配货币化政策全面实施及旧城改造、户籍管理制度改革等因素，以及居民住房需求从生存型向舒适型转变，卖旧买新、卖小买大、卖劣买优的住房梯次替换消费方式形成，促成W市房地产市场的发展稳步上升，W市房地产供应量迅速扩大。

(2)区域分布特征。普通住宅在各区域都有分布，其中近郊区住宅面积远大于城区。

2. W市房地产需求状况分析

(1)从城市发展规划看W市的商品房需求。按2010年达到小康居住水平人均建筑面积30 m² 测算，6年后共需新增住房面积4 740万 m²[(30－23.93)×781.19]，年均新增住房面积677万 m²。

(2)从旧城改造看我市的商品房需求。旧城改造规模的大小，对W市的住宅需求量有着较大的影响，近年来W市启动了旧城改造成片规划开发，按1∶1.5拆旧买新比例估算，新增住宅需求320万 m²，按三年到位计算，平均每年可以带来100万 m² 左右的新房购买需求。

(3)从投资性购房看W市的商品房需求。2006年W市房地产市场分析报告显示，购房以自住为主的占99.2%；投资型购房占0.8%，占比很小。近年来商业地产在W市的开发与销售开始火爆，证明投资型置业理念已经在W市购房者心目中逐渐普及。商业地产项目，其产品的独特性质使其较之住宅，更具备投资型物业的价值，商业地产投资已成为个人投资者选择的可能。投资型购房占比如提高一个百分点，可带来50万 m² 的商品房需求。

(4)从外来购买力看W市的商品房需求。从外地居民购房来看，2006年的W市房地产市场分析报告显示，本地居民购房占90.5%，外地居民购房占9.5%，说明W市楼市仍以内部消费为主，外来购买力潜力很大。

3. W市居民购买力分析

随着福利分房的结束，住房补贴制度的逐步完善，居民消费能力的提高，住房金融的飞速发展，W市商品房的销售前景十分广阔。

(1)从资金来源来看商品房购买力。2006年年末储蓄存款余额高达1 285.53亿元，全市历年累计归集公积金总额已达45.03亿元，说明居民具有相当强的购房实力。2006年，W市城乡居民储蓄存款比上年增加205.5亿元，而个人购买商品房金额为103.2亿元，可见即使居民购房金额再翻一番对储蓄存款的冲击也不是很大。

(2)从居民收入来看商品房购买力。2006年，W市城区居民年人均可支配收入达到8 524.52元，比上年增长9%；人均消费性支出7 251.32元，比上年增长6.1%，表明居民购买力在不断增强。

(3)从住房金融来看商品房购买力。2006年年末，W市个人住房贷款余额200.8亿元，比上年增加79.64亿元，有64%的购房人从中受益，而且贷款买房的比例还在上升中，预计到2007年有80%以上的购房者是以贷款的形式购房，住房金融为居民强大的购买力提供了有力的保障。

(4)从外地居民购房来看商品房购买力。W市外来购买力潜力很大：随着W市经济的发展、投资环境的改善，会吸引更多人来W市创业投资，同时也会来购房置业，如果外来人员购房占比增加一成，就能带来W市数十亿元的房地产商机。

总之，随着城市经济的综合发展，受拆迁力度的加大和外来人口迁入及购房置业投资的增加等因素的影响，预计W市房地产市场将进一步升温。

模块八 房地产市场统计

4. W 市商品房价格分析

随着商品房持续旺销，商品房平均销售价格呈上涨的态势。2006 年，W 市商品房销售面积增长 20.75%，而销售金额增长 29.5%，说明单价增长幅度较大。但各区的情况也不平均，住宅均价最高的 J 区为 5 685.63 元/m²，均价最低的 Q 区为 2 863.8 元/m²。

2006 年，全国写字楼平均售价下降 1.4%，而 W 市逆向而上，上涨了 4.3%，显示 W 市写字楼市场出现消费更新的现象，新建写字楼受到中、小企业的青睐，销售率攀升。"商住两用"受开发商青睐，需求改变供应结构。

W 市经济的快速发展，将会进一步提高市民人均收入水平和收入预期，从而增加居民的购房能力，使房价上升。同时，住宅产业化进程的加快，促使住宅产品综合品质的提高，也会促使房地产价格的上涨。

分析：根据上述供求关系调查和分析，本项目具有哪些优势？

单元一　房地产市场基本知识

市场是社会生产分工和商品交换的产物，是连接商品生产者与商品消费者的桥梁。市场有四重含义：一是指商品交易的场所；二是指买卖双方共同决定商品、劳务的价格和交易数量的机制；三是指商品交换关系的总和；四是指资源配置的一种手段，与"计划"手段相对应。

房地产市场是使房地产的买卖双方走到一起，并就某宗房地产的交易价格达成一致的任何安排。它同样包括一般市场的四重含义。与一般市场相同，房地产市场也是由买卖双方、房地产商品及价格等市场要素按一定的交易方式构成的。

一、房地产市场的特征

房地产市场包括房产市场和地产市场。其含义有狭义和广义之分。狭义的房地产市场是指房地产商品买卖或交换的有形场所，主要是房地产交易所；广义的房地产市场是指房地产商品交换关系的相关活动，也就是房地产流通领域。广义的房地产市场涵盖房屋所有权的买卖、租赁、抵押、典当、产权交换和土地使用权的有偿出让与转让等过程。本书所说的房地产市场通常指的是广义的房地产市场。广义的房地产市场具有以下主要特征：

(1) 由于房地产商品具有固定性，房地产市场交易的实质不可能是房地产实物本身，而是附属于房地产实物之上的各种产权。

(2) 房地产市场基本上是一种区域性市场。这是由于房地产商品的交易受地域局限大，其供求基本上局限在一定区域之内，因而很难形成一个全国统一的单一市场。

(3) 房地产市场价格具有趋升性，这是由房地产商品本身的特点决定的，与一般商品市场的价格是不完全相同的。

(4) 市场交易中介人服务的广泛需要。由于房地产商品差异性大，交易中涉及许多复杂的综合技术，因而单靠买卖双方往往是难以完成交易的，需要各种中介人提供广泛的服务。

(5) 由于房地产商品具有保值增值性，房地产市场交易体现了消费与投资的双重性。

二、房地产市场的类型

根据划分标准和角度的不同，可以对房地产市场作如下划分：

(1)按交易的客体种类不同，可分为土地（地产）市场和房屋（房产）市场、物业管理市场、房地产中介服务市场、房地产金融市场等。

(2)按用途的不同划分，可分为住宅市场、写字楼市场、商业楼房市场、工业厂房市场、仓库市场、特殊用途房地产市场。每一类又可以进一步细分，如住宅市场可细分为普通住宅市场、高级公寓市场、别墅市场等。

(3)按照市场层次划分，可分为一级市场、二级市场和三级市场。房地产一级市场是由国家垄断的土地市场，主要是国家以土地所有者身份将土地有期、有偿地出让给房地产公司或企事业单位，是土地所有者与使用者之间的纵向交易市场；房地产二级市场是取得土地使用权或经营权的房地产开发公司，将开发后的土地连同地上建筑物转让给使用者的转移市场，是土地经营者与土地使用者的纵向流通市场；房地产三级市场是土地使用者将其取得的一定年限的土地使用权和房产再转让市场，是使用者相互之间的横向交易市场。

(4)按交易物的性质划分，可分为实体类房地产市场和非实体类房地产市场。前者是指房屋及土地的实物交易市场；后者是指与房地产的生产、流通、分配、消费相关的劳务、技术及资金和信息等市场，如物业管理市场、房地产中介服务市场。

(5)按房地产市场客体范围的不同，可分为国际房地产市场、全国房地产市场和地区房地产市场。国际房地产市场是指在不同国家、地区之间进行的房地产交易市场；全国房地产市场是指在一国范围内的房地产交易市场；地区房地产市场是指在一定地区范围，一般以城市为界的房地产交易市场。

三、房地产市场的构成要素

房地产市场的构成要素主要包括市场主体、市场客体、市场组织形式。

1. 市场主体

房地产市场的主体即房地产市场的参与者，主要由市场中的买卖双方及为其提供支持和服务的人员与机构组成。这些参与者分别涉及房地产的开发建设过程、交易过程和使用过程。每个过程内的每一项活动，都是由一系列不同的参与者来分别完成的，其中包括买方主体、卖方主体及市场中介人。

2. 市场客体

房地产市场的客体是指房地产交易的对象，即房地产商品，包括土地、房屋（附属设施设备）及其相关服务。其是房地产市场的交易对象和物质基础。由于房地产商品在流通过程中，流通或转移的不是商品实体自身，而是房地产的产权和权利。所以，房地产产权在市场运行中的变换，就构成了房地产市场的客体。

3. 市场组织形式

房地产市场组织形式可分为"有形"的房地产交易所和"无形"的场外市场。

扩展阅读

房地产市场在市场体系中的地位和作用

房地产市场是市场体系中不可缺少的一个重要组成部分，与消费品市场、生产资料市场、金融市场、劳动力市场联系密切、相互作用，并促进市场结构均衡。

1. 房地产市场与消费品市场

房地产市场中的住房市场是消费品市场的组成部分，没有住房市场，消费品市场是不完整的。住房只有进入市场进行交换，形成完整的消费市场，才能引导居民合理消费，形成合理的消费结构。

2. 房地产市场与生产资料市场

在房地产生产中约70%的建筑成本为建筑材料的转移价值，除建材外，还涉及冶金、化工、木材、机械等行业的几十种产品和几千个品种，是各产业部门中物资消耗最多的部门之一。生产资料市场的供求和价格波动，在很大程度上受房屋建筑施工的影响。

3. 房地产市场与劳动力市场

房地产市场与劳动力市场密切相关，房地产市场中的建筑施工、拆迁、装修、物业管理等领域活动广泛，手工操作所占比重大，可以容纳较多的劳动力。房地产市场是开发利用、合理配置我国人力资源的重要途径。它的兴旺发达，可以增大对劳动力市场的需求，减轻劳动力市场供给的巨大压力，对吸纳城镇劳动力就业、引导农村剩余劳动力向城镇有序流动具有重要的作用。

4. 房地产市场与金融市场

房地产市场与金融市场密不可分，它们相互依赖、相互促进、共同发展。房地产市场中的土地投资、房地产开发、建筑施工、房产交易等都需要金融市场为其提供资金，通过资金筹集、融通、管理、结算等维持房地产市场的运行。通常，房地产业资金需求量大，需要银行等金融机构广开渠道，采取多种方式筹集资金，为房地产市场增加活力。房地产业生产周期长，经营环节多，要求金融机构提供多种结算业务，以保证房地产市场健康运行。金融市场也需要房地产市场具有较大的资金容纳程度和吞吐能力，使其成为银行等金融机构充实资金力量、开拓业务领域的重要阵地。

房地产市场，一方面在生产、分配、交换、消费各个阶段都有大量暂时闲置的资金，形成巨额的沉淀，是金融市场的供应来源；另一方面又对资金有长期、稳定的大量需求，是金融市场信贷投放的重要对象。金融市场对房地产市场的大举介入，既可以增加存款、增强资金实力，又可以扩大贷款范围，发展信贷业务，在支持、配合房地产市场发展的同时，自身也得到了发展。随着国有和地区经济的发展，房地产市场和金融市场的交融越来越深，进而形成房地产金融市场。

单元二　房地产市场需求和供给统计

需求是指在一定时期内，一定的价格水平下，消费者愿意而且能够购买的商品或劳务；供给是指在一定时期内，一定的价格水平下，生产者愿意而且能够提供出售的商品或劳务。生产者在一定时期内，提供一定数量的商品时，所愿意接受的商品价格，称为供给价格。

一、房地产市场需求

从微观角度看，房地产需求是指消费者在特定时期，在每一价格水平上愿意而且能够购买的房地产商品或劳务的数量，也可以叫作房地产市场需求，也即房地产的有效需求；从宏观角度看，房地产需求是指房地产总需求，即某一时期全社会房地产需求的总量。

(一) 房地产需求的层次

房地产需求一般可分为以下四个层次：

(1) 房地产的边界需求。房地产的边界需求是使现有开发能力处在充分使用状态的需求。当房地产需求处在边界需求时，资源系统就不存在可以利用又没有利用的闲置资源。在经济运行中，现实需求恰好等于边界需求的情况是很少见的。如果现实需求大大超过边界需求，就是总量膨胀型需求；反之，现实需求远远小于边界需求，就是总量不足型需求。边界需求是长期分析中总需求的运动起点。

(2) 房地产的现实需求。房地产的现实需求是购买者当期能够实现的需求，这部分需求直接参与了现实经济运行，是与现实供给相对应的一对供求概念，也是短期分析的总需求。当期没有实现的需求暂时沉淀下来，称为意愿沉淀需求，当需求的增加带来相应量的供给时，称为有效需求。

(3) 房地产已实现的需求。房地产已实现的需求是需求运动的终点。从现实需求到已实现的需求，中间需要一个交易过程。

(4) 房地产的可能需求。房地产的可能需求是借助于货币形式所形成的总需求。它不可能全部形成现实需求，总会有一部分变成意愿沉淀需求。

(二) 土地需求

土地需求是指人类在一定历史阶段为了生存和发展，进行各种生产和生活活动时对土地的需求总量。随着社会经济的发展，人类社会对土地的需求从简单到复杂，从单一到多样化。

1. 土地需求的种类

人类对土地的需求包括农业用地需求和非农业用地需求两大类。

(1) 农业用地需求。农业用地需求是指人类在光、热、水、动物、植物、微生物等方面对土地的需求。它为人类提供食物、衣料及其他原料的需求。在农业用地需求中，耕地需求是最主要的需求，其次是林地、草地需求。影响耕地需求的因素主要有人口、土地生产率、国民经济发展状况等。人类对林地的需求，主要取决于两点：一是对木材的需求；二是林木的生态功能。草地在人类生活中也不可忽视，人们对草地的需求，不只因为它能提供畜产品，更重要的还在于它能保护土地资源，维持生态平衡。

（2）非农业用地需求。非农业用地需求是指人类在科学、文化、教育、住宅、道路及各种设施等方面对土地的需求。非农业用地需求会随着社会生产力水平的提高而增加。随着社会生产力水平的提高，人们对生活必需品的需求在整个需求中的比重下降了，而相应提高了交通、安全、娱乐、发展资料等方面需求的比重。

2. 影响土地需求的因素

影响土地需求的因素包括：自然地理位置；经济区位的重要性；土地资源特点；土地利用现状；土地利用变化规律；科学技术因素；行业用地发展建设；土地供需矛盾；人民生活需求；土地利用总体规划等。

当一个城市土地需求一定时，土地区位条件决定了城市内部土地供需的空间分配，而影响市场土地需求的基本因素是城市的经济水平。经济水平的提高会促进社会对住房及各类商品的需求。

（三）房屋需求

房屋需求是指一定时期内人们以有偿方式愿意承租和购买房屋的数量。其是一种有支付能力的需求。房屋需求在房地产经济运行中占据非常重要的地位，是房屋生产的出发点，也是房屋供给的归宿。

1. 房屋需求的分类

人们对房屋的需求有两类，即住房需求和非住房需求。

（1）住房需求。住房需求是人们消费需求的一个重要方面，人们除吃、穿外，最基本的需求就是住房。没有住房就无栖身之处，人们便无法生存和工作。人们对住房的需求既有生理的需求，又有道德和娱乐的需求。在满足了能够有房子住的条件后，随着人们生活水平的提高，人们就要求住得宽敞舒适一些，就会要求增加住房面积，提高住房质量（包括室内装潢、设施的高级化等）。有了宽敞、高质量的住房以后，人们还会要求有别墅，供疗养、度假休息使用。

（2）非住房需求。非住房需求包括厂房、仓库、商店、饭店、办公楼等用于生产经营活动的房屋需求。非住房需求的数量会随着社会生产力水平的提高而提高。社会生产力水平的提高，意味着生产经营活动场所的扩大，即非住房需求的扩大。例如，对办公室工作条件的要求，外出旅游、开会、联系业务对饭店等用房的要求都会有所增加。

2. 房屋需求的影响因素

影响房屋需求的因素是多方面的，主要的影响因素有人口增减、家庭人口结构变化、结婚人数变化、收入水平变化、其他生产资料和消费资料价格的变化等。在房租和其他条件不变的前提下，人口增加，房屋需求量随之增加；人口减少，房屋需求量随之减少。

由于房屋需求是一种有支付能力的需求，因此，房屋需求与房屋价格（房租）必然存在一定关系。在其他条件不变的前提下，房价或房租升高，人们对房屋的需求量会相应减少；房价或房租降低，人们对房屋的需求量会相应增加。

扩展阅读

房地产需求的特点

(1) 多样性。房地产需求的多样性是由房地产本身的多样性造成的。房地产商品属于特征商品，即由于位置的不同与楼层、朝向、户型、功能等差异，房地产具有多样性。另外，由于不同消费者收入水平不同，文化程度、职业、年龄、生活习惯等都不同，形成了不同的兴趣、偏好，对房地产的需求进一步形成了多样性。

(2) 区域性。房地产具有不可移动性，不可能像其他商品那样从一个地区调往另一个地区。一个地区（如一个城市）的房地产需求基本上来自这个地区（城市）的工商企业及居民，中、小城市的房地产需求的区域性则更加明显。房地产需求的区域性还表现在同一城市的不同地段，其房地产需求的差异性很大，特别是商业用房和服务业用房，在城市黄金地段，即使价格较高，需求仍然不减；在偏远地段，即使价格较低，需求却仍然不旺。不了解房地产需求的区域性，开发商品房就会出现盲目性。

(3) 双重性。房地产需求的双重性是指房地产既可以作为消费品，也可以作为投资品的特点，即可分为房地产消费需求和房地产投资需求两大类。一方面，房地产可分为住宅等消费品及商业、工业用房等投资品两大类，对前一类房地产的需求属于消费性需求，对后一类房地产的需求则属于投资需求（生产性需求）；另一方面，具体到住宅等消费品的需求，实际上也包括消费性需求和投资性需求两个方面。前者购买住宅是以自住为主，当然也要考虑住宅的升值因素；后者购买住宅则是以投资（租赁、出售）为主，以获取收益为最终目的。因此，研究房地产需求应该分不同物业类型进行，而住宅商品投资性需求的重要性也是显而易见的。

(4) 可替代性。房地产需求的可替代性包含以下三个方面内容：

1) 在一定区域内，在同一供需圈内，尽管没有完全相同的两个房地产，但是房地产商品在一定程度上是可以相互替代的。当然，这种替代性与其他普通商品相比要有限得多。

2) 特别需要注意的一点是，房地产的租赁和买卖，也即人们通常所说的买房和租房是可以相互替代的。当购买力不足或不需要购买（如短期暂时居住）时，就可以考虑租赁房地产而不是购买。这样，出租的房地产与出售的房地产之间就具有较强的可替代性，在成熟的市场经济中，房地产的买卖价格和租赁价格之间有一个合适的比例关系。

3) 从房地产的投资需求看，房地产作为一种投资工具，如果其投资收益下降，那么投资者可以转向股票、债券、期货等其他投资工具。从投资角度看，房地产商品与其他商品之间是可以替代的。

二、房地产市场供给

从微观角度看，房地产供给是指生产者在某一特定时期，在每一价格水平上愿意而且能够提供的房地产商品或劳务的数量，也可叫作房地产市场供给。从宏观角度看，房地产供给是指房地产总供给，即某一时期全社会房地产供给的数量，既包括以公顷、幢、平方米等为单位的房地产实物总量，也包括以元、万元等为单位的房地产价格总量。

(一)房地产供给的层次

房地产供给一般可分为以下层次：

(1)房地产的边界供给。房地产的边界供给是指现实经济运行中已形成的供给。其是以一定制度和技术条件下利用现有资源可能开发出的最大房地产供应量为最后边界，因此，房地产的边界供给也可以理解为最大开发能力限制下的供应量。

(2)房地产的可能供给。房地产的可能供给是指一定时期内社会正在开发和已经开发出来的房地产总量。其主要包括已经开工、在建和已竣工尚未交付使用的房屋建筑数量，已搞好"三通一平""七通一平"或已成片开发的建筑用地数量。房地产的可能供给随时可进入市场，是房地产总供给的原始来源，但它不可能全部成为现实的供给，总有一部分形成滞存。

(3)房地产的现实供给。房地产的现实供给是指已进入流通领域，可供销售和出租的供给。由于并不是所有的现实供给都能符合需求者的意愿，所以，现实供给可分为有效供给和非意愿性替代供给。有效供给是指那些与有相应支付能力的房地产购买(或承租)者的意愿性需求相一致的供给；非意愿性替代供给是指那些虽不能满足购买(或承租)者的初始需求，但仍能卖(或租)出的供给。有效供给占现实供给的比重，可以反映资源利用的效率，它与非意愿性替代供给一起通过交易过程成为已实现的房地产供给。

(4)已实现的房地产供给。已实现的房地产供给是供给的最后阶段，它意味着房地产供给的价值和使用价值的最终实现，包含着一定量的有效供给和非意愿性替代供给。由有效供给变成已实现的供给，必须经过一个现实的交易过程，发生实际的购买或承租行为，并使房地产使用权或所有权发生转移。因此，有效供给是一个事先性的供给概念，而已实现的供给是一个事后性的供给概念。

(二)土地供给

土地并非全部都可以被人们所利用，土地是否可以利用是由土地自身的使用价值决定的。土地的使用价值取决于土地的地理位置、地形地貌、土质、水文地质条件、植被、交通条件等多种因素。土地供给一般是指可利用土地的供给，即地球所能提供给人类利用的各种生产和生活用地。

1. 土地供给的分类

可供人们利用的土地才能称为土地供给，土地供给一般可分为自然供给和经济供给两种。

(1)土地自然供给是指可供人们利用的土地数量，包括已被利用的土地和未来可供利用的土地资源。我国的土地资源按利用情况的不同，主要有耕地、草原、森林、沙漠与戈壁等。

(2)土地经济供给是指在土地自然供给基础上，通过投入资金和劳动加以改造，可供人们直接利用的土地数量。其可以通过开垦荒地、排除积水、填湖造地等土地开发活动增加土地数量，但自然灾害或人为因素也可能造成土地经营供给量的减少。土地的自然供给是一定的，人类难以或无法增加土地的自然供给，但它是土地经济供给的基础。土地经济供给可以在土地自然供给范围内变动，是一个变量。

2. 影响土地供给的因素

土地的自然供给是土地的自然属性决定的，不受人为因素和其他社会经济因素的影响；

而经济供给是在土地自然供给的基础上，投入人类劳动后，成为人类可直接用于生产、生活的土地供给。土地由自然供给变成土地经济供给后，才能为人类所利用。影响土地经济供给的因素主要包括以下几个方面：

(1)各类土地的自然供给量。各类土地的自然供给量主要包括可供开发的土地数量、土地特征、土地形状和土地供应方式等。这方面主要受冰川化、风化和雨水冲刷的影响：冰川造成土地寒冷变质；风化是岩石风化；雨水冲刷导致水土流失。某些土地特征决定其用途范围。自然供给的土地用途形成经济供给的基础和前提。

(2)土地制度及土地利用规划。土地制度及土地利用规划应制订要求开发和利用新的、生产力较低的、位置较为不利的和难以开垦的土地的长远计划，使这类计划得以实现，增加土地经济供给。

在一定时间内，土地经济供给与土地价格(地租)存在一定关系。一般来说，在地租水平不太高时，地租升高，会引起土地经济供给的增加；相反，地租下降，会引起土地经济供给的减少。但是，土地的经济供给量是有限的，不会随着地租的升高而无限制地增加，当地租超过某一水平后，土地经济供给量就不会再增加。

(3)土地开发利用能力的提高。人类利用土地的方式和技能、交通条件、土地利用的集约度、社会经济发展需求变化、土地用途的变化和工业与科学技术的发展等。土地整理是人类通过利用土地条件的变化来改变影响土地经济供给的因素，从而提高土地经济供给的能力和数量。科学技术的进步使原来未被人类利用的土地可以经过开发以后加以利用，或使原来使用效益不高的土地变为使用效益较高的土地。这就会增加土地经济供给。

(三)房屋供给

房屋供给是指一定时期内人们愿意提供给市场交易的房屋量得到。房屋供给量的大小是满足房屋需求的物质基础和条件，没有房屋供给，房屋需求就不能得到满足。但反过来房屋需求也会对房屋供给产生影响，在一定程度上决定着房屋的供给。如大家庭数量相对减少，小家庭数量相对增加，引起对大单元住房需求减少，对小单元住房需求增加，反映到房屋供给，就会促使住房生产者或供给者多生产小单元住房。随着社会生产力水平的提高和人们物质文化生活的改善，对房屋的需求向宽敞化、高标准化方向发展，反映到房屋供给，就要求房屋生产者和供给者建设与之相适应的房屋。

在房屋市场中，房屋供给主要是由开发商的市场利益机制决定的，完全受市场因素影响，具有很大的供给弹性。从房地产开发角度来看，影响房屋供给变动的因素主要有建造房屋的工人劳动生产率、房屋建筑材料价格和土地价格等。

扩展阅读

房地产供给的特点及影响因素

1. 房地产供给的特点

由于房地产本身具有特殊性，所以，房地产供给具有以下显著特点：

(1)缺乏弹性。与一般商品供给相比，房地产供给缺乏弹性，也即通常所说的房地产供给的刚性。首先，土地的自然供给是土地天然可供人类利用的部分，它是有限、相对稳定的，土地的自然供给没有弹性。土地的经济供给是指在自然供给基础上，经过开发以后成为人类可直接用于生产、生活各种用途的土地供给。土地的经济供给有一定的弹性，但由于受自然供给的制约，其弹性是很小的。总的来说，作为房地产基础的土地，其供给缺乏弹性，是刚性的。其次，由于房地产的开发建设周期长，在短期内房地产很难直接、迅速地被生产出来；同时，其他用途的房地产也很难直接转换过来，这样，短期的房地产供给就是一个既定的、不变的量。从长期来看，房地产的开发也要受土地有限性的制约。因此，房地产供给缺乏弹性。

（2）层次性。房地产供给具有层次性。房地产的层次性是由房地产开发、建设的长期性所造成的。房地产开发建设的周期比较长，在市场的一个时点上，即在截面上看，存在着不同层次的房地产供给。房地产供给可分为以下三个层次：

1）现实供给层次，即已经进入流通领域，可以随时销售或出租的房地产，又称房地产上市量。其主要部分是现房，也包括期房。这是房地产供给的主导和基本的层次。

2）储备供给层次，即可以进入市场但是房地产生产者出于一定考虑（如房地产开发商或销售商的市场营销手段和策略）暂时储备起来不上市的这部分房地产。需要注意的是，这种储备供给层次的房地产与通常所说的空置房不同。

3）潜在供给层次，即已经开工正在建造的或者已竣工而未交付使用的未上市房地产，以及一部分过去属于划拨或福利分配的但在未来可能进入市场的房地产。

房地产的三个供给层次处于动态变化和转换过程中。

（3）滞后性。房地产商品的价值量大而且生产开发周期长，短则一两年，长则数年。较长的生产周期决定了房地产供给相对于需求的变化存在着滞后性，短期内房地产供给是固定的，长期来看房地产供给的弹性也有限，远跟不上需求的变化。一方面，房地产供给的滞后性导致了房地产投资的高风险性。房地产生产者往往依据现时的房地产市场状况制订开发计划，但当房屋建成投入市场时，市场则很可能已经发生变化，由此造成积压和滞销。因此，对未来宏观经济形势和房地产市场变化的预测非常重要，对房地产市场调查及可行性研究的要求也很高。另一方面，房地产供给的滞后性也是引起房地产市场周期的重要原因。

2. 影响房地产供给的因素

从长期供给趋势来看，影响房地产总供给的主要因素是价格因素、房地产投资来源及数量、企业素质、房地产交易条件、房地产开发成本、税收及非市场供应因素的转轨。

（1）价格因素。房地产售价和租金的涨落是供求关系变动的反映，同时，价格的波动又刺激了新一轮供给与需求。与其他商品一样，价格越高，供给量也越多。虽然房地产供给价格弹性小于一般工业产品，但供给还是会随着价格波动发生相应的变化。由于房地产供给的滞后性，房产价格上扬不一定马上表现为市场上房屋供应量的增加，往往会表现为一二级市场中土地需求的增加，在下一个生产周期完成后才表现为房屋供应量的增加。

由于房地产市场信息不充分的特性，价格信号对市场供求关系的反应也是滞后的，特别是当市场供大于求、房屋空置面积增多时，价格要持续一段时间才会下调，供给的减少首先表现为初始投入的减少，而在建工程只能维持工程进度，已建成的项目只能进入市场待价而沽。

（2）房地产投资来源及数量。房地产供给是以房地产开发为基础的，而房地产开发的规模、速度和总量又受到房地产投资来源和投资规模的制约。房地产是投资量大、建设周期长的产业，没有多渠道、大量的资金支持，房地产开发难以持续。房地产投资除部分是企业自有资金外，大部分要通过银行筹集，银行及各类金融机构的投资规模、贷款投向、筹资方式、利率水平等都会给房地产供给带来直接影响。

（3）企业素质。房地产开发经营企业在房地产供给过程中起着举足轻重的作用，它们的根本任务就是为房地产市场提供交易客体，即开发土地和建成房屋，最终使房地产商品进入流通领域，满足社会各种需要，并带来经济效益。因此，房地产开发企业的整体素质，直接关系到供给的状态。企业素质主要包括企业规模和内部结构，技术装备水平，劳动生产率，技术水平，管理水平和企业开拓市场、不断创新的能力等。企业素质越高，其资源配置和市场竞争能力就越强，实现可能供给的能力就越大。

（4）房地产交易条件。房地产作为商品进入流通领域后，其交易程序复杂，操作技术性强。因此，房地产供给的最终实现需要完备的交易条件，包括完善的市场功能、健全的法律体系、便捷的市场设施和有效的信息传递手段，相当数量和富有经验的中介组织及高效率公正的市场管理、仲裁机构等。

（5）房地产开发成本。房地产的供应过程包括房地产的开发过程。要把"生地"变成"熟地"并构筑房屋或其他设施，就必须在土地上投入资金、劳动力、技术和其他生产要素。相关要素供应短缺或价格发生变化，势必影响开发成本，进而导致土地供给量的变化。相关要素价格上涨，开发成本增加，房地产的供应量相对减少；相关要素价格下降，开发成本降低，房地产供应量相对增加。

（6）税收。税收是调节收益的杠杆，对房地产投资的回报率和经营的安全性具有重要的影响。税收具有规范房地产市场交易秩序、创造平等竞争市场环境的功能。同时，某个税种的设立、某些税率的调整、各种税收优惠政策的出台及扣除项目的增减，都会直接影响投资者的收益，从而影响投资者对房地产的投入，限制或扩大市场供给。

（7）非市场供应因素的转轨。房地产市场供给取决于非市场供应因素在多大程度上转轨到市场运作的形式上，包括土地有偿出让比重的加大，以及房地产存量的市场化，都会使市场规模进一步扩大、市场更加充满活力、市场要素组合优化、有效供给增加。房地产市场化运作，会涉及经济体制改革、土地使用制度改革、住房制度改革的深化，加强房地产法律法规建设及对房地产隐性市场的清理整顿等一系列重大问题。

三、房地产供求平衡分析

（一）房地产需求量与需求曲线

在房地产市场中，决定消费者对房地产需求量的因素很多，如房地产价格、人口数量和结构、政府的有关政策、消费者预期等。因此，房地产需求函数表示如下：

$$Q_d = f(P, N, E, w)$$

式中　Q_d——房地产在一定时期的市场需求量；
　　　P——房地产价格；
　　　N——人口数量；
　　　E——房地产预期价格变化；
　　　w——政策因素或其他影响因素。

上式说明，在一定时期内市场上消费者对房地产的需求量是一个具有多变量的函数，为使问题简化，可以对影响需求量的因素忽略不计，在假定其他因素不变的情况下，研究房地产需求量与价格之间的变化规律。

由于边际效用递减规律的作用，当房地产价格下降时，需求量就会增加；而当其价格上升时，需求量就会下降。把这种关系表现在直角坐标系上，如图8-1所示。曲线 D 就是房地产需求曲线，它较好地说明了房地产需求量和房地产价格的关系。

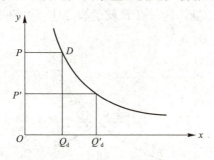

图 8-1　房地产需求曲线

（二）房地产供给量与供给曲线

与房地产需求量类似，房地产供给量也受到一系列因素的影响，其供给函数可表示为

$$Q_s = f(P, C, E, \beta)$$

式中　Q_s——房地产开发企业在一定时期内愿意向市场提供的房地产数量；

P——房地产价格；

C——房地产成本；

E——房地产预期价格变化；

β——政治因素或其他影响因素。

同样，不计其他因素的影响，保留主要影响因素 P，只研究房地产供给量与价格之间的变化规律。当房地产价格下降时，开发企业向市场提供的房地产数量就会减少；而当房地产价格上升时，开发企业向市场提供的房地产数量就会增加。把这种关系表现在直角坐标系上，如图8-2所示。曲线 S 就是房地产供给曲线，它反映了房地产供给和房地产价格之间的关系。

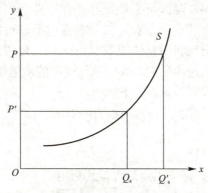

图 8-2　供给曲线

(三)房地产供求平衡

把市场需求曲线和供给曲线画在同一直角坐标系内,就构成房地产供求平衡曲线,如图 8-3 所示。由图可知,供给曲线 S 与需求曲线 D 有一个交点 E。从数学角度看,E 点的坐标值就是这两条曲线方程的共同解,即在 E 点处 $Q_s = Q_d$,称 E 点为市场供求平衡点。在价格发生变化时,需求量和供给量都会向 E 点运动,只有在 E 点,价格才是稳定的。如果市场是一个完全理想的竞争市场,这一点 E 就是和房地产价值相适应的价格。

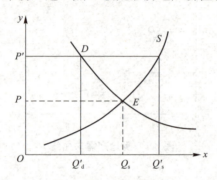

图 8-3 供求平衡曲线

如果人为地提高价格,由 P 上升至 P',这个价格对开发商是有利的,此时,开发商愿意多向市场供应房地产,把供给量 Q_s 增加到 Q'_s,但对消费者来说,价格 P' 可能是太高了,在这个价格水平下需求量只能是 Q'_d,出现了 $Q'_s > Q'_d$,即供大于求的不均衡现象。由于房地产市场出现了 $Q'_s - Q'_d$ 的房地产无人购买,也由于自由竞争的原因,自然会有开发商愿意降价出售,使价格呈下降趋势。随着价格的下降,买主又会自然增多,使需求量产生上升趋势。但是,房地产价格下降,对开发商来说,越来越不愿意多供应房地产,这样价格逐渐下降直到平衡点 E 为止。

(四)房地产供求的调控手段

调控房地产的需求与供给均衡的手段是土地利用总体规划。

土地利用总体规划是在一定区域内,根据国家社会经济可持续发展的要求和自然、经济、社会条件,对土地的开发、利用、治理、保护等在空间上、时间上所做的总体安排和布局。通过土地利用总体规划,国家将土地资源在各产业部门进行合理配置。首先,是在农业与非农业之间进行配置;其次,在农业与非农业内部进行配置,如在农业内部的种植业、林业、牧业之间配置。土地利用总体规划也是国家实行用途管制的基础。国家通过土地利用总体规划规定每一块土地的用途,并依照其规定的土地用途实行管制。

国家编制土地利用总体规划的原则如下:
(1)严格保护基本农田,控制非农业建设占用农用地。
(2)提高土地利用率。
(3)统筹安排各类、各区域用地。
(4)保护和改善生态环境,保障土地的可持续利用。
(5)占用耕地与开发复垦耕地相平衡。

（五）房地产需求与供给统计指标

1. 房地产市场供应面积

房地产市场供应面积主要有国有土地总面积、全年集体土地征用面积和城市房屋总量等。

（1）国有土地总面积。国有土地总面积是指报告年度依法归国家所有的土地总面积。国有土地总面积指标可以反映报告国有土地市场的潜在规模。在我国依照相关法律规定，国有土地包括：城市市区土地及法律规定属于国家所有的城市郊区土地；依法征用的集体土地；其他依法属于国家所有的土地。

（2）全年集体土地征用面积。土地征用是指国家为了公共目的或满足城镇土地市场的一般需求，将集体所有的土地依法强制收归国有并给予被征用者合理补偿的行为。国家对集体土地的征用本质上不是市场交易行为，而是一种行政行为，但由于土地征用对房地产市场有着直接的影响，因此，对其进行统计是研究土地供求关系必不可少的。

（3）城市房屋总量。城市房屋总量指报告城市现有房屋总规模，是反映房产存量市场潜在规模的指标，通常可用房屋面积反映。房屋面积包括建筑面积、使用面积和居住面积。

1）建筑面积是指房屋总面积，从房屋的外墙线算起，包括房屋结构本身占用的面积和地下室占用的面积。二层以上的楼房应按各层面积的总和计算建筑面积。在反映城市房屋总量时，采用建筑面积更为适宜。

2）使用面积也称有效面积，是指房屋建筑面积中能够为人们利用的那部分面积，从房屋内墙线计算。

3）居住面积是指直接供给人们居住的房屋面积，是使用面积扣除住宅内部的服务设施和生活空间辅助面积（如门厅、过道、厨房、卫生间、壁柜等占用面积）后的部分。

2. 房地产市场调控统计指标

（1）调整供给结构的指标。目标是供给总量基本平衡，主要涉及土地供应量、房屋空置率、供款比例和居民债务水平。

（2）遏制投机需求的指标。目标是结构基本合理，主要涉及实质经济增长率、收入增长率、利率水平、人口增长率、拥有物业比例和银行健全度等。

（3）稳定住房价格的指标。目标是价格基本稳定，主要涉及房屋销售价、土地交易价、房屋租赁价、物业管理价和价格指数。

（4）宏观市场判断指标。目标是房地产健康发展和风险防范，主要涉及房地产投资增长率、房价收入比、房价与租金比和租售价比等。

单元三　房地产市场竞争状况统计

房地产市场竞争激烈将导致房地产销售难度加大。我国房地产市场加入者数量众多。打造有影响力的项目，使其在长期的销售中既保持良好的销售势头，又能够树立优秀的品牌形象，成为销售过程中非常重要的问题。房地产的核心产品主要是有形产品。核心产品主要包括环境、户型、立面、色调、风格等在内的房地产实体。房地产的附加产品主要是

模块八　房地产市场统计

无形产品。附加产品主要包括售前服务、售后服务和物业管理等。房地产市场竞争一方面是房地产公司的角逐；另一方面也是产品质量、产品优势的较量。

房地产市场竞争统计是指对一定区域内房地产公司的实力、资金、市场占有率、产品类型、顾客满意度、营销组合等方面进行综合评估的统计活动，通过全方位、多视角的统计调查，进行市场分类、分型，明确房地产市场未来发展方向。

一、房地产市场的运行

（一）房地产市场的运行过程

我国房地产市场的运行过程是建立在城镇国有土地有偿、有限期、有流动地使用的基础上，并受到国家宏观经济政策、房地产开发经营法规和经济契约的约束，要使整个市场在激烈的竞争中有条不紊地运行。房地产市场的运行过程大体上可分为以下五个阶段：

(1)在地产市场上，政府发布批租通告，然后房地产开发企业按通告查阅批租案例，进行投资咨询，从而做出投资决策。房地产开发企业通过参加拍卖、招标或协议等方式获得土地使用权，并委托律师或房地产服务机构与政府或第一承租人签约和办理交割。

(2)房地产开发企业获得土地使用权后，着手筹集资金，然后对开发方案进行勘察设计，并发布建筑招标通告。

(3)在房地产建筑施工市场，房地产开发商与建筑商通过开发项目的招标投标及签订有关工程承发包合同而发生联系。具体来说，就是建筑商通过投标或其他方式从房地产开发商那里获得施工委托，并在合同约定的条件下进行施工和完成施工任务，取得工程收入。另外，由于建筑商只承担物业的建设任务，因此，它只与房地产开发商发生直接联系，而与土地的承租及物业的出售无任何直接联系。

(4)通过房地产销售租赁交易市场，房地产开发商采用各种方式向公众发布待售或待租房地产的消息，由购买者对其选择，选择后，买卖双方直接或通过中介人商定成交。已开发完成的房地产实现其价值，房地产开发商实现其投资的回收及开发经营利润。开发商通过这一市场对房地产的购买者及承租者的信息进行收集和分析，用以指导各种要素的流向和开发经营活动。

(5)在物业管理服务市场，物业管理公司向物业使用者提供治安消防服务、环境卫生管理服务、维修保养服务、绿化养护服务、家居服务等，并调解因使用物业所引起的纠纷和争执。

（二）房地产市场的运行机制

1. 房地产供求机制

房地产供求变化是房地产市场运行的主要表现形式，而房地产市场供求之间的对立运动及其相互制约关系，又是通过房地产供求的数量关系、结构关系和时空关系表现出来的。

(1)房地产供求的数量关系。供求的数量关系反映房地产商品供求量的变化，它是供求对立运动最基本的表现形式。

(2)房地产供求的结构关系。供求的结构关系主要反映各类质量、品种不同的房地产商品供求数量的构成及其比例关系。

（3）房地产供求的时空关系。供求的时空关系一方面是指时间限制：由于房地产商品的生产需要一定的时间，因此，在一定时间里只能供给一定数量的房地产商品；由于房地产商品可供消费的时间较长，因此，房地产市场的需求只能是一定时间内的需求。其另一方面是指空间限制：由于房地产供求受自然地理、交通运输条件的制约，因此，房地产市场的供求具有一定的空间限制。

2. 房地产价格机制

房地产价格机制主要是通过价格涨落来影响房地产市场的供求关系。房地产商品的价值是其价格形成的基础，价格围绕价值上下波动。若价格高于价值，投资者就会向房地产业增加投资或有新的投资者加入，导致房地产供给增加，形成供给大于需求的局面。这时价格就会下跌，投资者也相应减少，直至供求重新达到平衡。对消费者来说，由于价格过高，抑制了房地产消费，所以出现供大于求，从而导致价格下跌，直至供求关系达到平衡。相反，若价格低于价值，投资者就会对房地产业减少投资，导致房地产供给减少，形成供给小于需求的局面。此时价格就会上升，投资者相应增加，直至供求达到平衡。同时，消费者会增加房地产消费，使房地产需求增大，形成供给小于需求，从而导致价格上升，直至供求达到平衡，价格与价值相符合。

3. 房地产竞争机制

所谓竞争，就是发生在变换主体之间的物质经济利益关系。竞争存在的前提是交换双方存在着独立的经济利益。竞争机制是指房地产商品生产者之间、商品购买（或承租）者之间、生产者与购买者之间，随着供求关系的变动而展开的竞争。它是房地产市场机制中的动力要素，没有竞争，市场的内部运动就会停滞。竞争不仅给房地产生产者以动力，也给消费者以导向。竞争的结果是优胜劣汰，实现资源的最优配置和生产要素的优化组合。

房地产市场竞争方式一般有价格竞争和非价格竞争。价格竞争是竞争的基本方式，主要通过价格竞争，迫使生产者不断扩大生产规模和经营规模，降低物资消耗和生产费用，力争在市场中实现自身的价值；非价格竞争主要包括技术、质量、宣传、服务等形式，是价格竞争的一种辅助手段，其目的主要是争夺购买者，在购买者中间树立良好的形象，取得消费者的信任，以扩大市场占有率，排斥其他竞争者。

二、房地产市场竞争的特点

（1）房地产市场竞争能得到更多的社会关注。购房者是房地产市场的主导力量。过去购房者对房地产的知识和掌握的信息比较少，现在就大不一样了。随着媒体的宣传与舆论传播的扩散，消费者在楼市的竞争喧闹声中已经逐渐成熟起来，从最初关注绿化率、容积率、价位等，而今更注重安全、景观、环保等设施的配备。购房者了解的房地产知识越多，大众传媒中的房地产内容就会急剧扩张。购房者从思想上、言行中对户型设计等内容可以说是十分介意。

（2）表面是房地产公司的竞争，实质是产品质量的竞争。随着建筑设计的发展，国家先后出台了许多房地产建筑设计规范。房地产市场竞争从表面上看是房地产公司的竞争，深层次是产品质量的竞争，最终是对客户的竞争。房地产公司必须深入研究消费者，研究消费者所真切需要的产品本身，大到住宅区规划设计，小到产品的细部，在产品品质上不断创新提高。开发企业必须意识到，如果跟不上市场发展的步伐，最终必将被市场所淘汰，开发商必须将提升产品品质作为首要任务。

（3）无形产品逐渐成为市场竞争的重要内容。房地产作为耐用消费品，具有长期使用的特性。要想让业主对房地产楼盘有一个真切的依赖感、信任感和归属感，就应当配有一个服务周到的物业管理。物业管理在房地产开发阶段的介入尤为重要。由于房地产市场上竞争模仿跟进得很快，企业的技术和产品的特征优势通常是短暂的，往往很快就被同行复制，最终造成产品同质化而失去竞争优势。而一个服务周到的物业管理作为无形产品，是使产品产生差异性的主要手段。

（4）品牌竞争和概念竞争并存。房地产市场竞争可以说是到了品牌竞争和概念竞争并存的时代，西式、欧式、古典、新古典、风情化和人性化的新概念也成了房地产市场竞争的助推器。如今居住方式已经在逐渐变化，居室内的生活设施、设备、装饰、装修及洁具和电器都已发生了改变，人们沟通的方式在变化，居住的观念在更新，环境意识也在不断加强。

（5）竞争导致房地产运营由多元化模式过渡到主业明确模式。房地产市场存在利润空间同时也存在风险。20世纪末期，一些规模庞大、建筑质量可靠、资金雄厚的房地产公司为了稳健运营，多选择多元化投资模式。但是，随着房地产市场竞争的优胜劣汰过程的纵深发展，许多著名房地产公司还是选择房地产为主导产业，从不占优势的行业中逐步退出，通过整合企业资源和品牌优势，提升企业的核心竞争力而持续发展。

三、房地产市场竞争状况统计指标

（一）房地产市场企业拥挤度统计

1. 房地产公司数量

房地产公司数量是指报告期内经工商行政管理部门注册核准取得法人营业执照的房地产公司数量。房地产公司是指专门或主要从事房地产开发生产、经营管理与服务的企业法人，它是房地产开发经营最基本的组织形式。房地产公司应该具有法人组织形式、企业化经营机制和专业化经营性质。

2. 房地产交易中介人数量

房地产市场的显著特点之一是市场需要大量专业型交易中介人的参与。目前，我国房地产交易中介人的存在大致可归为两种：一种是房地产交易所（法人）；另一种是房地产交易经纪人。前者是指经过政府特许和批准的房地产买卖的常设机构，也是以企业身份从事房地产市场交易间接服务的重要中介人；后者是指以个人身份专门或业余从事房地产市场交易居间服务的中介人。房地产交易中介人数量指标包括：一是房地产交易所数量；二是房地产交易经纪人数量。

3. 房地产公司增加或减少数量

该指标反映了本期房地产公司数量的实际变动规模。其计算公式如下：

本期房地产公司增（减）数量＝期末数量－期初数量

＝期内新增数量－期内减少数量

期内新增数量是指本期内因新设立或公司分立而新增加的数量；期内减少数量是指因解散、破产、依法被撤销及公司合并等而减少的房地产公司数量。

房地产公司数量相对变化统计指标可分为发展速度指标和增长速度指标。发展速度指标等于期末房地产公司数量与期初数量的比值，表明期末与期初的相对变化幅度；增长速度指标等于本期房地产公司增（减）数量与期初数量的比值，反映房地产公司数量规模的增长变化幅度。

（二）房地产企业市场占有率统计

房地产企业市场占有率可分为整体市场占有率、相对市场占有率和对比市场占有率。

1. 整体市场占有率

整体市场占有率是某房地产企业的销售额（量）占整个房地产业总销售额的比例。这种衡量方法既可以使用销售量，也可以使用销售额来计算。其计算公式如下：

$$整体市场占有率 = \frac{该企业销售量}{产业总销售量} \times 100\%$$

$$= \frac{该企业销售额}{产业总销售额} \times 100\%$$

2. 相对市场占有率

相对市场占有率是指该企业的销售额（量）相对于若干个最大竞争者的销售额（量）的比例。其计算公式如下：

$$相对市场占有率 = \frac{该企业销售额（量）}{若干个较大竞争者（包括本企业）的总销售额（量）} \times 100\%$$

或

$$相对市场占有率 = \frac{该企业市场占有率}{若干个较大的竞争者（包括本企业）市场占有率} \times 100\%$$

3. 对比市场占有率

对比市场占有率是指该企业的销售额（量）与最大的竞争者的销售额（量）的比值。其计算公式如下：

$$对比市场占有率 = \frac{该企业的销售额（量）}{最大竞争者销售额（量）} \times 100\%$$

企业对比市场占有率大于100%，说明该企业具有竞争优势；对比市场占有率等于100%，说明该企业和最大的竞争者不相上下。企业的对比市场占有率上升，意味着该企业的市场成长速度快于最大的竞争对手。

模块小结

房地产市场是使房地产的买卖双方走到一起，并就某宗房地产的交易价格达成一致的任何安排。它同样包括一般市场的四重含义。与一般市场相同，房地产市场也是由买卖双方、房地产商品以及价格等市场要素按一定的交易方式构成的。

房地产市场包括房产市场和地产市场，其含义有狭义和广义之分。狭义的房地产

市场指房地产商品买卖或交换的有形场所，主要是房地产交易所；广义的房地产市场是指房地产商品交换关系的相关活动，也就是房地产流通领域。广义的房地产市场涵盖房屋所有权的买卖、租赁、抵押、典当、产权交换和土地使用权的有偿出让和转让等过程。

房地产市场的构成要素主要包括市场主体、市场客体、市场组织形式。房地产市场的主体即房地产市场的参与者，主要由市场中的买卖双方及为其提供支持和服务的人员和机构组成。房地产市场的客体是指房地产交易的对象，即房地产商品，包括土地、房屋（附属设施设备）及其相关服务。房地产市场组织形式可分为"有形"的房地产交易所和"无形"的场外市场。

房地产需求是指消费者在特定时期，在每一价格水平上愿意而且能够购买的房地产商品或劳务的数量，也可以叫作房地产市场需求，即房地产的有效需求。

从微观角度看，房地产供给是指生产者在某一特定时期，在每一价格水平上愿意而且能够提供的房地产商品或劳务的数量，也可叫作房地产市场供给。从宏观角度看，房地产供给是指房地产总供给，即某一时期全社会房地产供给的数量，既包括以公顷、幢、平方米等为单位的房地产实物总量，也包括以元、万元等为单位的房地产价格总量。

房地产市场竞争统计是指对一定区域内房地产公司的实力、资金、市场占有率、产品类型、顾客满意度、营销组合等方面进行综合评估的统计活动，通过全方位、多视角的统计调查，进行市场分类、分型，明确房地产市场未来发展方向。

思考与练习

一、填空题

1. 按照市场层次划分，可分为_____、_____和_____。
2. 房地产市场的构成要素主要包括_____、_____、_____。
3. 人类对土地的需求包括_____和_____两大类；人们对房屋的需求有两类，即_____和_____。
4. _____是指一定时期内人们愿意提供给市场交易的房屋量。
5. _____主要是通过价格涨落来影响房地产市场的供求关系。
6. _____是指该企业的销售额（量）相对于若干个最大竞争者的销售额（量）的比例。

二、选择题

1. （   ）反映了房地产商品供求量的变化，它是供求对立运动最基本的表现形式。
   A. 房地产供求的结构关系　　B. 房地产供求的时空关系
   C. 房地产供求的数量关系　　D. 房地产供求的等级关系
2. （   ）是某房地产企业的销售额（量）占整个房地产业总销售额的比例。
   A. 整体市场占有率　　B. 相对市场占有率
   C. 对比市场占有率　　D. 竞争市场占有率

3. 房地产供给的层次一般不包括( )。
   A. 房地产的边界供给　　B. 房地产的可能供给
   C. 房地产的现实供给　　D. 房地产的市场共计

三、简答题

1. 什么是房地产市场？房地产市场具有哪些特征？
2. 房地产需求一般可分为哪几个层次？
3. 影响土地需求的因素有哪些？影响房屋需求的因素有哪些？
4. 调控房地产的需求与供给均衡的手段是什么？
5. 房地产市场的运行过程大体上可分为哪几个阶段？
6. 房地产竞争方式一般可分为哪两种？

模块九 房地产开发与销售统计

教学目标与考核重点

教学内容	单元一　房地产开发统计 单元二　房地产销售统计	学时	4 学时
教学目标	了解地产开发统计的概念及意义、房地产销售统计的概念及内容； 熟悉房地产开发统计的范围和内容，房地产开发统计的形式； 掌握房地产开发投资统计指标、房地产企业销售统计的图表、房地产企业销售价格统计、房地产企业公共关系统计、房地产企业营业推广统计、房地产企业人员推销统计、房地企业广告媒体统计		
关键词	房地产开发、土地开发、房屋开发、房地产综合开发　成片开发零散开发、国家预算内资金、自筹资金、定金、预收款、商业贷款商品房完成投资额、商品房开发统计、房地产销售统计、房地产企业销售价格统计、房地产企业营业推广、房地产企业人员推销统计		
重点	房地产开发投资统计指标； 房地产销售统计		
能力目标	能用房地产开发投资统计指标，以及各种房地产销售指标和标准对项目进行统计		
素质目标	具有热忱可靠、独立的工作能力；热爱本职工作，具备良好的沟通能力		

案例导入

广西房地产市场发展经历了以下三个阶段。

1. 萌生阶段(1979—1990 年)

1979 年，由政府拨款在柳州、梧州、南宁三市建房向居民出售，这是首例广西房地产开发经营。1988 年开始在城市进行了城镇住房制度改革、城镇土地使用制度的改革和房地产生产体制的改革，处于房地产产业的萌生阶段。

2. 起步阶段(1991—1998 年)

20 世纪 90 年代，北海成为房地产投资热点，拉动了广西房地产市场快速启动。1992 年、1993 年成为广西房地产投资的高峰，投资增长率最高达到 382.2%，导致局部地区房地产泡沫的出现。随着国家宏观调控，1995 年后出现连续四年的负增长，平均投资增长率是

—24.35%。到1998年，广西城市居民人均住房居住面积为8.8 m²。从1998年12月31日起，广西停止住房实物分配，逐步实行住房分配货币化。

3. 发展阶段(1999年后)

(1)房地产开发投资规模日益扩大。作为一个新兴行业，广西房地产业发展十分迅速，尤其在"九五"后，西部大开发、136工程、行政区划调整、东盟自由贸易区启动、中国东盟博览会的永驻、泛珠三角经济区的整合及旧城改造和房改政策等，无不刺激着房地产市场容量的大幅增长，这使得房地产业成为广西投资领域的重要组成部分。1996—2004年，全区累计完成房地产开发投资达624.62亿元，年均增幅15.8%，高于同期全社会投资增速3个百分点。2004年房地产开发投资192.35亿元，占全社会投资的比重由"九五"初期的9.1%上升到15.3%，上升了6.2个百分点，投资完成额创历史新高，房地产开发投资已成为拉动广西投资增长的重要力量。

(2)房地产开发结构发生新的变化，商品住宅建设主体地位继续得到加强。1996—2004年，商品住宅、商业营业用房、办公楼三者投资额分别为349.8亿元、90.35亿元和20.38亿元，占房地产开发投资的比重为56.0%、14.5%和3.3%；同期竣工面积为3 291.2万m²的商品房中商品住宅、商业营业用房、办公楼三者竣工面积分别为2 732.02万m²、323.75万m²和92.17万m²，所占比重分别为83.0%、9.8%，和2.8%，商品住宅的主体地位十分明显。

(3)商品房销售持续增长，个人成为房地产市场的消费主体。随着经济的高速发展，生活水平的提高，人们对居住环境的要求不断增加及投资热情的高涨，使得我区商品房的销售持续高涨，个人购买比例逐年上涨。2004年实现销售面积820.36万m²，销售额170.85亿元，分别是1996年的6.6倍和11.5倍。2004年全区个人购买住宅面积747.06万m²，实现销售额140.91亿元，分别比1996年增长了11.1倍和19.5倍。

分析：为什么说2004年房地产开发投资已成为拉动广西投资增长的重要力量？

单元一　房地产开发统计

一、房地产开发统计的概念及意义

从广义上讲，房地产开发包括房屋建筑和土地利用设施的生产和再生产全过程，既包括施工建筑过程，也包括房屋建筑物、土地的流通过程；从狭义上讲，房地产开发是指房地产商品进入流通之前的施工生产过程。其是在特定地段上所进行的具体房地产项目的规划、勘察、设计、施工及验收等开发活动。

房地产开发统计对于加快建立房地产市场预警、预报体系和信息披露制度，进一步提高房地产开发统计数据质量，发挥房地产统计工作在宏观调控中的作用都具有重要的意义。

1. 房地产开发统计是国民经济宏观调控的需要

房地产开发涉及生产性房地产的开发、商业经营服务性房地产的开发及城镇居民住房

模块九　房地产开发与销售统计

的开发等内容。这些方面的投资或消费必然会影响国民经济中积累和消费的比例关系。要希望国民经济的宏观调控决策有针对性，必须对房地产开发建设情况及其发展有一个清醒的认识和判断。房地产开发统计可以为国民经济宏观调控提供房地产增量方面的有效数据。

2. 房地产开发统计可以预警房价泡沫

房价虚涨和房价泡沫是与地价相联系的，房价泡沫与地价泡沫密切相关。另外，开发商对利润的期望值过高，人为抬高房价，也会形成经济泡沫，而科学地进行房地产开发统计可以促使各相关部门了解房价泡沫的形成。

3. 房地产开发统计可以预警房地产投资泡沫

在发展中国家的经济起飞阶段，房地产投资增长率略大于消费增长率，形成供略大于求的市场局面，对促进房地产业的发展和刺激经济增长是有利的。当房地产投资过度膨胀时，商品房严重滞销，造成还贷困难，进而引发金融危机，房地产开发设计可使各部门意识到房地产投资泡沫，并加以控制。

4. 房地产开发统计是监控房屋空置泡沫的需要

根据通用的国际经验数据，商品房空置率在10%以内时，房屋空置泡沫是允许的。如果超越过多，则会引起严重的供给过剩，形成泡沫经济，导致房价猛跌，开发商遭受巨大损失甚至破产倒闭，失业率上升，经济混乱，引发社会动荡，而适时进行房地产开发统计可以加强房屋空置率的监控，而防止房屋空置泡沫的严重化。

二、房地产开发统计的范围和内容

1. 房地产开发统计的范围

房地产开发统计范围包括各种登记注册类型的房地产开发公司、副营房地产开发经营活动的单位、商品房建设公司及其他房地产开发单位统一开发的活动过程。房地产开发统计的实体不仅包括地上的住宅、厂房、仓库、饭店、宾馆、度假村、写字楼、办公楼等房屋建筑物和配套的服务设施，还包括道路、给水排水、供电、供热、通信、平整场地等基础设施工程。

2. 房地产开发统计的内容

（1）商品房开发的资金来源与投资金额统计。通过商品房开发的资金来源与投资额统计，能了解一定时期内商品房开发投资的规模和速度。商品房开发投资额、商品房竣工价值要在独立统计的基础上分析指标之间的联系，探讨房地产企业开发投资的效益。根据资金的不同来源，计算和分析各种资金的构成比例与资金效益，为规划中的商品房开发投资计划提供数据支持，同时，为计划的执行与完成情况的检查服务。因此，对商品房开发投资和建设等指标的进行分析具有重要的意义。

（2）商品房开发统计。商品房开发统计可以提供一定时期内商品房开发建设的情况，如土地开发面积、开工面积、竣工面积等。商品房开发统计是缩短开发建设周期、提高投资效益、保证工程质量和加强施工管理的依据。

（3）房地产开发经济效益统计分析。房地产开发经济效益统计分析是从整体的角度，分析房地产开发中总体与部分之间问题数量方面的某种联系和变化规律，并在此基础上综合考察和分析房地产开发企业的经济效益。通过对房地产开发资金的利用、建设工期、营销等方面的分析，探求房地产开发本质与规律，为今后房地产项目的开发、营销提供经验与咨询。

三、房地产开发统计的形式

房地产开发的形式多种多样，从不同角度可以划分出不同的类型。

（1）根据开发的对象角度可分为土地开发、房屋开发和房地产综合开发。

1）土地开发是指开发企业在获得了土地使用权审批手续后，通过征地或拆迁、补偿将原有土地使用权人进行妥善安置后，将土地开发成能够进行地上建设的用地，然后将经过开发的土地使用权有偿转让给房屋开发企业的行为。

2）房屋开发是指房地产开发企业有偿获得土地使用权后，按城市规划的统一要求进行房屋建设活动，然后将开发后的房地产通过租赁或出售的方式进行经营或管理的生产经营方式。

3）房地产综合开发是指房地产开发企业独自完成从获得土地到房屋建设、转让全过程的开发经营活动。我国目前的房地产开发项目大多采用这种形式。

（2）根据开发的规模和内涵可分为成片开发和零散开发。

1）成片开发是指开发规模大、占地面积大的开发形式。它以占有一定的区域空间为基础，往往提供几条街道范围的地域基础，重新规划布局，开拓道路。在所开发的局部区域内，在进行房屋建设的同时，进行系统的基础设施和各种公共配套服务设施的建设。根据该区域建设的规划要求，进行给水排水、热力、煤气、管网、道路交通、景观绿化、幼儿园、中小学校、商业网点文化、服务设施的建设。开发规模可以达到一个居住小区甚至居住区级的水平，往往是按照城市规划的意图由政府来组织推动。

2）零散开发是指开发规模比较小、占地面积小的开发形式。它属于小范围的改善工程，如一幢楼或几座楼。开发建设仅仅是就一个独立项目进行，一般都利用原有基础设施和公共配套服务系统。这种分散开发成本相对较低，但有时遗留问题较多。有的项目由于遗留问题处理不到位，造成开发项目的功能不全。有的零散建设项目完工后又逢成片改造的时候，有可能因为影响到总体布局需要拆毁重建而造成浪费。

（3）根据开发的主体可分为独资开发、合资开发及个体开发。

1）独资开发是指国内不同经济类型的企业独资开发或外商投资建设。

2）合资开发则是指由数家企业合作，共同完成某个项目的开发，其常见形式有以地联建、以地联营、以地换房及以土地入股等形式的合作开发或共同投资开发；

3）个体开发主要是指个人住宅建设、以满足家庭的居住需要而进行的房屋开发，在小城镇尤为普遍。

（4）根据开发的区域可分为新区开发和旧区开发。

1）新区开发一般是指在市区以外，把农田或荒地改造加工，变成建设用地，设立新市区或建设卫星城，进行房地产开发。

2）旧区开发也称为旧城区更新改造，它是对现有的建筑和各项配套设施进行拆迁改造或重新建设的一种房地产开发。

四、房地产开发投资统计指标

1. 商品房开发资金来源统计

资金是房地产开发企业的经济命脉,稳定的资金来源是房地产开发的重要保证。商品房开发来源的特点在于融资的广泛性和社会性。开发企业的资金主要来源于以下几个方面:

(1)国家预算内资金。国家预算内容资金是国家财政拨付给房地产开发企业的用于特殊房地产开发的资金,所以不是一般开发企业资金的主要来源。

(2)自筹资金。自筹资金是房地产开发企业通过同行资金拆借、企业经营利润积累等筹资方式获得的资金。自筹资金在企业自有资金中占有非常重要的地位,由于是过去长期经营活动积累的资金,所以自筹资金是商品房开发建筑工程中最可靠的资金保证,能支持工程项目按计划开工,在规定工期内按质、按量的完成建筑任务。同时,房地产开发商也通过持续开发积累更多的资本,使企业在房地产市场中具有较强竞争力和资金优势,在企业能力不断提升、竞争力不断加强的条件下,经历"资产固化"过程,逐渐向中型、大型房地产开发企业过渡。

(3)定金及预收款。定金是为了签订合同的双方履行经济合同,并根据有关规定而缴纳的押金;预收款是双方签订的购房合同中购房者提前与交给开发商的部分购房款。在房地产开发过程中,开发商在取得商品房预售证后,即可预售在建商品房,通过预售房屋获得预收款。买卖双方签订预售合同后,商品房的购买者需预先支付定金和一定比例的预付款,待房屋全部竣工交付使用时,购房者再按合同规定条款补足款项,具体付款方式按预售合同约定条款执行。

(4)商业贷款。商业银行贷款是房地产开发商与商业银行签订货款合同,并承担到期还款付息的经济责任,投入商品房开发的资金。根据国家统计局公布的有关资料显示,在房地产开发投资过程中,近70%的资金来源于自筹资金和定金及预收款。开发商通过向商业银行、保险公司和抵押公司等机构申请各类贷款来弥补开发资金的不足。目前,开发商主要是向商业银行申请贷款。房地产开发具有投资资金需求大、投入集中、回收期长的特点,因此,要求开发商具有良好信用和还款能力,从而保证开发贷款资金来源的持续和稳定。

(5)其他来源。在房地产项目开发过程中,往往存在一定的资金缺口,为解决企业资金不足的问题,还可以通过其他融资方式,如利用外资、投资组合、发行债券、发行股票等方式。

2. 商品房开发投资额统计

商品房完成投资额是指在商品房开发中一定时期内,以货币计量的已完成工程量,也称为商品房投资。该指标是综合说明房地产开发企业在一定时期内商品房建设过程中实际完成的工作量。

因此,它的计算标准是以构成工程实体为准。例如,在报告期内,凡是在商品房开发中的购买土地使用权、建筑工程、安装工程、装修工程等方面所用的投资,只要构成商品房实体的价值,均计入本期投资额,否则,不得计入本期的投资额中。

完成投资额是综合反映商品房投资规模的指标。它是指报告期内完成的用于商品房及其配套服务设施建设的投资额(包括建筑工程、安装工程、设备、工器具购置及其他费用)，是及时掌握商品房实际投资规模，进行投资宏观调控，分析开发企业投资效益，指导商品房开发的重要依据。

在国民经济宏观管理中，特别注重房地产开发的宏观调控，强调商品房投资决策与基础设施建设相适应。因此，只要将商品房投资额的变化与经济发展指标联系起来，就能对商品房投资额的发展速度是否适当作出判断，为科学地实施城市土地储备、土地使用权出让、城市规划和经济建设提供依据。

3. 商品房开发统计

商品房开发统计是开发项目自开工到建成交付使用阶段的统计，主要反映开发商在进行商品房投资开发过程中商品房建造过程情况的统计，该项统计对国家宏观调控房地产投资开发规模，引导房地产的开发，加强房地产企业的施工管理，缩短工期，加快开发建设速度，实现政府调控和企业预期的开发投资效益服务具有非常重要的意义。

(1)实务工程量指标。实务工程量指标是房地产开发企业在商品房建造过程中，一定时期内完成的以物理或自然单位计量的房建工程量。如完成土方工程、混凝土工程的立方米数等。实物工程量指标是反映商品房已建造完成的各种工程的数量，而只有当某项工程全部工序已完成为工程实体时，才能成为工程实体计算的实物工程量。

实物工程量指标，虽然可以说明各种实物工程的进度，但不能概括地说明施工的单位工程或单项工程的施工总进度。因为该项统计是按基础工程、主体工程、屋面工程等工程进行实物工程量统计的。

(2)房屋建筑工程指标。

1)施工面积。施工面积是指报告期内施工的全部商品房建筑面积，包括本期新开工面积和上期开工跨入本期进行施工的商品房建筑面积，以及上期易停建在本期内恢复施工的商品房建筑面积。本期竣工和本期施工后又停建援建的商品房建筑面积应包括在施工面积之中。

2)新开工面积。新开工面积是指在报告期内新开工的商品房建筑面积，不包括在上期开工跨入本期继续施工的房屋建筑面积和上期已停建而在本期复工的房屋建筑面积。房屋开工应以房屋正式开始破土挖槽日期为准，多层建筑开工时应填各层的总面积。新开工面积反映一定时期内商品房建设开工的规模，是分析商品房开发情况与编制施工计划的依据之一。

3)商品房竣工面积。商品房竣工面积简称竣工面积，是指报告期内按照设计要求已全部完工，达到入住和使用条件，经验收鉴定合格或达到竣工验收标准(实行房地产开发小区综合验收的城市，应通过小区综合验收且合格)正式或移交使用的商品房建筑面积。

在实际工作中，可按物业类型分别统计报告期内商品房竣工面积，在统计报告中也可用商品房竣工数量作为统计指标。

4)建设工期。建设工期是指商品房开发建设项目的永久性工程从开始到全部建成交付使用为止所经历的时间。在商品房建设过程中，如中途缓建，应另外计算扣除缓建时间的实际工期。为综合说明房地产开发企业在一定时期内商品房建设工期，可计算平均建设工期。其计算公式如下：

$$平均建设工期 = \sum 已建成项目工期 \div 项目个数$$

5)平均建设周期。平均建设周期是指某种类型的房地产开发项目从开工到竣工交付使用所占用的时间长度。其计算公式如下：

$$平均建设周期 = 施工面积 \div 年竣工面积$$

6)商品房竣工率。商品房竣工率是指一定时期内商品房竣工面积与施工面积的比，是反映商品房竣工情况的指标。其计算公式如下：

$$商品房竣工率 = \frac{一定时期内商品房竣工面积}{一定时期内商品房施工面积} \times 100\%$$

商品房施工面积是指报告期内施工的商品房全部房屋建筑面积，即本期新开工面积和上期开工跨入本期继续施工的、上期已停建本期复工的、本期竣工的和开发企业代建房屋的施工面积。民用建筑的竣工面积，一般应按设计要求在土建工程和房屋本身附属的水、电、卫(设计中有煤气、暖气、通信线路等)工程已经完工，上水、通风、电梯等设备已经安装完毕，做到水通、电通、各设备运行正常，经验收合格正式交付使用的才能计算竣工面积。

单元二　房地产企业销售统计

一、房地产企业销售统计的概念及内容

房地产销售统计是企业经营管理的手段，能够为企业销售决策提供及时准确的数据，同时，也是房地产行业统计的基础。

房地产企业销售统计是整个房地产统计活动中的核心。房地产企业的重点工作是房屋销售，销售状况的好坏将直接决定房地产企业资金回笼的速度，也将决定资金成本的高低。

按照现代营销理论，房地产企业销售统计的具体内容可分为市场定位、产品定价、营销平台、促销方法四个方面。

1. 市场定位

市场定位的一个关键问题是寻求卖点。例如，在销售写字楼时，将写字楼分为3A、5A、智能大厦等，这都成为写字楼的重要卖点。5A 即通信、管理、办公、消防、保安自动化。若写字楼功能不全，则难以启动市场。

2. 产品定价

影响价格的因素主要包括楼盘素质、成本、顾客承受的价格、同类楼宇的竞争因素等。房地产定价的方法有类比法、成本法和评估法。定价形式有低价、高价、内部价、一口价、优惠价等。低价战略入市时比较轻松，容易进入，能较快地启动市场。为了标榜物业的出类拔萃、身份象征、完善功能、优良环境等，也可以采用高价策略吸引高消费者入市。为了科学地进行产品定价，应该做好销售价格、销售合同、定价试算和房间价目表的统计设计工作。

3. 营销平台

房地产销售管理的最大特点就是业务流程链条化、管理方式网络化。房地产企业必须

努力提高工作效率、改善营业业务流程、努力提升竞争力，尽力打造广阔的营销平台。为了科学地建设营销平台，应该做好销售计划、售房营业部、楼书、销售管理和商品房买卖合同管理等方面的统计工作。售房营业部应该做好建筑设计、装潢设计、橱窗设计和选聘优秀营业人员等方面的工作。楼书应该表明房地产项目及开发商介绍、房型展示和实景展示等内容。销售管理要做好意向客户登记、销售登记和销售情况等统计工作。

4. 促销方法

房地产促销组合主要可分为广告、人员促销、营业推广、公共关系等。

（1）广告是房地产企业用来直接向消费者传递信息最主要的促销方式。其是企业通过付款的方式利用各种传播媒体进行信息传递，以刺激消费者产生需求，扩大房地产租售量的促销活动。

（2）人员促销是指房地产促销人员根据掌握的客户信息，向目标市场消费者介绍开发商及其房地产的情况，促成买卖成交的活动。

（3）营业推广是为了在一个较大的目标市场上刺激需求、扩大销售而采取的鼓励购买的各种措施。

（4）公共关系促销是指房地产企业为了获得人们的信赖，树立企业或房地产项目的形象，用非直接付款的方式通过各种公关工具所进行的宣传活动。

二、房地产企业销售统计的图表

房地产企业销售统计图表主要有客源表、房源表、销售图表、房地产对外公开的销售表、房地产项目营销费用预算表、房地产项目营销计划表、房地产销售部员工管理表、房地产项目营销管理图表、房地产项目客户管理图表、房地产项目营销统计表等。本节主要介绍销售图表。

销售统计是按照整个公司、项目和大楼三级范围以数字和图形方式对最新销售数据（包括套数、面积、成交金额等）所进行的统计。销售面积有实际销售面积、预售面积及空置面积。

1. 实际销售面积

实际销售面积是指销售报告期内已销售的房屋面积中已正式交付给购房者或已签订（正式）销售合同的商品房屋面积。其不包括已签订预售合同、正在建设的商品房屋面积，但包括报告期或报告期以前签订了预售合同，在报告期又竣工的商品房屋面积。

2. 预售面积

预售面积是指销售报告期末仍未竣工交付使用，但已签订预售合同的正在建设的商品房屋面积。报告期预售又在报告期转正式或协议销售的商品房屋的面积应列入实际销售面积，同时统计为销售收入。

3. 空置面积

空置面积是指销售报告期末已竣工的可供销售或出租的商品房屋建筑面积中，尚未销售或出租的商品房屋建筑面积。其包括以前竣工和本期竣工的房屋面积，但不包括报告期已竣工的拆迁还建、统建代建、公共配套建筑、房地产公司自用及周转房等不可销售或出租的房屋面积。

表 9-1、表 9-2 为某市新楼盘销售情况统计表。

表 9-1　某市新楼盘销售情况统计表

统计项目	统计指标	备注
总套数/套	69 574	
总面积/m²	8 887 974.63	
可售套数/套	15 643	
可售面积/m²	2 285 608.84	
已售套数/套	53 762	
已售面积/m²	6 580 905.63	
交易均价/(元·m⁻²)	7 258	

表 9-2　某市各区新楼盘销售情况统计表

各区	总套数/套	总面积/m²	可售套数/套	可售面积/m²	已售套数/套	已售面积/m²
上城区	7 857	1 021 848.49	1 718	244 987.86	6 151	776 097.33
下城区	7 876	1 012 074.40	1 412	244 963.80	6 451	765 298.50
西湖区	7 900	1 099 819.00	1 722	259 063.48	6 164	838 401.81
…	…	…	…	…	…	…
下沙区	6 480	728 034.25	1 649	238 462.58	4 823	488 513.01

三、房地产企业销售价格统计

1. 定价规则

房地产定价时先设定一个标准层，高层一般定在 1/2 高度，多层一般 3 或 4 层（9 层以下）为最好。然后确定一个楼层系统，标准层以上一般每层加价比例为 0.8%，标准层以下每层下调 0.5%。在高层建筑中，7 层以下因其视野受限，一般应为低价区，顶层与低层的价格一般相差约 30%。

2. 销售额

销售额是指销售报告期内出售房屋的总收入（即双方签署的正式买卖合同中所确定的合同总价）。该指标与实际销售面积口径一致，包括正式交付的商品房屋在建设前期预收的定金、预收的款项及结算尾款和拖欠款，不包括未交付的商品房所预收的款项。收取的外汇按当时外汇调节市场价折算在其中。如果商品房是跨年完成的，应包括以前所收的定金及预收款。表 9-3 为某地区房地产某年全年楼盘销售额统计表。

表 9-3　某地区房地产某年全年楼盘销售统计表

排行	公　司	销售总量/万元	代表项目
1	长春中海地产有限公司	70 005.1	中海莱茵东郡
2	大连万达集团长春地产有限公司	27 311.3	长春明珠
3	上海绿地集团长春置业有限公司	21 009.3	绿地长春上海城
4	长春万科房地产开发有限公司	18 168.4	万科上东区
5	长春市高新技术建设开发公司	16 111.3	高新怡众名城

续表

排行	公司	销售总量/万元	代表项目
6	长春科信房地产开发有限公司	15 623.3	长影世纪村
7	浙江耀江房地产开发有限公司	14 061.1	耀江五月花苑

3. 销售价格

对销售价格的统计要具体到不同的产品类型,对销售过程中的折扣因素都要考虑在内,同时,要根据营销活动的需要对产品的单价和总价同步统计。

四、房地产企业公共关系统计

房地产企业公共关系是指房地产企业与公众之间的各种联系。公众既包括房地产开发企业的股东、员工等内部公众,也包括顾客、新闻媒介、金融机构、政府管理部门、竞争者、供应商及中间商等外部公众。对于房地产开发企业来说,正确处理与这些内部公众和外部公众的关系,对树立房地产企业的良好形象,进而促进销售和提高市场占有率具有重要的影响。

公共关系活动统计涉及企业内部交流刊物统计、公众参与性资讯统计、危机管理统计、典礼统计、新闻发布会统计、展览展示会统计、合适的公关和促销用的小礼物统计、赞助活动统计、联谊活动统计等。表 9-4 为某企业公关促销活动的统计表格。

表 9-4　晚会考核标准(百分制)

晚会主题:
时间:地点:　　　　　　　　　　主办单位:　　　　　　　　　　主持人:

评分项目	得分	备注
对象明确,晚会方案合理(20 分)		
主持人表现良好(10 分)		
晚会节目精彩(20 分)		
晚会服务到位(20 分)		
气氛活跃(10 分)		
场景布置得当(10 分)		
没有礼仪失误(10 分)		
合计		

五、房地产企业营业推广统计

营业推广是指企业为了刺激需求而采取的能够迅速产生鼓励作用、引起强烈市场反应、达成交易目的的促销措施。由于市场竞争日趋激烈,房地产开发企业越来越多地运用一些营业推广策略来刺激中间商和顾客的购买行为。

与广告促销不同,营业推广是在短期内提供给买房者一种心理激励、心理优化与购买冲动。因此,营业推广策略通常只做短期的考虑,目的是在短期内提升销售量,将潜在客户争取过来。营业推广作为一种短期的激励工具，许多开发企业对其越来越重视，投入也越来越大，尤其在销售情况不好时，营业推广几乎成了"唯一的策略"。

房地产楼盘营业推广的方式主要有销售竞赛、免费赠送、有奖销售、样板房展示等。营销人员要做好以下有关统计工作：

(1)销售竞赛。针对中间商营销实绩，分别给优胜者以不同的奖励，如现金奖、实物奖、免费旅游、度假奖等。针对销售人员的推销业绩，可以采用有奖销售、比例分成、免费提供进修培训、免费旅游和年假奖等。

(2)免费赠送。房地产开发企业常常针对购房者的实际额外需求提供相应的免费服务和赠品，有赠送家电的，有赠送家具的，有赠送装修的，甚至还有赠送面积的，其目的只有一个，就是刺激消费者购买或租赁。这种促销工作在运用时要注意：免费的东西要与房地产品的高额价值具有一定的消费对应性，如果价值悬殊，消费者将很难被打动。

(3)有奖销售。房地产开发企业有时还采取有奖销售的形式，这种方法在吸引购房者参与的同时，制订具有一定竞争性质的奖励措施以达到促销目的。房地产开发企业一般通过某种抽奖的形式以决定给予某些购房者某种价格上的优惠或实物奖励。

(4)样板房展示。样板房展示是以拟推出楼盘的某一层或某一层的一部分进行装修，并配置家具与各种设备，布置美观的装饰品，以供购房者参观，使其亲身体验入住感受的促销方式。样板房的设置是十分必要的，它可以极大地提高购房者的购房欲望，给感官以强烈刺激和直观明确的具体认识，现在人们已习惯于买楼时参观样板房。

六、房地产企业人员推销统计

科学的人员推销统计可以解决许多问题，包括：如何安排销售计划和分配销售时间，如何保持同原有顾客的关系，并善于了解用户的难处；善于选择合适的时机，进行充分的生意洽谈；善于接受和说服客户，取得用户的信任；敢于冲破价格障碍，适时报价等。

人员推销统计主要指标有销售数量指标、访问顾客的次数、增加新用户的数量(或市场占有率提高多少)、销售完成率和推销费用费等。其计算公式如下：

$$销售完成率 = \frac{实际销售额}{计划销售额}$$

$$推销费用率 = \frac{推销费用}{总销售收入}$$

七、房地产企业广告媒体统计

房地产企业广告主要包括报纸杂志上的印刷广告、招贴广告和广播电视广告，邮寄广告，现场广告牌，售楼书和样板房展示等形式。大多数房地产的广告媒体会采用户外媒体、印刷媒体和报刊媒体三种形式。户外媒体因为位置固定，比较偏重于楼盘周围的区域性客源；印刷媒体可以定向派发，针对性和灵活性都比较强；报刊媒体和广播电视则覆盖面广，客源层多。对媒体评价的常用统计指标有视听率、毛评点、视听暴露度、到达率、暴露频次、每千人成本和有效到达率。

1. 视听率

视听率是指在某一特定时间内，接收某一特定电视或广播节目的人数(或家庭数)占总视听人数的百分比。

2. 毛评点

毛评点也称总视听率，是各次广告传播之后，接触广告的人数与传播范围内人数比例之和，是一则广告在媒体推出数次之后所能达到的总效果。如果用一种媒体做广告，毛评点所反映的就是这一媒体的总效果；如果是同时几种媒体做广告，毛评点所反映的则是这一组合媒体的总效果。其计算公式如下：

$$毛评点 = 广告发布的次数 \times 视听率$$

3. 视听暴露度

视听暴露度是指某一特定时期内收听、收看某一媒体或某一媒体特定节目的人数（或家庭数）总和，实际上是毛评点的绝对值。其计算公式如下：

$$视听暴露度 = 视听总人数 \times 毛评点$$

4. 到达率

到达率又称接触率或触及率，是指广告由某媒体输出后，一段时间内接触到这则广告的人数占媒体总传播范围内总人数的比率，即看到或听到某一广告的人数的百分比。其计算公式如下：

$$到达率 = \frac{接触广告的总人数}{传递范围内的总人数} \times 100\%$$

5. 暴露频次

暴露频次也称频次或频率，是指在一定时期内，每个人（或每户）接收到同一广告信息的平均数。其计算公式如下：

$$暴露频次 = \frac{毛评点}{到达率}$$

6. 每千人成本

每千人成本是指对指定人口或家庭送达1 000个视听众暴露度的成本。其计算公式如下：

$$每千人成本 = \frac{广告费用（元）}{视听暴露度或人数（以千为单位）}$$

通常用如下公式计算某媒体的千人成本：

$$千人成本（广告媒体的相对费用）= \frac{广告媒体的绝对费用}{预计传播对象的人数}（以千人为单位）$$

7. 有效到达率

有效到达率是指在一定时间内同一广告通过媒体到达同一个人（或户）的数量界限。用这个指标来解决"到底要做多少次广告才有效"的问题。

> **扩展阅读**

商品房销售统计分析

商品房销售统计分析是通过统计指标数据及有关指标的计算，分析房地产开发企业商品房销售及计划完成情况、各类物业销售情况、区域房地产开发、房地产增减变化幅度及规律,在统计与分析的基础上写出分析评述和报告。

1. 商品房销售计划总额完成情况分析

商品房销售计划总额完成情况的考核,是逐月、逐季考察销售计划的进展情况。

对商品房销售计划的检查,需与动态分析相结合,了解销售计划总额完成的进度是否符合常规。一般来说,计划完成的进度应与时间的推移相适应,如月计划、季计划的完成需与时间的推移相适应,这也是考核计划进度的最低要求。对于销售计划有阶段性指标的,应按具体指标进行考核。具体可用计划执行进度指标考核计划执行情况,指标公式表示如下:

销售计划进度(%)＝累计完成商品房销售总额÷本期计划商品房销售总额×100%

累计完成商品房销售额是指期初至报告期末,逐月或逐季实际完成的累计数;本期计划数是指报告期的计划数。现以年度计划为例,说明具体的计算方法。

2. 不同用途商品房销售额及比例分析

根据商品房销售额统计资料,可以了解不同用途商品房销售额的构成和比例,掌握房地产市场行情,为开发、投资不同用途商品提供依据。

模块小结

房地产开发包括房屋建筑和土地利用设施的生产和再生产全过程,既包括施工建筑过程,也包括房屋建筑物、土地的流通过程;从狭义上讲,房地产开发是指房地产商品进入流通之前的施工生产过程,它是在特定地段上所进行的具体房地产项目的规划、勘察、设计、施工及验收等开发活动。房地产开发统计对于加快建立房地产市场预警、预报体系和信息披露制度,进一步提高房地产开发统计数据质量,发挥房地产统计工作在宏观调控中的作用都具有重要的意义。

房地产销售统计是企业经营管理的手段,能够为企业销售决策提供及时准确的数据,同时,也是房地产行业统计的基础。房地产企业销售统计是整个房地产统计活动中的核心。房地产企业的重点工作是房屋销售,销售状况的好坏将直接决定房地产企业资金回笼的速度,也将决定资金成本的高低。按照现代营销理论,房地产企业销售统计的具体内容可分为市场定位、产品定价、营销平台、促销方法四个方面。

思考与练习

一、填空题

1. 根据开发的对象角度可分为_____、_____和_____。

2. _____是房地产开发企业的商品房建造过程中,一定时期内完成的以物理或自然单位计量的房建工程量。

3. _____是指商品房开发建设项目的永久性工程从开始到全部建成交付使用为止

模块九　房地产开发与销售统计

所经历的时间。

　　4. 房地产企业销售统计的具体内容可分为＿＿＿＿、＿＿＿＿、＿＿＿＿、＿＿＿＿四个方面。

　　5. ＿＿＿＿＿＿＿＿是指房地产企业与公众之间的各种联系。

二、选择题

1. （　　）是指某种类型的房地产开发项目从开工到竣工交付使用所占用的时间长度。
   A. 建设工期　　　　B. 平均建设周期　　　C. 开发时间　　　　D. 竣工时间

2. （　　）是指一定时期内商品房竣工面积与施工面积的比，是反映商品房竣工情况的指标。
   A. 商品房竣工率　　B. 商品完成率　　　　C. 商品建设工期　　D. 平均建设周期

3. （　　）是指销售报告期内已销售的房屋面积中已正式交付给购房者或已签订（正式）销售合同的商品房屋面积。
   A. 销售面积　　　　B. 预售面积　　　　　C. 实际销售面积　　D. 空置面积

4. （　　）是指某一特定时期内收听、收看某一媒体或某一媒体特定节目的人数（或家庭数）总和，实际上是毛评点的绝对值。
   A. 视听暴露度　　　B. 毛评点　　　　　　C. 视听率　　　　　D. 暴露频次

三、简答题

1. 什么是房地产开发统计？房地产开发统计的意义有哪些？
2. 房地产开发统计的内容有哪些？
3. 房地产开发企业资金的主要来源有哪些方面？
4. 房屋建筑工程指标有哪些？

模块十 房地产交易统计

教学目标与考核重点

教学内容	单元一 房地产交易统计概述 单元二 房地产权属登记统计 单元三 房地产买卖统计 单元四 房地产租赁 单元五 房地产抵押	学时	4学时
教学目标	了解房地产交易统计概念及意义，房地产权属登记统计的概念及意义、房地产买卖的概念及意义、房地产租赁的概念及意义、房地产抵押的概念、抵押物的条件； 熟悉房地产产权统计分类、房地产买卖的分类、房地产租赁的条件与程序、房地产抵押权的设定； 掌握房地产权属登记统计指标、房地产买卖统计指标、房地产租赁统计指标、房地产抵押贷款统计的指标		
关键词	房地产交易、房地产产权、房地产买卖、房地产租赁、房地产抵押		
重点	房地产权属登记统计指标； 房地产买卖统计指标； 房地产租赁统计指标； 房地产抵押贷款统计指标		
能力目标	根据相关资料，能参与房地产权属登记、买卖、租赁、抵押等统计指标的确定		
素质目标	具有亲切、热情、友好的态度，乐于助人；耐心的倾听顾客的意见和要求		

案例导入

上证报中国证券网讯(记者 于祥明)8月份全国房地产市场继续降温。据克而瑞统计，29个重点监测城市商品住宅成交面积同、环比分别下降22%和10%，较2019年同期下降8%，降幅较7月有所扩大。其中，一线城市成交整体仍处高位。而受供应低迷影响，25个二、三线城市成交持续走低。

中原地产首席分析师张大伟向上海证券报表示，8月份北京新房和二手房成交量环比均出现调整，其中二手房成交量环比下调逾10%。

"8月份北京楼市出现下调的原因很多，其中精准的房地产调控政策是最主要因素。"张大伟向记者表示，随着7月北京学区政策落地后，大大抑制了学区房的成交，进而导致换房需求下降，新建住宅成交量也随之回落。

近一个多月以来，多地房地产调控加码。中原地产研究中心统计数据显示，2021年房地产调控累计突破400次，全面刷新历史纪录。截至8月31日，平均每月逾50次房地产调控，体现了房地产政策的严格趋势。

据克而瑞统计，8月百强房企整体业绩表现不及上半年和历史同期。百强房企单月销售操盘金额同比下降20.7%、环比下降10.7%。累计业绩增速自二季度以来也呈持续放缓趋势。

另据中国指数研究院数据，1—8月TOP100房企销售额整体呈现下降趋势，均值为887.9亿元，增长率均值为29.8%；而1—7月增长率均值为36.2%，下降较为明显。与此同时，房地产企业拿地也更趋理性。据申万宏源证券地产分析师袁豪观察，8月50家主流房地产企业的销售额同比下降17%，降幅较7月扩大12个百分点，市场正在回归，投资也在下行。

易居研究院智库中心研究总监严跃进向记者表示，近日住房和城乡建设部相关负责人提出"人房地钱"四位一体管控的新提法，房地产市场长效机制建设也将继续全面落实，这无疑利于楼市进一步回归理性。

"展望9月，随着传统销售旺季到来，房企将加大供货力度，供求皆有望企稳回升。而在政策轮番加码后，短期内热点城市房地产市场或将有所降温，成交整体回升幅度将明显受限。"严跃进说。

分析：2019—2021年全国房地产交易的特征是什么？

单元一　房地产交易统计概述

一、房地产交易统计概念

房地产交易是指房地产转让、抵押和房屋租赁等市场行为。其中，房地产转让是指房地产权利人通过买卖、赠予或者其他合法方式将其房地产转移给他人的行为；房地产抵押是指抵押人以其合法的房地产，以不转移占有的方式向抵押权人提供债务履行担保的行为；房屋租赁是指房屋所有权人作为出租人将其房屋出租给承租人使用，由承租人向出租人支付租金的行为。在房地产交易统计过程中，对这三种不同市场行为的不同指标分别进行统计，通过统计学结构相对指标等不同统计学方法对这些指标进行分析与计算，从而达到进行房地产市场交易信息统计的目的。

二、房地产交易统计意义

房地产交易统计通过进行数量方面的统计与分析，掌握房地产交易数量变化的规律性，为政府制订城市土地使用权出让计划、土地储备计划、旧城改造、房地产市场调控、房地产开发、房地产企业的开发与经营活动及消费者购买商品房提供依据。

城市房地产交易的活跃程度，在一定程度上反映了城市经济发展速度、居民的居住水平、消费水平和生活水平。通过房地产交易统计，可以比较全面地掌握不同各类型的房地产的分布及数量，掌握房地产在买卖、交换过程中的基本情况，为政府在住宅新区开发和旧城改造等工作中提供技术性的保证。

单元二　房地产权属登记统计

一、房地产权属登记概念及意义

房地产权属是指房地产产权的归属，也就是对房地产这种财产权确认其归属。所有权的确认是保护所有权人财产权的一种方法。房地产是不动产，其权利的取得方式为房地产权属登记。

房地产权属登记是指房地产行政主管部门代表政府对房屋所有权和土地使用权以及由上述权利产生的抵押权、典权等房屋他项权利进行登记，并依法确认房地产产权归属关系的行为。房地产产权统计是产权管理的基础与手段，它记录和反映了一定时期内产权转移、变更和其他权利的状况，为依法进行产权管理提供依据。例如，房地产在买卖、租赁、赠予、抵押、置换过程中，其产权状况核实是交易合法、公正的基础。各类产权统计的成果是最基础性资料，政府在制定城市发展规划、房地产开发、旧城改造和住房制度与政策的调整需要基础性资料的支持和保证。

二、房地产产权统计分类

在房地产产权类型体系中，首先，按照我国房地产权属的性质，可分为土地和房屋所有权、土地使用权和房地产他项权利；其次，按产权关系的客体不同，可分为土地产权和房屋产权；再次，按所有权和使用权的性质，可分为国家所有、集体所有或个人所有，以及同所有权性质相对应的使用权形式。其类型体系如图 10-1 所示。

房地产所有权是一定历史阶段的所有制形式在法律上的表现，房地产所有制决定着房地产所有权的性质和内容。

1. 房地产所有权的类型

依照我国现行法律的规定，我国实行社会主义土地公有制，土地属国家所有和集体所有。房屋作为财产，可以依法分别属于国家所有、集体所有和私人所有。依照《中华人民共和国宪法》《中华人民共和国民法典》和《中华人民共和国土地管理法》的有关规定，集体所有土地还可以分别属于村农民集体所有、乡（镇）农民集体所有和村内两个以上农业集体经济组织所有。

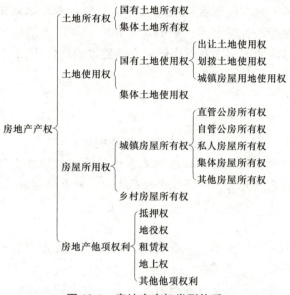

图 10-1　房地产产权类型体系

（1）国家所有土地。国有土地包括：城市的土地，即除法律规定属于集体所有以外的城市市区土地；依照法律规定被征用的土地；依照法律规定被没收、征收、征购、收归国家所有的土地；依照法律规定确定给予全民所有制单位、农民集体经济组织和个人使用的国有土地；依法属于国家所有的名胜古迹、自然保护区内的土地；依照法律规定不属于集体所有的其他土地。

（2）集体所有土地。集体所有土地包括：农村和城市郊区的土地，除法律规定属于国家所有的外，以及农村的宅基地、自留地和自留山等。

（3）房屋所有权。房屋所有可分为公有房屋和私有房屋。公有房屋，即国家所有和集体所有的房屋，可以按其持有形式划分不同的类型。所谓持有形式，是指对房屋实际支配和控制的主体。例如，国家所有房屋可分为直管和自管两种形式。直管房屋是由房屋管理部门持有的直接管理的公房；自管房屋是由国家机关、团体和其他企事业单位持有的自行管理的公产房屋，以及军队持有的自管房屋和全民所有制、集体所有制企业单位持有的自管房产。集体所有房屋又可分为集体经济组织持有或自管的房屋；合作社持有或自管的房屋；中外合作、合资企业持有或自管的房屋；宗教或其他团体持有或自管的房屋等。私人所有房屋可以划分为独有和共有，共有又可分为按份共有和共同共有。

2. 房地产使用权的类型

我国土地使用权可分为国有土地使用权、集体土地使用权等。国有土地使用权又可分为城镇国有土地使用权和农村国有土地使用权。农村国有土地使用权主要是指农、林、牧、渔场依法拥有的土地使用权。

（1）城镇国有土地使用权。国有土地的使用者依照法律规定或合同规定，享有使用土地并取得收益的权利，负有保护和合理利用土地的义务。城镇国有土地使用权可以通过划拨、出让、出租、入股等有偿方式取得。有偿取得的土地使用权可以依法转让、出租、抵押和继承。划拨土地使用权在补办出让手续、补交土地使用权出让金之后，才可以转让和出租。

（2）集体土地使用权。集体土地使用权主要是指农村集体土地使用权。农村集体土地使用权是指使用农村集体土地的使用者依照国家法律规定或者合同规定，享有使用土地并取得收益的权利，负有保护和合理利用土地的义务。农村集体土地使用权又可分为农用土地使用权、农村居民宅基地使用权和农村集体非农业建设用地使用权。

房地产所有权的权能

房地产所有权的内容是指其所有权法律关系中权利主体所享有的权利和义务。就权利而言，具体体现为房地产所有人在法律规定的范围内，对其土地或房屋享有的占有、使用、收益和处分的权能。

1. 占有

占有是指产权对房地产的实际掌握和控制。占有权通常由所有人行驶，也可以根据所有人的意志和利益分离出去，由非所有人享有。所有人占有是房地产所有权的一个权能，即占有权的体现。非所有人占有是指非所有人对他人所有的土地和房屋的占有。凡是根据法律的规定或所有人的意愿而占有的，是合法占有，能够形成独立的占有权，并能对抗第三人。

2. 使用。

使用是指产权主体按照土地及房屋的性能和用途进行事实上的利用和运用。例如，在依法取得的土地上建造房屋，在耕地上种植农作物等。使用权是房地产所有人所享有的一项独立权能，所有人可以在法律规定的范围内，依自己的意志使用土地和房屋。与此同时，房地产所有人可以在法律规定的范围内，根据自己的意志和利益将使用权分离出去，由非所有人享有。房地产使用权的实现要以占有权为前提，当占有权与所有人分离以后，所有人的使用权与所有权发生分离。但是，所有权和使用权相分离之后，并不排斥所有者要求在经济上的实现。

3. 收益

收益是指产权主体在土地和房屋之上获取经济利益的权利，是基于行使房地产所有权而取得经济收益的权利，是所有权在经济上的实现。收益权一般与使用权联系在一起，但是收益权本身是一项独立的权能，因此，使用权不包括收益权。所有权人可以不行使对土地和房屋的使用权，但可以享有对土地和房屋的收益权。同时，非所有权人可以依据法律和合同的规定，享有对土地和房屋的使用权，而不享有收益权。如在私人房屋租赁中，承租人只能对出租人的房屋享有使用权，不能将房屋转租而享有收益权。

4. 处分

处分是指产权主体在法律允许的范围内对土地和房屋的处理权利，即依照所有人的意志和法律的规定，对土地、房屋进行处置的权利，如出卖、赠予和其他转让行为。所有权人对房地产的处分会引起所有权的转移或灭失。所以，处分权是所有权人最基本的权利，是所有权的核心。处分权一般是由所有权人行使的，也可以委托非所有人行使。

房地产所有权的处分权是有一定限制的。我国现行法律规定，土地所有权不能买卖，也不允许以其他形式转让土地所有权；禁止滥用土地，不得擅自改变土地用途，不得破坏环境生态平衡，危害社会生产和人们的生活；不得擅自买卖公有房屋，严禁以城市私有房屋进行投机活动；房地产开发、建设不得违反建筑工程规划许可证的规定等。

三、房地产权属登记统计指标

房地产权属登记统计指标主要包括以下几项：

（1）总登记。总登记也称静态登记，是县级以上人民政府根据需要，在一定期限内对本行政区域内房地产进行的一次性、统一、全面的产权登记。

（2）初始登记。初始登记可分为土地使用权的初始登记和房屋所有权的初始登记。以出让或划拨方式取得土地使用权的，权利人应申请办理土地使用权初始登记。土地使用权初始登记，申请人应提交批准划拨用地证明或土地使用权出让合同等有关文件。房屋初始登记也称新建登记，是新建房屋权利人初始取得房屋所有权的主要手段。

（3）转移登记。房地产因买卖、交换、赠予、继承、划拨、转让、分割、合并、裁决等原因致使其权属发生转移的，当事人应当申请转移登记。

（4）变更登记。房地产权利人名称变更和房屋现状发生下列情形之一的，权利人应当申请变更登记：

1）房屋坐落的街道、门牌号码或房屋名称发生变更的；

2）房屋面积增加或减少的；

3）房屋翻建的；

4）法律法规规定的其他情形。

（5）他项权利登记。房地产设定房地产抵押权、典权等他项权利时，应申请他项权利登记。

（6）注销登记。房地产权利人发生房屋灭失、土地使用权年限届满、他项权利终止等，应申请注销登记。

表 10-1 为统计部门发布的房屋权属登记情况月报表。

表 10-1　某市房屋权属登记情况月报表

填报单位：　　　　　　　　　　　　　　　　　　　　　　　　　　　　年　月房综表

指标名称	计量单位	当月数量	累计数量
一、登记房屋总建筑面积	万 m²		
其中：1. 住宅	万 m²		
非成套住宅	万 m²		
成套住宅	套		
2. 非住宅	万 m²		
办公楼	万 m²		
商业营业房	万 m²		
工业仓储房	万 m²		
3. 其他	万 m²		
二、登记总件数	件		
其中：1. 初始登记总件数	件		
2. 转移登记总件数	件		
3. 变更登记总件数	件		
4. 他项权利登记总件数	件		
5. 注销登记总件数	件		

续表

指标名称	计量单位	当月数量	累计数量
其中：拆除登记件数	件		
三、登记总面积	万 m²		
其中：1. 初始登记总建筑面积	万 m²		
2. 转移登记总建筑面积	万 m²		
3. 变更登记总建筑面积	万 m²		
4. 他项权利登记总建筑面积	万 m²		
5. 注销登记总建筑面积	万 m²		
其中：拆除登记面积	万 m²		
四、发证合计	本		
其中：所有权证	本		
共有权证	本		
他项权证	本		

负责人：　　　　　　　　　制表人：　　　　　　　　　填表日期：

单元三　房地产买卖统计

一、房地产买卖的概念及意义

房地产买卖是指房地产所有权人（包括土地使用权人）将其合法拥有的房地产以一定价格转让给他人的行为。房地产买卖双方属于双务行为，即买卖双方均有一定的权利，并需承担一定的义务。房地产赠予是指房地产所有人（包括土地使用人）将合法拥有的房地产无偿赠送他人，不要求受赠人支付任何费用或为此承担任何义务的行为。在管理实践中对此要严格区分。

在房地产市场中，房地产买卖是一种重要的交易行为，因此，对其进行统计具有十分重要的意义。

(1)房地产买卖统计是房地产经营与市场管理的需要。政府和房地产开发商的责任与义务是满足房地产市场的需求和消费。但是房地产经纪机构在市场中的作用也不可忽视，其工作的重点也是满足需求和消费，及时掌握房产市场供求信息，满足市场对存量房的买卖需求。准确翔实的统计资料是房地产经纪机构经营和策划的可靠保证。政府对城市规划建设、房地产买卖市场的完善与管理也需要可靠的资料依据。

(2)房地产买卖统计是政府税收、制定政策和宏观调控的需要。开发建设新的住宅与形式多样的房地产交易方式，大大提高了城市居民的住房水平，实现了房地产与资金的良性循环，同时为国家提供可观的税收，也为国家制定房地产政策进行宏观调控提供了科学依据。由于房地产买卖统计反映约是一定时期内房地产市场的交易量，所以，能够反映企业提供服务和政府税收情况。

(3) 房地产买卖统计为房地产研究服务。房地产市场提供的市场信息，为经济研究者探讨和研究房地产市场的现状与规律，预测房产市场的发展趋势和有关政策与制度的制定提供资料。

二、房地产买卖的分类

房地产买卖根据转让的对象，可分为地面上有建筑物的房地产买卖和地面上无建筑物的地产买卖。习惯上前者称为房产买卖，后者称为土地使用权买卖。

1. 按房地产买卖产权分类

房地产买卖是按房地产所有权的归属而进行的分类。一般可分为以下两类：

(1) 集团购房。集团购房是组织或团体购房行为。集团购房又可以按性质不同进一步划分为政府机构、国有企业、事业单位、外资企业、有限公司及其他等。

(2) 个人购房。个人购房是指个人购买私有房产的行为。买卖双方是以合法、公平、合理的市场原则确定房地产的价格。个人购房按房屋原产权的不同又可以分为购入私房、购入房改房、购入经济适用房、购入商品房私房四类。

2. 按房产原产权分类

房地产买卖是按照已购公有住房、经济适用住房、商品房、通过其他交易方式取得产权的房产分类，进行有关数据的统计。

(1) 已购公有住房。我国的福利分房制度于 1998 年 12 月 31 日结束，此前，公有房屋的原产权单位将自管、自建房屋出售，即形成了已购公有住房，简称房改房，这标志着我国新的住房制度的启动，福利分房成为历史，取而代之的是货币分房和经济适用房购买制度。所以，在进行房地产买卖统计时有已购公有住房统计指标。

(2) 经济适用房。为了解决部分低收入人群的住房问题，各地政府进行了解困房和安居房的建设。随着国家经济的发展和住房政策的调整，目前，政府解决低收入人群住房问题的政策是：廉租房与经济适用房的开发、销售。由于这项工作关系国计民生，因此，经济适用房统计成为房地产统计制度中一项重要内容。

(3) 商品房私房。商品房私房是指个人购买，并且已取得房地产证的商品房，包括中国公民、港澳台同胞、海外侨胞、在华外国侨民、外国人所投资购买的各类房产。

3. 按买卖成交形式分类

按买卖成交形式可分为自成、中介、留置、收购、公购五类。

(1) 自成。自成是指房地产买卖双方自行议定价格、自行成交的买卖行为。一般在房地产交易中所占比例少，因此，单独统计意义不大。

(2) 中介。中介是指房地产买卖双方通过房地产中介机构或置换中心，经过估价、协商、议定价格后而成交的房地产买卖行为。中介目前是二手房和存量房市场中主要的成交方法，故单独统计和分析意义非常大。

(3) 留置。留置是指买卖双方在房地产交易前存在租赁关系，原来是出租人与承租人之间继而发生的房地产买卖行为。一般情况下，承租人在具备同等购买条件下，有权优先购买出租人要出售的房地产，现实中承租人利用优先购买权，购买房地产的情况很少，所以一般不单独进行统计。

(4)收购。收购是指因城市规划建设需要,在拆除、翻建、扩建共有房屋的过程中,受到私有房产的影响,政府有关部门与私房所有者经过协商,将私有房收购的买卖行为。

(5)公购。公购是指国家机关、团体、企事业单位等由于某种需要,经县级以上人民政府批准、购入私有房屋的买卖行为。

上述分类方法,便于分析各种成交方式的房屋数量、成交价格及其比例构成,为房屋买卖提供准确的数量资料。

三、房地产买卖统计指标

1. 公有房产买卖统计指标

(1)年末实有公有住房总量。年末房产买卖统计指标是报告期末本辖区内机关、团体和企事业单位所有的尚未出售的公有住房的总建筑面积。

(2)公有住房累计已出售总量。公有住房累计已出售总量是指截至报告期末累计已经按标准价、房改成本价、经济适用住房价格或市场价等向可购买人和承租人出售的公有住房总建筑面积。

(3)当年出售量。当年出售量是报告期内按标准价、房改成本价、经济适用住房价格或市场价等向可购买人和承租人出售的公有住房总建筑面积。

(4)当年房改成本价。当年房改成本价是指当地人民政府公布的当年出售公有住房的房改成本价。

(5)公有住房售房款累计总额。公有房产出售房款累计总额是指截至报告期末累计已出售公有住房所得房价款的总额。公有房产出售价款必须全部纳入各级住房基金。该项指标是公房出售统计内容中的重要指标。

(6)公有住房售房款余额。公有住房售房款余额是指公有住房的账面现存剩余数额。

2. 存量房买卖统计指标

存量房买卖统计指标是指报告期内,已购公有住房、经济适用住房、商品房、通过其他交易方式取得产权的房屋,以及自有自用房屋买卖的相关数据。

(1)成交套数。成交套数是报告期内,办理过户手续的存量房总套数。

(2)成交面积。成交面积是报告期内,办理过户手续的存量房总建筑面积。

(3)成交金额。成交金额是指报告期内,办理过户手续的存量房交易总金额。

扩展阅读

房地产买卖价格评估

常用的估价方法主要有市场比较法、收益还原法、成本法等。在进行房地产价格评估时,市场比较法、收益还原法的应用形式没有太大变化,成本法的具体计算形式略有变化。

1. 新建房地产成本法公式

新建房地产价格=取得土地费用+建筑物建筑费用+正常利润

在实际评估时,公式具体化:

新建房地产价格=取得土地费用+建筑工程费用+开发商负担的专业费用+开发商投

资的利息＋销售费用＋开发商投资的总费用＋开发商利润

2. 旧有房地产成本法公式

旧有房地产成本法是以房屋重置成本为基数，从中扣除已使用年限的折旧额，从而计算房屋价格的估价方法。其计算公式如下：

$$房屋价格 = 重置成本 - \frac{重置成本 \times (1-残值率)}{耐用年限} \times 已使用年限$$

在实际运用时要注意考虑价格指数的影响，以保证房屋评估价格更为准确。

单元四 房地产租赁

一、房地产租赁的概念及意义

房屋租赁是指出租者将其房屋出租给承租人使用并由承租人向出租人支付一定的租金的行为。房屋租赁应出具有关的权属证书，签订书面的租赁合同，并按规定向房地产管理机构办理登记备案。房地产租赁统计的意义如下：

（1）促进经营、减少空置、提高租金收益。房地产租赁经营者通过对租金收入、房屋出租和空置数等方面的统计，进行租金收缴和房屋空置情况的分析，发挥统计在租赁经营与管理中的作用，提高房屋的出租率、降低空置率。

（2）房地产经营者制订经营计划的依据。房地产经营计划的编制涉及租金收缴、房屋出租、经营效益等各方面的内容。房地产租赁计划是房地产经营计划的重要组成部分，因此，做好房地产租赁统计，可为分析房地产租赁计划执行情况、编制房地产经营计划提供必不可少的资料。

（3）政府制定有关制度和政策、经营者制定经营方案的重要资料。城市住房制度改革、经济适用房建设、城市低收入者住房保障、廉租房租金、房地产经营税收、城市的经营与管理等离不开房地产统计资料的支持。在房地产租赁市场，租赁房地产的位置、房地产的质量、物业管理的水平和租赁价格是决定房地产的竞争力主要因素。由于房地产不可移动，所以，租金的制订和区域租赁价格趋势研究非常重要。而租金升降的幅度、租金标准的制订和各类房地产租金水平的测算等，都需要房地产租赁统计提供可靠的参考资料。

二、房地产租赁的条件与程序

1. 房屋租赁的条件

公民、法人或其他组织对享有所有权的房屋、国家授权管理和经营的房屋，可以依法出租。但依据建设部发布的《商品房屋租赁管理办法》第六条规定，有下列情形之一的，房屋不得出租：属于违章建筑的；不符合安全、防灾等工程建设强制性标准、违反规定改变房屋使用性质的有关法律、法规规定禁止出租的其他情形。

2. 房地产租赁程序

房地产租赁程序因具体客体差异而不完全相同，但主要程序大致相同。

（1）调查房屋所有权证和出租人、房屋现状。承租人一般先要对准备租赁的房屋进行调查核实，主要有房屋所有权证、土地使用权、房屋是否抵押、房屋出租人与房屋所有人的关系、是否办理了房屋租赁许可证、房屋的基本情况等。

（2）签订合同。承租人和出租人就房屋租赁事宜进行协商谈判，并订立租赁合同，明确双方当事人的权利和义务。当事人双方签订的租赁合同要对租赁期限、押租金额、交付方式及返还日期、税费负担、修缮权责、附属设备等基本问题加以注明；同时，对承租者是否可以在租赁期间转租，以及租赁期间出租人将房屋转售他人的问题要进行明确规定，以避免发生纠纷。

（3）租赁登记。双方当事人持房地产书面租赁合同、房屋所有权证、当事人合法身份证件和其他要求的文件到土地管理部门或房地产管理部门办理登记备案手续，包括办理租赁审核手续、租赁登记手续或登记过户手续等，并接受管理部门的审查。

（4）合同执行。租赁合同一经签订，双方当事人应严格遵守。出租人应按照约定按时将房屋移交给承租人使用，承租人按时支付租金。

（5）租赁合同的终止。合同终止一般有两种情况：一是自然终止；二是人为终止。自然终止一般包括以下几项：

1）租赁合同到期，合同自行终止，承租人需继续租用的，应在租赁期限届满提前提出，经出租人同意后，重新签订租赁合同。

2）符合法律规定或合同约定可以解除合同条款的。

3）因不可抗力致使合同不能继续履行的。

由于上述原因造成租赁合同终止的，造成一方当事人损失的，除依法可以免除责任外，应当由责任方负责赔偿。

3. 房屋租赁合同

房屋租赁合同是房屋出租人和承租人在租赁房屋时签订的，用以明确租赁双方当事人权利和义务的协议。根据《商品房屋租赁管理办证》第七条的规定，房屋租赁合同应当包括以下主要内容：房屋租赁当事人的姓名（名称）和住所；房屋的坐落、面积、结构、附属设施，家具和家电等室内设施状况；租金和押金数额、支付方式；租赁用途和房屋使用要求；房屋和室内设施的安全性能；租赁期限；房屋维修责任；物业服务、水、电、燃气等相关费用的缴纳；争议解决办法和违约责任；其他约定。

三、房地产租赁统计指标

房地产租赁统计指标是指经营者所租赁的房地产总体特征的数量或具体数值。每个房地产租赁统计指标只能表示经营者所租赁房地产总体特征的某一侧面，而房屋租赁这一总体是由多侧面、多层次现象所组成的集合体。为了全面、系统地反映房地产租赁数量方面的特征，将系列房地产租赁统计指标设计成立体的统计体系，多侧面、多层次地反映房地产租赁数量方面的特征。

1. 租赁房地产建筑面积

租赁房地产建筑面积是指经营者在报告期经营租赁房地产建筑面积的总和，以

"m²"或"套"为计量单位。其是反映一定时期内经营者向社会体用租房产数量规模的基础性指标。

2. 房地产出租率

房地产出租率也称房屋出租率,是出租房地产建筑面积与经营租赁房地产总建筑面积的百分比,是反映租赁情况的一项重要经济指标。其计算公式如下:

房地产出租率=(出租房地产建筑面积÷经营租赁房地产总建筑面积)×100%

3. 租金收缴率

租金收缴率是实收租金与应收租金基数的比。其计算公式如下:

租金收缴率=(报告期实收租金÷报告期应收租金)×100%

应收租金可分为当年应收租金、追缴应收租金、旧欠应收租金、旧欠实收租金;实收租金可分为当年实收租金、追缴实收租金、旧欠实收租金。

4. 租赁违约率

在房地产租赁过程中,租赁违约情况时有发生,例如,由于承租人未按房屋租赁合约改变用途而发生的违约行为,租期未到提前解约等。租赁违约率是反映房地产租赁违约情况的一项指标,是违约数占承租总数的百分比。租赁违约率考核,有利于经营者加强房产租赁管理,注重优质客源选择,将租赁违约率控制在较低范围之内。

扩展阅读

房屋租赁价格

房屋租赁价格一般按照税金构成的八项因素计算租金标准。由于房屋建筑结构、装修设备和区位等方面存在差异,对具体房屋租金计算,应按照"按质论价,合理负担"的原则,计算出各类房产具体的单位租金。计算房屋租金有两部分,即基本租金和调剂租金。下面分别加以说明:

(1)基本租金。基本租金是由地租、房屋建筑、装修和设备等情况决定的。其计算方法大致有以下三种:

1)等级计算法。按照房屋建筑和与之相称的装修设备划分等级,按等级定分。这种方法一般是以一栋房屋为评定单位,对该建筑内的每间房屋条件购差别用调剂因素解决。

2)项目基分计算法。按房屋的主要项目,如结构、墙体、屋面、地面、门窗等分别定出基分,再按房屋具体情况分次评定,综合计算;设备按件计分。这种方法以每间房屋为评定单位,因此可适应每间房屋的不同情况。

3)综合计算法。把以上两种方法综合使用,如以结构、墙体、屋面等为主要建筑条件确定资金等级,按等划分,再以其他条件作为项目基分,两项合计为基本租金。

基本租金的定分办法,可以采取以"百分制"为单位(房屋各部位另订分值),也可直接用人民币为单位计算。

(2)调剂租金。调剂租金是由房屋内外建筑特点和环境位置及使用房屋而造成的损害等因素决定的。可概括为以下三个方面:

1)房屋建筑方面,包括房屋新旧程度、朝向、楼层,地区环境等。

2）建筑缺陷方面，包括自然采光程度、潮湿、地下室、房顶、屋内净高度过低等。

3）房屋用途方面，如工业用房，化工企业的一些有害气体会影响房屋使用期限。

调剂租金一般按照各项因素确定增减项目的百分比，以基本租金为基数按百分比增减。

这样，对于每间或每套房屋就可计算其基本租金和调剂租金。将基本租金和调剂租金的代数和称为单位租金计算标准，则每月应缴租金即

$$月应缴租金 = 单位租金计算标准 \times 计租面积$$

房屋租金的计算，无论采用何种方法，都必须从本地区的房屋租赁市场的实际情况出发，以适应房地产租赁市场的要求，方法以简便易行为宗旨。

单元五　房地产抵押

一、房地产抵押的概念

房地产抵押是指抵押人以其合法的房地产以不转移占有的方式向抵押权人提供债务履行担保的行为。债务人不履行债务时，抵押权人有权依法以抵押的房地产拍卖、变卖、折价的价款优先受偿。抵押人是指将依法取得房地产提供抵押权人，作为本人或第三人履行债务担保的公民、法人或其他组织。抵押权人是指接受房地产抵押作为债务人履行债务担保的公民、法人或其他组织。

二、房地产作为抵押物的条件

房地产抵押的抵押物由于土地使用权取得方式的不同，因此对抵押物要求也不同。《中华人民共和国城市房地产管理法》规定："依法取得的房屋所有权连同该房屋占用范围内的土地使用权，可以设定抵押权。以出让方式取得的土地使用权，可以设定抵押。"

上述规定说明房地产抵押中作为抵押物的条件包括两个方面：一是依法取得的房屋所有权连同该房屋占用范围内的土地使用权同时设定抵押权。对于这类抵押，无论土地使用权来源于出让还是划拨，只要房地产权属合法，即可将房地产作为统一的抵押同时设定抵押权；二是以单纯的土地使用权抵押的，也就是在地面上尚未建成建筑物或其他地上定着物时，以取得的土地使用权设定抵押权。这类设定抵押的前提条件是土地必须是以出让方式取得的。

《城市房地产抵押管理办法》明确规定下列房地产不得设定抵押权：权属争议的房地产；用于教育、医疗、市政等公共福利事业的房地产；列入文物保护的建筑物和有重要纪念意义的其他建筑物；已依法公告列入拆迁范围的房地产；被依法查封、扣押、监管或者以其他形式限制的房地产；依法不得抵押的其他房地产。

三、房地产抵押权的设定

1. 可以抵押的房地产

(1)依法获得的尚未建有房屋及其他地上定着物的出让土地使用权;
(2)依法获得所有权的房屋及其占用范围内的土地使用权;
(3)依法获得的房屋期权;
(4)依法可以抵押的其他房地产。

2. 不得抵押的房地产

(1)以行政划拨方式获得的尚未建有房屋及其他地上定着物的土地使用权;
(2)尚未建有房屋及其他地上定着物的农村集体所有土地使用权;
(3)学校、幼儿园、医院等以公益为目的的事业单位、社会团体的教育设施、医疗卫生设施和其他社会公益设施;
(4)依法列入城市房屋拆迁范围或集体所有土地征用范围的房屋、土地使用权;
(5)政府代管的房地产;
(6)未依法登记领取权属证书的房屋和土地使用权;
(7)权属不明或有争议的房地产;
(8)依法被查封、监管的房地产或依法被以其他形式限制转移的房地产;
(9)已出租的公有居住房屋;
(10)依法不得抵押的其他房地产。

同一房地产设定两个以上抵押权的,抵押人应当将已经设定过的抵押情况告知抵押权人。

抵押人所担保的债权不得超出其抵押物的价值。

房地产抵押后,该抵押房地产的价值大于所担保债权的余额部分,可以再次抵押,但不得超出余额部分。

以两宗以上房地产设定同一抵押权的,视为同一抵押房地产。但抵押当事人另有约定的除外。

以在建工程已完工部分抵押的,其土地使用权随之抵押。

有经营期限的企业以其所有的房地产抵押的,其设定的抵押期限不应当超过该企业的经营期限。

以具有土地使用年限的房地产抵押的,其抵押期限不得超过土地使用权出让合同规定的使用年限减去已经使用年限后的剩余年限。

以共有的房地产抵押的,抵押人应当事先征得其他共有人的书面同意。

预购商品房贷款抵押的,商品房开发项目必须符合房地产转让条件并取得商品房预售许可证。

以已出租的房地产抵押的,抵押人应当将租赁情况告知抵押权人,并将抵押情况告知承租人。原租赁合同继续有效。

模块十 房地产交易统计

四、房地产抵押贷款统计的指标

1. 房地产抵押登记统计指标

(1)抵押登记件数：报告期内，办理房地产抵押登记手续的总件数。

(2)抵押登记面积：报告期内，办理房地产抵押登记手续的抵押房地产总建筑面积。

(3)抵押登记金额：报告期内，办理房地产抵押登记手续的抵押房地产所担保的债务总金额。

2. 抵押物的分类与统计

(1)在建工程抵押情况。即报告期内，抵押人为取得在建工程继续建造资金的贷款，以其合法取得的土地使用权连同在建工程的投入资产，以不转移占有的方式，抵押给贷款银行作为偿还贷款担保的有关数据。

(2)预购商品房贷款抵押情况。即报告期内，购房人在支付规定的首期房价款后，由贷款银行代其支付剩余的购房款，将所预购的商品房抵押给贷款银行作为偿还贷款担保的有关数据。

(3)现房抵押情况。即报告期内，抵押人用已办理所有权登记手续的房屋，向抵押权人提供偿还贷款担保的有关数据。现房又可分为商品房、房改房和私房。

(4)在建工程抵押转现房抵押情况。即报告期内，设定了在建工程抵押的房地产竣工后，转为现房抵押的有关数据。

(5)预购商品房贷款抵押转现房抵押情况。即报告期内，预购商品房贷款抵押转为现房抵押的有关数据。

(6)注销登记总件数及注销登记总建筑面积。即报告期内，进行土地使用权、房屋所有权及他项权利注销登记的总件数与总建筑面积。其中包括拆除房屋登记总件数及总建筑面积。

五、房地产抵押合同和抵押登记

1. 房地产抵押合同

房地产抵押合同是抵押人与抵押权人为了保证债权债务的履行，明确双方权利与义务的协议。房地产抵押是担保债权债务履行的手段，是债权债务合同的从合同，债权债务的主合同无效，抵押合同也自然无效。房地产抵押是一种标的物很大的担保行为，法律规定房地产抵押人与抵押权人必须签订书面抵押合同。

房地产抵押合同一般应载明下列内容：抵押人、抵押权人的名称或者个人姓名、住所；主债权的种类、数额；抵押房地产的处所、名称、状况、建筑面积、用地面积以及坐落、房地产权利证书编号；抵押房地产的价值；抵押房地产的坐落管理人、占用管理方式、占用管理责任及以外损毁、灭失的责任；抵押期限；抵押权灭失的条件；违约责任；争议解决的方式；抵押合同订立的时间与地点；双方约定的其他事项。

抵押物须保险的，当事人应在合同中约定，并在保险合同中将抵押权人作为保险赔偿金的优先受偿人。

2. 房地产抵押登记

房地产抵押合同签订后，抵押当事人应当到房地产所在地的房地产管理部门办理房地产抵押登记。房地产抵押合同自抵押登记之日起生效。

办理房地产抵押登记，应当向登记机关交验下列文件：

(1) 抵押当事人的身份证明或法人资格证明；

(2) 抵押登记申请书；

(3) 抵押合同；

(4)《国有土地使用权证》《房屋所有权证》或《房地产权证》，共有的房屋还必须提交《房屋共有权证》和其他共有人同意抵押的证明；

(5) 可以证明抵押人有权设定抵押权的文件与证明材料；

(6) 可以证明抵押房地产价值的资料；

(7) 登记机关认为必要的其他文件。

模块小结

房地产交易是指房地产转让、抵押和房屋租赁等市场行为。其中，房地产转让是指房地产权利人通过买卖、赠予或其他合法方式将其房地产转移给他人的行为。

房地产权属是指房地产产权的归属，也就是对房地产这种财产权确认其归属。所有权的确认是保护所有权人财产权的一种方法。房地产是不动产，其权利的取得方式房地产权属为登记。

房地产买卖是指房地产所有权人（包括土地使用权人）将其合法拥有的房地产以一定价格转让给他人的行为。房地产买卖双方属于双务行为，即买卖双方均有一定的权利，并需承担一定的义务。

房屋租赁是指出租者将其房屋出租给承租人使用并由承租人向出租人支付一定的租金的行为。房屋租赁应出具有关的权属证书，签订书面的租赁合同，并按规定向房地产管理机构办理登记备案。

房地产抵押是指抵押人以其合法的房地产以不转移占有的方式向抵押权人提供债务履行担保的行为。

思考与练习

一、填空题

1. 房地产交易是指房地产_____、_____和_____等市场行为。其中，房地产_____是指房地产权利人通过买卖、赠予或其他合法方式将其房地产转移给他人的行为。

2. _____是指房地产产权的归属，也就是对房地产这种财产权确认其归属。

3. _____是产权管理的基础与手段，它记录和反映了一定时期内产权转移、变更和其他权利的状况，为依法进行产权管理提供依据。

4. _____ 是一定历史阶段的所有制形式在法律上的表现，房地产所有制决定着房地产所有权的性质和内容。

5. _____ 是房屋出租人和承租人在租赁房屋时签订的，用以明确租赁双方当事人权利和义务的协议。

6. _____ 是指抵押人以其合法的房地产以不转移占有的方式向抵押权人提供债务履行担保的行为。

二、选择题

1. 在房地产权类型体系中，按所有权和使用权的性质分类不包括（　　）。
   A. 国家所有　　　B. 集体所有　　　C. 个人所有　　　D. 公司所有
2. 房地产权属登记统计指标不包括（　　）。
   A. 总登记　　　B. 初始登记　　　C. 转移登记　　　D. 撤销登记
3. 房地产买卖产权按（　　）而分为集团购房、个人购房。
   A. 房地产所有权的归属　　　　　　B. 按房产原产权
   C. 按买卖成交形式　　　　　　　　D. 按初始登记形式
4. 存量房买卖统计指标不包括（　　）。
   A. 成交套数　　　B. 成交面积　　　C. 成交金额　　　D. 最终结算
5. （　　）是出租房产建筑面积与经营租赁房产总建筑面积的百分比，是反映租赁情况的一项重要经济指标。
   A. 房产出租率　　B. 租金收缴率　　C. 租赁违约率　　D. 租赁房产建筑面积
6. 下列房地产不可以抵押（　　）。
   A. 依法获得的尚未建有房屋及其他地上定着物的出让土地使用权
   B. 依法获得所有权的房屋及其占用范围内的土地使用权
   C. 依法获得的房屋期权
   D. 依法列入城市房屋拆迁范围或者集体所有土地征用范围的房屋、土地使用权

三、简答题

1. 什么是房地产交易统计？房地产交易统计的意义有哪些？
2. 什么是房地产买卖？房地产买卖的意义有哪些？
3. 公有房地产买卖统计指标有哪些？
4. 简述房地产租赁程序。

模块十一 房地产企业财务统计

教学目标与考核重点

教学内容	单元一　房地产企业资产统计 单元二　房地产企业成本、费用与利润统计 单元三　房地产企业财务状况统计分析	学时	4学时
教学目标	了解固定资产的定义及特征； 熟悉房地产企业成本的内容、项目，熟悉房地产税费的基本概念、构成要素； 掌握固定资产投入统计、流动资产统计、房地产企业的期间费用构成及费用指标； 掌握土地增值税、城市维护建设税、企业所得税的计算； 掌握短期偿债能力分析、长期偿债能力分析、房地产企业盈利能力分析		
关键词	固定资产、固定资产总量统计、固定资产折旧统计、流动资金、偿债能力		
重点	房地产企业成本、企业费用、税费、利润统计； 房地产企业偿债能力分析		
能力目标	根据相关资料，能参与房地产权属登记、买卖、租赁、抵押等统计指标的确定		
素质目标	做事认真、细致；有问题及时查阅资料，及时和同事沟通，并提出建设性意见		

案例导入

SH公司是一家房地产开发公司，其2000年、2001年及2005年年度审计报告均由HD会计师事务所出具。对于这三个年度的审计，HD会计师事务所针对该公司存在的问题，均出具了保留意见的审计报告，具体内容如下：

2000年该公司被出具的保留意见称："2000年销售美达花园以售楼合同金额及其相应的成本入账，与现行房地产开发企业财务制度对销售收入确认的规定不相一致，其销售收入129 171 827.85元，以及相应成本人民币87 762 114元列示于后附的合并会计报表中。"

2001年该公司被出具的保留意见是："2001年因设备故障而停工所发生的费用8 194 625.06元，历史遗留的工程设备大修理支出6 282 661.75元，列入待摊费用和其他应收款，未计入当年损益。"

2005年，SH公司与三家房地产开发公司发生房地产纠纷，法院终审判决SH公司败诉，SH公司为此须向三家房地产开发公司赔偿2 786万元。对于这一事项，SH公司并未在当年的会计报表中进行披露。因此，HD会计师事务所就此出具了保留意见的审计报告。该保留意见称："公司未将上述终审判决结果计入当期损益，计影响当年利润2 786万元。"

分析：根据以上提供的资料，请分析SH公司于2000年、2001年、2005年这三个年度分别采用了哪一种手段来达到调高公司利润的目的？

单元一 房地产企业资产统计

一、固定资产统计

（一）固定资产的概念及特征

固定资产是指为生产商品、提供劳务、出租或经营管理而持有，使用寿命超过一个会计年度的有形资产。其包括房屋及建筑物、机器设备、运输设备、工器具等。房地产开发企业的固定资产是从事房地产开发经营的重要物质条件。作为房地产开发企业主要劳动资料的固定资产应具有以下三个基本特征：

（1）使用寿命长。企业使用固定资产的预计期间超过了一年或长于一年的一个营业周期。因此，为取得固定资产而发生的支出，属于资本性支出，而非收益性支出，从而将它与作为流动资产的包装物及低值易耗品等工具、器具区分开。

（2）可多次参加开发经营过程，保持原来的实物形态。固定资产作为劳动工具和劳动条件，随着使用的时间和强度，逐渐将其价值转移到开发的产品中，长久地维持着原有的物质形态。根据配比原则，必须将固定资产的价值采用一定的方法分配于各个受益期费用中去，这不仅是为企业保存财力重置资产，保证房地产的再开发，而且是为了实现收入与费用的正确配比。

（3）取得目的是用于开发经营活动而不是为了出售，这是房地产开发企业在房屋建筑物及设备等固定资产的核算中区别于开发产品的重要标志。房地产开发企业开发的商品房、出租房和周转房，虽然也都具有使用期限较长、在使用过程中不改变其实物形态的特征，但是它们的取得都是为了出售，只宜作为开发产品的管理和核算。

房地产开发经营的特点决定了对外销售开发产品可以采用出售和出租两种方式，也决定了出租房、周转房和商品房三者之间用途的不稳定性。房地产开发企业可以根据自身的开发经营情况、资金情况及房产市场销售等情况，决定这些开发产品的用途。如将出租房变为商品房对外进行出售或将商品房变为出租房对外进行出租。对周转房也是如此，当商品房暂时未出售之前，可临时用于安置动迁户，待动迁户回迁或安置完毕之后，再将空出的周转房作为出租房或商品房用于对外出租或出售。最终是为了出售的这类房屋不符合固定资产的定义，因而不属于固定资产。

房地产开发企业的固定资产，除使用期限在1年以上的主要劳动资料外，还包括不属于劳动资料范围的一些非开发经营用房屋及单位价值在2 000元以上、使用期限在2年以上的设备。通常，机器设备的备品、备件和维修设备被确认为存货，但需要与相关固定资产组合发挥效用的某些备品、备件和维修设备，应当确认为固定资产。

(二)固定资产投入统计

1. 固定资产总量统计

固定资产总量统计是指企业全部固定资产的价值汇总。固定资产的总额即是它的货币表现，即

$$固定资产总量 = \sum (固定资产数量 \times 单价)$$

固定资产总量统计有固定资产原值和固定资产净值两大类。其反映企业当前实际占用在固定资产上的资金，是企业规划再生产的依据。

2. 固定资产构成统计

(1)购入不需要安装的固定资产。购入不需要安装的固定资产是指企业购入的固定资产不需要安装便可以交付使用。将其实际支付的价款(包括买价、支付的包装费、运输费、税金等)作为固定资产的原值，借记"固定资产"科目，贷记"银行存款""应付账款""应付票据"等科目。

(2)购入需要安装的固定资产。购入需要安装的固定资产是指购入后要经过安装以后才能交付使用的固定资产。在核算上，对购入需要安装的固定资产的价款及发生的安装费用，均应先通过"在建工程"账户视同自行建筑固定资产进行核算，安装完毕交付使用时再转入"固定资产"账户。

(3)自行建造的固定资产。自行建造固定资产的成本由建造该项资产达到预定可使用状态前所发生的必要支出构成。其包括工程物资成本、人工成本、交纳的相关税费、应予资本化的借款费用及应分摊的间接费用等。

企业自行建造的固定资产包括自营建造和出包建造两种方式。

1)自营建造。企业自营建造的固定资产应当按照建造该固定资产达到预定可使用状态前所发生的必要支出确定其工程成本，并单独核算。工程项目较多且工程支出较大的企业，应当按照工程项目的性质分别核算。企业自营建造工程主要通过"固定资产购建支出"账户进行核算。"固定资产购建支出"账户核算企业为进行各项固定资产购建工程所发生的实际支出，以及改、扩建工程等转入的固定资产的净值。

2)出包建造。企业通过出包方式建造的固定资产，按应支付给承包企业的工程价款作为固定资产的历史成本。在出包方式下，"固定资产购建支出"账户实际成为企业与承包企业的结算账户，将与承包企业之间结算的工程价款作为工程成本，记入"固定资产购建支出"账户核算。出包工程的会计处理比较简单，在出包建造的工程为达到预定可使用状态前所应支付给承包企业的全部工程价款，均借记"在建工程"科目，贷记"银行存款"等科目；工程完工交付使用时，按实际发生的全部支出，借记"固定资产"科目，贷记"固定资产购建支出"科目。

(4)投资者投入的固定资产。投资者投入的固定资产是企业原始资本之一。在投资者投入固定资产时，固定资产的入账价值以投资各方确认的价值为准。

(5)租入的固定资产。房地产企业由于开发生产需要租入各种固定资产,按其租赁的性质,可分为经营性租入的固定资产和融资性租入的固定资产两种。

(6)接受捐赠的固定资产。房地产企业接受捐赠固定资产,按确定的入账价值借记"固定资产"科目,按其应税所得额贷记"递延税款"科目,按确定的入账价值减去未来应交所得税的余额贷记"资本公积"科目。

(7)盘盈的固定资产。盘盈时按规定的固定资产入账价值借记"固定资产"科目,贷记"待处理财产损溢——待处理固定资产损溢"科目。经有关部门批准处理盘盈资产时借记"待处理财产损溢——待处理固定资产损溢"科目,贷记"营业外收入"科目。

(三)固定资产折旧统计

固定资产折旧是指在固定资产的使用寿命内,按照确定的方法对应计折旧额进行的系统分摊。应计折旧额是指应当计提折旧的固定资产的原价扣除其预计净残值后的余额。如果已对固定资产计提了减值准备,还应当扣除已计提的固定资产减值准备的累计金额。

计提固定资产折旧的方法一般有年限平均法、工作量法、加速折旧法等。

1. 年限平均法

年限平均法又称直线法,是将固定资产的折旧额均衡地分摊到各期的成本费用的一种方法。这种方法计算的每期折旧额均是等值的。其计算公式如下:

$$年折旧额 = \frac{固定资产原价 - 预计净残值}{预计使用年限}$$

$$年折旧率 = \frac{年折旧额}{固定资产原价} = \frac{1 - 预计净残值率}{预计使用年限} \times 100\%$$

$$月折旧率 = \frac{年折旧率}{12}$$

$$月折旧额 = 固定资产原价 \times 月折旧率$$

【例 11-1】 某房地产企业分房原价为 5 000 万元,预计可使用 40 年,预计净残值率为 4‰。计算其折旧率。

解:
$$年折旧率 = \frac{1 - 4\%}{40} = 2.4\%$$

$$月折旧额 = \frac{5\,000 \times 2.4\%}{12} = 10(万元)$$

固定资产的折旧率可分为个别折旧率、分类折旧率和综合折旧率。上述计算的折旧率是按某项固定资产单独计算的,称为个别折旧率;分类折旧率是指按固定资产类别(指性质、结构和使用年限接近的一类固定资产)分别计算的平均折旧率;综合折旧率是指某一期间企业全部固定资产折旧额与全部固定资产原值的比率。从折旧额计算的准确度而言,采用综合折旧率的计算结果准确性较差,而个别折旧率则更合理。

2. 工作量法

工作量法是根据固定资产的实际工作量计提折旧额的一种方法。其计算公式如下:

$$单位工作量的折旧额 = 固定资产原值 \times \frac{(1 - 净残值率)}{预计工作总量}$$

$$某项固定资产月折旧额 = 该项固定资产当月实际工作量 \times 单位工作量折旧额$$

企业如有专业运输车辆和不经常使用的大型机械设备，可采用行驶里程折旧法和台班折旧法来应用工作量法计提折旧。

【例 11-2】 某房地产企业一辆材料运输车的原价为 100 000 元，预计总行驶里程为 50 万 km，其预计净残值率为 5%，本月行驶 2 000 km。计算其折旧额。

解：

$$每公里折旧额 = \frac{100\,000 - 100\,000 \times 5\%}{500\,000} = 0.19(元/km)$$

$$本月折旧额 = 2\,000 \times 0.19 = 380(元)$$

3. 加速折旧法

加速折旧法又称快速折旧法或递减折旧法，是固定资产计提折旧前期多，以后逐年减速的方法。加速折旧法用以加速确认折旧费用，加速折旧的方法较多，常用的主要有双倍余额递减法与年数总和法。

（1）双倍余额递减法是快速折旧的一种方法，是在不考虑固定资产残值的情况下，根据每期期初固定资产账面余额和双倍的直线法折旧率计算的固定资产折旧的一种方法。其计算公式如下：

$$年折旧率 = \frac{2}{预计使用年限} \times 100\%$$

$$月折旧率 = \frac{年折旧率}{12}$$

$$月折旧额 = 固定资产期初账面余额 \times 月折旧率$$

【例 11-3】 某房地产开发企业某项设备原价为 120 万元，预计使用寿命为 5 年，净残值率为 4%；假设该企业没有对该机器设备计提减值准备。计算其折旧额。

解：按双倍余额递减法计算折旧，则每年的折旧额计算如下：

$$年折旧率 = 2 \div 5 \times 100\% = 40\%$$

$$第一年应提的折旧额 = 120 \times 40\% = 48(万元)$$

$$第二年应提的折旧额 = (120 - 48) \times 40\% = 28.8(万元)$$

$$第三年应提的折旧额 = (120 - 48 - 28.8) \times 40\% = 17.28(万元)$$

从第四年起改按年限平均法（直线法）计提折旧：

$$第四、五年应提的折旧额 = (120 - 48 - 28.8 - 17.28 - 120 \times 4\%) \div 2 = 10.56(万元)$$

（2）年数总和法又称年限合计法，是将固定资产的原值减去预计净残值的余额乘以一个以固定资产尚可使用寿命为分子、以预计使用寿命逐年数字之和为分母的逐年递减的分数计算每年的折旧额。其计算公式如下：

$$年折旧率 = \frac{尚可使用年限}{预计使用寿命的年数总和} \times 100\%$$

$$月折旧率 = \frac{年折旧率}{12}$$

$$月折旧额 = (固定资产原价 - 预计净残值) \times 月折旧率$$

【例 11-4】 某房地产企业有机器设备一台，原价为 60 000 元，预计使用年限为 5 年，预计净残值为 9 000 元。计算其折旧额。

解：若企业用年数总和法计算该项设备的折旧，则每年的折旧额计算如下：

$$第一年应计提的折旧额 = (60\,000 - 9\,000) \times \frac{5}{15} = 17\,000(元)$$

第二年应计提的折旧额=$(60\,000-9\,000)\times\dfrac{4}{15}=13\,600$(元)

第三年应计提的折旧额=$(60\,000-9\,000)\times\dfrac{3}{15}=10\,200$(元)

第四年应计提的折旧额=$(60\,000-9\,000)\times\dfrac{2}{15}=6\,800$(元)

第五年应计提的折旧额=$(60\,000-9\,000)\times\dfrac{1}{15}=3\,400$(元)

采用这两种加速折旧法的理由主要是考虑到固定资产在使用过程中,一方面它的效率或收益能力逐年下降;另一方面它的修理费用逐年增加。为了均衡固定资产在使用期限内各年的使用费,固定资产在早期所提的折旧额应大于后期所提的折旧额。采用加速折旧法,可使固定资产资金能在投入使用前几年大部分回收,减少无形损耗的风险。

二、流动资产统计

房地产企业的流动资金是指企业为保证生产正常进行,在生产和流通领域供经营周转用的资金。其包括原材料、在产品、产成品、现金、应收款等方面占用的资金。它在再生产过程中不是长期保持在一种形态上,而是随着生产过程和流通过程不断地由一种形态转换为另一种形态,其价值一次性地转移到产品中。

(一)流动资金构成统计

房地产企业流动资金的运动过程主要包括供应、生产和销售三个过程。

(1)在供应过程中,房地产企业要用货币资金购买材料物资,以备工资之用。对于采用出包方式施工的工程,则需要按照承发包合同的规定预付给承包单位工程款和备料款,从而使企业的货币资金转化为储备资金、结算资金。

(2)在生产过程中,房地产企业采用自营方式或出包方式进行工程施工。自营工程会发生物化劳动和活劳动耗费;出包工程则要按承发包合同规定的结算方法结算工程价款。在这个过程中,企业的货币资金、储备资金和结算资金转化为在建资金。随着工程的竣工验收,在建资金又进而转化为建成资金。

(3)在销售过程中,房地产企业将其开发完成的商品性建设场地、商品房和其他配套设施进行转让或出售,从而实现商品价值,并收回货币资金。

企业收回的货币资金,首先用以补偿开发建设过程中的耗费,以保证简单再生产的顺利进行;其价值增值部分,就是企业实现的利润,除按规定向国家缴纳税金和提取盈余公积金和公益金外,可用于向投资者分配利润。盈余公积金和未分配利润可以用来转增资本,以实现企业扩大再生产的目标。

随着供、产、销过程的进行,不仅完成了房地产企业再生产过程生产、流通、消费和分配的四个环节,而且也使企业的资金不断地改变形态,从货币资金开始,依次转化为储备资金、结算资金、在建资金、建成资金,最后又转回货币资金。

可见,房地产企业的流动资金可分为储备资金、在建资金、建成资金、货币与结算资金。企业应结合自身生产的特点及管理水平,对企业的流动资金进行合理的划分,提高企业流动资金的利用率,从而提高企业的经济效益。

$$流动资金结构指标 = \frac{报告期某一类流动资金金额}{报告期企业流动资金总额} \times 100\%$$

(二)流动资金周转速度统计

流动资金的周转速度可用流动资金周转次数、流动资金周转天数和流动资金周转天数加速率三项指标来反映。

(1)流动资金周转次数。流动资金周转次数是反映企业流动资金周转速度的指标。其是流动资金的平均占用额与流动资金在一定时期所完成的周转额(销售收入)之间的比率。其计算公式如下:

$$流动资金周转次数 = \frac{报告期销售收入净额}{报告期流动资金平均占用额}$$

由上式可以看出,在企业不增加流动资金的情况下,其周转次数越多,流动资金周转的速度就越快。

(2)流动资金周转天数。流动资金周转天数是指流动资金周转一次所需要的天数。其计算公式如下:

$$流动资金周转天数 = \frac{报告期日历日数}{报告期流动资金周转次数}$$
$$= \frac{报告期日历日数 \times 报告期流动资金平均占用额}{报告期销售收入净额}$$
$$= \frac{报告期流动资金平均占用额}{报告期日平均销售收入净额}$$

由上式可以看出,流动资金的周转天数越少,周转速度越快,流动资金占用的效率也就越高。在实际工作中,用流动资金周转天数说明流动资金周转速度最简单明确,这是因为该指标的可比性强,不必考虑报告期是月度、季度还是年度。

(3)流动资金周转天数加速率。为了反映报告期流动资金周转速度的快慢程度,还应计算流动资金周转天数加速率:

$$流动资金周转天数加速率 = \left(1 - \frac{报告期流动资金周转天数}{基期流动资金周转天数}\right) \times 100\%$$

若计算结果为正,表示资金周转加快;若计算结果为负,则表示资金周转延缓。

单元二 房地产企业成本、费用与利润统计

一、房地产企业成本统计

1. 房地产企业成本的内容

房地产企业成本是指房地产开发企业在房地产开发经营过程中所耗费的对象化的各项费用。要核算开发产品的成本,首先要弄清楚开发产品成本的种类和内容。开发产品成本按其用途可分为土地开发成本、房屋开发成本、配套设施开发成本和代建工程开发成本

四类。

(1) 土地开发成本是指房地产开发企业开发土地(即建设场地)所发生的各项费用支出。其包括开发房地产而取得土地使用权所支付的土地出让金(或土地转让金)、土地征用费、耕地占用税、劳动力安置费、地上和地下附着物拆迁补偿的净支出及安置拆迁用房支出等。

(2) 房屋开发成本是指房地产开发企业开发各种房屋(包括商品房、出租房、周转房、代建房等)所发生的各项费用支出。

(3) 配套设施开发成本是指房地产开发企业开发能有偿转让的大型配套设施及不能有偿转让、不能直接计入开发成本的公共配套设施所发生的各项费用支出。

(4) 代建工程开发成本是指房地产开发企业接受委托单位的委托,代为开发土地、房屋以外的其他工程,如市政工程等所发生的各项费用支出。

2. 房地产企业成本的项目

在会计核算业务中,将开发产品成本划分为土地征用补偿费、前期工程费、基础设施费、建筑安装工程费、配套设施费、开发间接费用和其他开发费用。

(1) 土地征用补偿费是指因开发房地产而征用土地所发生的各项费用,包括征地费、安置费、原有建筑的拆迁补偿费或采用批租方式取得土地的批租地价。

(2) 前期工程费是指土地、房屋开发过程中发生的规划、设计、可行性研究及水文地质勘察、测绘、场地平整等费用。

(3) 基础设施费是指土地、房屋开发过程中发生的供水、供电、供气、排污、排洪、通信、照明、绿化、环卫设施及道路等基础设施费用。

(4) 建筑安装工程费是指土地、房屋开发项目在开发过程中按建筑安装工程施工图施工所发生的各项建筑安装工程费和设备费。

(5) 配套设施费是指在开发小区内发生,可计入土地、房屋开发成本的,不能有偿转让的公共配套设施费用,如锅炉房、水塔、居委会、派出所、幼儿园、消防设施、自行车棚、公厕等设施支出。

(6) 开发间接费用是指房地产开发企业内部独立核算单位及开发现场为开发房地产而发生的各项间接费用。其包括现场管理机构人员工资、福利费、折旧费、修理费、办公费、水电费、劳动保护费、周转房摊销等。

(7) 其他开发费用包括企业为开发产品而发生的应计入开发产品成本的以上各项之外的支出,如企业为开发房地产而借入的资金,在开发产品完工之前所发生的利息等借款费用及其他难以归入以上各个项目的开支等。

房地产企业在开发现场组织和管理房地产开发建设所发生的各项费用,应作为开发间接费用。由于在实际工作中企业很难划清管理费用和开发间接费用的界限,所以,除将周转房摊销列作开发间接费用外,其余费用往往以是否设立现场管理机构为依据进行划分。如果开发企业不设现场机构,而由公司定期或不定期地派人到开发现场组织开发建设活动,则所发生的费用可直接并入企业的管理费用。

二、房地产企业费用统计

(一)房地产企业的期间费用构成

房地产企业的期间费用是指与开发房地产项目无直接联系,不能计入某个特定开发项目的成本费用。其包括管理费用、财务费用、营业费用,这些费用在其发生的会计期间直接计入当期损益。

1. 管理费用

房地产企业的管理费用,是指企业的董事会、行政管理部门为组织和管理生产经营活动而发生的各项管理费用。其主要内容包括以下几项:

(1)公司经费。公司经费包括公司总部管理人员工资、差旅费、办公费、折旧费、修理费、物料消耗、低值易耗品摊销及其他公司经费。

(2)工会经费。工会经费是根据《中华人民共和国工会法》,按照职工工资总额的 2% 计提拨交给工会的经费。

(3)职工教育经费。职工教育经费是指企业为职工学习先进技术和提高文化水平而支付的费用,按照职工工资总额的 1.5% 计提。

(4)劳动保险费。劳动保险费是指企业支付离退休职工的退休金(包括提取的离退休统筹基金)、价格补贴、医药费(包括企业支付离退休人员参加医疗保险的费用)、异地安家补助费、职工退职金、6 个月以上病假人员工资、职工死亡丧葬补助费、抚恤费、按规定支付给离休干部的各项经费。

(5)待业保险费。待业保险费是指企业按照国家规定缴纳的待业保险基金。

(6)董事会费。董事会费是指企业最高权力机构(如董事会)及其成员为执行职能而发生的各项费用。其包括董事会成员津贴、差旅费、会议费等。

(7)咨询费。咨询费是指企业向有关咨询机构进行科学技术、经营管理咨询时支付的费用。其包括聘请经济技术顾问、法律顾问等支付的费用。

(8)聘请中介机构费。聘请中介机构费是指企业聘请中国注册会计师进行查账验资及进行资产评估等发生的各项费用。

(9)诉讼费。诉讼费是指企业因起诉或应诉而发生的各项费用。

(10)排污费。排污费是指企业按规定缴纳的排污费用。

(11)绿化费。绿化费是指企业对本厂区进行绿化而发生的零星绿化费用。

(12)税金。税金是指企业按照规定支付的房产税、车船使用税、土地使用税、印花税等。

(13)土地使用费。土地使用费是指企业使用土地而支付的费用。

(14)土地损失补偿费。土地损失补偿费是指企业在生产经营过程中破坏的国家不征用的土地所支付的土地损失补偿费。

(15)技术转让费。技术转让费是指企业使用非专利技术而支付的费用。

(16)技术开发费。技术开发费是指企业研究开发新产品、新技术、新工艺所发生的新产品设计费、工艺规程制定费、设备调试费、库存材料和半成品的试验费、技术图书资料费、未纳入国家计划的中间试验费、研究人员的工资、研究设备的折旧,与新产品试制、技术研究有关的其他经费、委托其他单位进行的科研试制的费用及试制失败损失。

(17)无形资产摊销费。无形资产摊销费是指专利权、商标权、著作权、土地使用权、非专利技术等无形资产的摊销费用。

(18)业务招待费。业务招待费是指企业为业务经营的合理需要而支付的招待费用。在下列限额内据实列支:全年销售(营业)收入净额在1 500万元及其以下的,不超过销售(营业)收入净额的5‰;全年销售(营业)收入净额超过1 500万元的,不超过该部分的3‰。

(19)职工福利费。职工福利费按照企业职工工资总额的14%提取。国家另有规定的,从其规定。

(20)开办费摊销。开办费摊销是指企业在筹建过程中发生的各项开办费摊入受益年度的费用。

(21)计提的坏账准备和存货跌价准备。计提的坏账准备和存货跌价准备是指企业按照规定计提的坏账准备和存货跌价准备。

(22)存货盘亏、毁损和报废损失。存货盘亏、毁损和报废损失是指企业按照规定应计入管理费的库存材料、低值易耗品等的盘亏、毁损和报废损失。发生的盘盈应当冲减此项损失。本项目不包括计入营业外支出的存货损失。

(23)其他管理费用。其他管理费用是指不包括在以上项目内的属于管理费用的其他费用。

企业设置"管理费用"账户,核算实际发生的管理费用支出。借方记录企业日常发生的各项管理费用支出,贷方记录月末转入"本年利润"账户的金额,本账户期末无余额。本账户按管理费用的费用项目设置明细账,进行明细核算。为便于检查企业各职能部门费用预算执行情况,本账户也可按费用项目核算的同时,再按职能部门进行明细分类核算。

2. 财务费用

房地产企业的财务费用是指企业为筹集生产经营所需资金而发生的各项费用。其包括利息净支出、汇兑净损失、股票发行费、应收账款现金折扣、应收票据贴现息、金融机构手续费等。

企业设置"财务费用"账户,核算实际发生的财务费用支出。借方记录企业日常发生的各项财务费用支出,贷方记录月末转入"本年利润"账户的金额,本账户期末无余额。

本账户按财务费用的费用项目设置明细账,进行明细核算。利息收入、汇兑收益的本账户的借方发生额中冲减。

3. 营业费用

房地产企业的营业费用是指企业在销售房地产开发产品过程中发生的各项费用及专设销售机构的各项费用。其包括运输费、装卸费、包装费、保险费、维修费、展览费、差旅费、广告费、业务宣传费、代销手续费、销售服务费,以及专设销售机构的人员工资、奖金、福利费、折旧费、修理费、物料消耗与其他经费。开发产品销售之前改装修复费、看护费、采暖费等也应作为营业费用处理。

房地产企业的广告费、业务宣传费,国家有明确的开支限额规定,具体如下:

(1)企业发生的广告费支出不超过销售(营业)收入8%的,可据实扣除;超过部分可无限期向以后纳税年度结转。

(2)企业发生的业务宣传费(包括未通过媒体的广告性支出),在不超过销售营业收入

5‰范围内，可据实扣除。

企业设置"营业费用"账户，核算实际发生的营业费用支出。借方记录企业日常发生的各项营业费用支出，贷方记录月末转入"本年利润"账户的金额，本账户期末无余额。

（二）房地产企业期间费用指标

1. 期间费用总量统计

期间费用总量统计反映了当期房地产企业发生的期间费用总额。其计算公式如下：

报告期期间费用总额 = $\sum$（报告管理费用总额 + 报告期财务费用总额 + 报告期营业费用总额）

该指标反映了企业期间费用的实际支出，是企业用来与所制订的期间费用计划进行对比的依据。

2. 期间费用计划执行程度指标

期间费用计划执行程度指标反映了企业期间费用计划执行的程度。由于控制费用的开支是提高企业经济效益的一个途径，因此，应制订合理的期间费用开支计划，并且严格按照开支计划控制企业发生的期间费用。其计算公式如下：

$$期间费计划执行程度指标 = \frac{报告期实际发生的期间费用总额}{报告期计划发生的期间费用总额} \times 100\%$$

该指标计算结构如果超过1，则表明企业实际支出的期间费用大于计划发生的期间费用。这时，企业应根据实际的情况，判断实际发生的费用超出计划发生费用的合理性。

3. 期间费用结构指标

期间费用结构指标实际反映了各种期间费用占企业期间费用总额的比重，并可以根据计算出来的比重判断该种期间费用发生的合理性。其计算公式如下：

$$期间费用结构指标 = \frac{报告期某种期间费用金额}{报告期企业全部期间费用总额} \times 100\%$$

通过该指标的计算，可以了解不同种类的期间费用在总体期间费用中的比重，并可以根据计算出来的比重判断该种期间费用发生的合理性。

4. 期间费用变动统计

此分析的基础是计算期间费用的动态指标和增减额指标，以反映企业期间费用总量在一定时期内的变动程度。其计算公式如下：

$$企业期间费用动态指标 = \frac{报告期期间费用总额}{基期期间费用总额} \times 100\%$$

企业期间费用增减绝对额 = 报告期期间费用总额 − 基期期间费用总额

以上两个指标，相对数指标说明报告期比基期的发展速度，绝对数指标说明报告期比基期期间费用增减变动的绝对数额。

三、房地产企业税费统计

1. 房地产税费的基本概念

（1）房地产税。房地产税是指直接或间接以房地产或与房地产有关经济行为为对象而征收的税。房地产税收贯穿于房地产开发、经营、销售、消费全过程。我国目前征收的房地产税包括房产税和契税。土地税主要有土地使用税、土地增值税、耕地占用税等,其他与房地产紧密相关的税种有固定资产投资方向调节税、增值税、城市维护建设税、教育附加税、印花税等。

(2)房地产费。房地产费是指在房地产的开发、经营活动中所产生的税以外的其他费用。房地产费具有管理性、服务性和补偿性的特征。

(3)房地产费与房地产税的区别。与房地产税相比,房地产费具有以下特征:一是主体不同。房地产费可以由各有关国家行政机关、事业单位收缴;房地产税只能由国家税务机关或国家税务机关委托房地产机关征收。二是目的不同。收取房地产费的目的是补充行政机关、事业单位的经费来源,因此,所收取的费用一般由其自收自支,用于从事与其职能或义务相关的房地产管理、服务活动,而房地产税是为了调节社会关系、促进土地资源的合理配置和房地产的有效利用,同时,也为了增加政府的财政收入,所以,收取的税金必须全部上缴中央和地方财政,由政府统一支配。三是依据不同。房地产费一般根据国家法律、政策而实施,有的根据收缴主体的自行规定而收取,效力较低;房地产税一般都是根据国家专门的税收法律实施,效力较高。

2. 房地产税费构成要素

房地产税收有政策性强、多环节征收、存在地区差异、动态性强等主要特征。其主体有以下5个构成要素:

(1)纳税人。纳税人又称纳税主体,是指税收规定的定有纳税义务的单位和个人。

(2)课税对象。课税对象又称征税对象,是税法规定的课税目的物,是征税的根据。

(3)课税基础。课税基础简称税基,是课税的依据,是准确确定征税额度的计算基础。

(4)税率。税率是指国家征税的比率,是税额同课税对象的比值。

(5)附加、加成、减免。附加、加成、减免是对税收的调节措施。

3. 土地增值税

土地增值税是对有偿转让国有土地使用权及地上建筑物和其他附着物的单位和个人征收的一种税。

(1)征税范围。土地增值税的征税范围包括国有土地使用权、地上的建筑物及附着物。不包括以继承、赠予方式无偿转让房地产的行为。

(2)纳税人。转让国有土地使用权、地上的建筑物及其附着物(以下简称转让房地产)并取得收入的单位和收入,为土地增值税的纳税义务人(简称纳税人)。

(3)计税依据。土地增值税按照纳税人的转让房地产所取得的增值额作为计税依据。

(4)税率及计算。土地增值税实行4级超额累进税率,见表11-1。其计算公式如下:

$$应交税额 = 增值税 \times 税率 - 扣除项目金额 \times 速算扣除系数$$

表11-1 土地增值税超额累进税率表

级数	土地增值额	税率/%	速算扣除系数/%
1	增值额未超过扣除项目金额50%的部分	30	0
2	增值额超过项目金额50%未超过100%的	40	5
3	增值额超过扣除项目金额100%未超过200%的	50	15
4	增值额超过扣除项目金额200%的部分	60	35

(5)纳税方式。土地增值税的纳税人应在转让房地产合同签订后的七日内，到房地产所在地主管税务机关办理纳税申报，并向税务机关提交房屋及建筑物产权、土地使用权证书，土地转让、房产买卖合同、房地产评估报告及其他与转让房地产有关的资料。对于在建工程转让时土地增值税的纳税方式，土地增值税条例规定，纳税人在项目全部竣工结算前转让房地产取得的收入，由于涉及成本确定或其他原因，而无法据以计算土地增值税的，可以预征土地增值税，待该项目全部竣工、办理结算后再进行清算，多退少补。具体办法由各省、自治区、直辖市地方税务局根据当地情况制定。

(6)土地增值税的减免。

1)纳税人建造普通标准住宅出售，增值额未超过扣除项目金额20%的。

2)因国家建设需要依法征用、收回的房地产。

3)个人因工作调动或改善居住条件而转让原自用住房，经向税务机关申报核准，凡居住满五年或五年以上的，免予征收土地增值税；居住满三年未满五年的，减半征收土地增值税。居住未满三年的，按规定计征土地增值税。

4)房产所有人、土地使用权所有人将房屋产权、土地使用权赠予直系亲属或承担直接赡养义务人的，不征收土地增值税。

4. 增值税

房地产企业销售材料应按6%的税率，计算缴纳增值税。其计算公式如下：

$$应交增值税 = \sum(销售材料价格收入 \times 适用税率)$$

但作为增值税一般纳税人的物资供应公司应按17%的税率计算增值税销项税额。

5. 城市维护建设税

城市维护建设税是从事工商经营，缴纳增值税、消费税的单位和个人征收的一种税。纳税人为缴纳产品税、增值税的单位和个人。纳税人所在地在市区的，税率为7%；纳税人所在地在县城、镇的，税率为5%；纳税人所在地不在市区、县城或镇的，税率为1%。其计算公式如下：

$$应交城市维护建设税 = (企业实际缴纳增值税 + 企业实际交纳消费税) \times 适用税率$$

6. 企业所得税

按税法规定，企业的生产经营所得和其他所得，应缴纳企业所得税。所得税作为企业取得可供分配利润所必须付出的代价，应在利润表中计算净利润之前扣除。

$$应交所得税 = 应税所得 \times 使用税率$$

其中，

$$应税所得 = 税前会计利润 \pm 永久性差异 \pm 时间性差异$$

四、房地产企业利润统计

房地产开发企业利润总额的组成和计算公式如下：

$$营业利润 = 营业收入 - 营业成本 - 税金及附加 - 销售费用 - 管理费用 - 财务费用 - 资产减值损失 + 公允价值变动净收益 + 投资净收益$$

$$利润总额 = 营业利润 + 营业外收入 - 营业外支出$$

净利润＝利润总额－所得税费用

为了反映房地产开发企业利润总额和净利润的形成情况，企业应设置"本年利润"账户。作为所有者权益类账户，贷方登记期末结转的主营业务收入、其他业务收入、营业外收入和投资净收益；借方登记期末结转的主营业务成本、税金及附加、其他业务成本、销售费用、管理费用、财务费用、资产减值损失、营业外支出、投资净损失和所得税费用；年终，企业应将本年收入和支出相抵后结出的本年实现的净收益，从本账户的借方结转到"利润分配"账户的贷方，结出的净亏损从本账户的贷方结转到"利润分配"账户的借方，结转后本账户应无余额。

1. 营业利润

营业利润是企业利润的主要来源。房地产开发企业的营业利润是指房地产开发企业一定时期内从事房地产开发生产经营活动实现的利润，按经营业务的主次可以划分为主营利润和其他业务利润。

（1）主营业务利润是指房地产开发企业从事房地产开发业务所实现的利润。其包括土地转让利润、商品房销售利润、配套设施销售利润及代建工程结构利润等。它在数量上等于主营业务收入净额减去主营业务成本和主营业务应负担的流转税后的余额，通常称为毛利。

（2）其他业务利润是指房地产开发企业因从事房地产开发业务以外的其他业务经营而实现的利润。企业的其他业务收入减去其他业务成本后的差额，即其他业务利润。其包括商品房售后服务利润、材料经营利润、固定资产出租利润和企业从事工业、商业、饮食服务业等多种经营所取得的利润。

2. 公允价值变动净收益

公允价值变动净收益反映房地产开发企业交易性金融资产、交易性金融负债及采用公允价值模式计量的投资性房地产等公允价值变动形成的应计入当期损益的利得或损失。

3. 投资净收益

投资净收益是指企业投资收益减去投资损失的净额。投资收益和投资损失是指企业对外投资所取得的收益或发生的损失。投资收益扣除投资损失后的数额，作为企业利润总额的构成项目。

（1）投资收益包括对外投资分得的利润、股利和债券利息，投资到期收回或中途转让取得款项多于账面价值的差额，以及按照权益法核算的股票投资、其他投资在被投资单位增加的净利润中所拥有的数额等。

（2）投资损失包括对外投资到期收回或中途转让取得款项少于账面价值的差额，以及按照权益法核算的股票投资、其他投资在被投资单位减少的净亏损中所分担的数额。

4. 营业外收入

营业外收入是指与企业生产经营活动没有直接关系的各项收入。房地产开发企业的营业外收入主要包括非流动资产处置利得、非货币性资产交换利得、债务重组利得、政府补助、盘盈利得、捐赠利得等。营业外收入应当按照实际发生的金额进行核算。发生营业外收入时，增加企业当期的利润总额。

【例11-5】甲房地产开发公司本月发生与营业外收入有关的经济业务及账务处理如下：

（1）经批准，将盘盈设备的净值14万元转作营业外收入：

借：待处理财务损溢——待处理固定资产损溢	140 000	
贷：营业外收入——固定资产盘盈利得		140 000

（2）收到正方公司支付的捐款额2万元，存入银行：

借：银行存款	20 000	
贷：营业外收入——捐赠利得		20 000

（3）月末，结转"营业外收入"科目余额：

借：营业外收入	160 000	
贷：本年利润		160 000

5. 营业外支出

营业外支出是指与企业生产经营活动没有直接关系，但应从企业实现的利润总额中扣除的支出。房地产开发企业的营业外支出主要包括非流动资产处置损失、非货币性资产交换损失、债务重组损失、公益性捐赠支出、非常损失、盘亏损失等。发生营业外支出时，在相对应的会计期间，冲减企业当期的利润总额。

【例11-6】 家访地产开发公司本月向希望工程捐款8万元，账务处理如下：

借：营业外支出——捐赠支出	80 000	
贷：银行存款		80 000

月末结转"营业外支出"科目余额：

借：本年利润	80 000	
贷：营业外支出		80 000

扩展阅读

利润总额的形成

房地产开发企业对在开发经营过程中取得的各项收入和发生的各项支出，均应于期末从有关收入类账户和费用类账户结转到"本年利润"账户。结转后，如果"本年利润"贷方发生额大于借方发生额，其差额为本期实现的利润总额；反之，则为本期发生的亏损总额。

为了总括地核算和监督净利润（或亏损）的形成情况，房地产开发企业应设置"本年利润"科目。期末，企业将各收益类科目的余额转入"本年利润"科目的贷方；将各成本、费用类科目的余额转入"本年利润"科目的借方。转账后，"本年利润"科目如为贷方余额，反映本年度自年初开始累计形成的净利润；如为借方余额，反映本年度自年初开始累计形成的净亏损。年度终了，应将"本年利润"科目的全部累计余额转入"利润分配"科目，如为净利润，借记"本年利润"科目，贷记"利润分配"科目；如为净亏损，则编制相反会计分录。年度结账后，"本年利润"科目无余额。

模块十一　房地产企业财务统计

单元三　房地产企业财务状况统计分析

财务统计分析即是对企业已完成的财务活动进行的总结，也是企业进行财务预测的前提，在财务管理的循环中起着承上启下的作用。因此，企业应以各项财务指标作为评价的依据，分析企业在运营过程中的利弊得失，了解企业的财务状况与发展趋势，为改进企业财务管理工作及优化企业经济决策提供重要的财务信息。

一、房地产企业偿债能力分析

偿债能力是指企业偿还各种到期债务的能力。偿债能力分析包括短期偿债能力分析和长期偿债能力分析。

1. 短期偿债能力分析

短期偿债能力是指企业流动资产对流动负债及时、足额偿还的保证程度，是衡量企业当前财务能力，特别是流动资产变现能力的重要标志。衡量物业企业短期偿债能力的指标主要有流动比率、速动比率和现金流动负债比率。

(1) 流动比率。流动比率又称营运资产率，是流动资产与流动负债的比率。其表明企业每一元流动负债有多少流动资产作为偿还的保证，反映企业可在短期内转变为现金的流动资产偿还到期流动负债的能力。其计算公式如下：

$$流动比率 = \frac{流动资产}{流动负债}$$

通常，流动比率越高，反映企业短期偿债能力越强，债权人的权益越有保证。一般认为 2∶1 的比例比较适宜。它表明企业财务状况稳定可靠，除满足日常生产经营的流动资金需要外，还有足够的财力偿付到期短期债务。如果比例过低，则表示企业可能难以如期偿还债务。但是，流动比率也不能过高。过高则表明企业流动资产占用较多，会影响资金的使用效率和企业的筹资成本，进而影响获利能力。

(2) 速动比率。速动比率是企业速动资产与流动负债的比值。速动资产是指流动资产减去变现能力较差且不稳定的存货、预付账款、待处理流动资产损失等之后的余额。由于剔除了存货等变现能力较弱且不稳定的资产，因此，速动比率较流动比率能够更加准确、可靠地评价企业资产的流动性及其偿还短期负债的能力。其计算公式如下：

$$速动比率 = \frac{速动资产}{流动负债}$$

一般认为，速动比率为 1∶1 较合适，因为速动比率过低，必然使企业面临很大的偿债风险；如果速动比率大于 1，尽管债务偿还的安全性很高，但却会因企业现金及应收账款资金占用过多而大大增加企业的机会成本。

(3) 现金流动负债比率。现金流动负债比率是企业一定时期的经营现金净流量同流动负债的比率，它可以从现金流量角度来反映企业当期偿付短期负债的能力。其计算公式如下：

$$现金流动负债比率 = \frac{年经营现金净流量}{年末流动负债}$$

式中，年经营现金净流量是指一定时期内，由企业经营活动所产生的现金及其等价物的流入量与流出量的差额。

现金流动负债比率是从现金流入和流出的动态角度对企业实际偿债能力进行考察。由于有利润的年份不一定有足够的现金来偿还债务，所以，利用现金流动负债比率指标，能充分体现企业经营活动所产生的现金净流量可以在多大程度上保证当期流动负债的偿还，直观地反映出企业偿还流动负债的实际能力。该指标较大，表明企业经营活动产生的现金净流量较多，能够保障企业按时偿还到期债务。从债权人的角度看，该指标越大越好，指标越大偿债能力越强；从企业的角度看，该指标并不是越大越好，因为过大表示企业流动资金利用不充分，收益能力不强。

2. 长期偿债能力分析

长期偿债能力是指企业偿还长期债务的能力。衡量物业企业长期偿债能力的指标主要有资产负债率、产权比率、已获利息倍数等。

(1) 资产负债率。资产负债率是指企业负债总额与资产总额的比率。其反映企业的举债水平和债权人利益的风险或安全程度，反映总资产中有多大比例是通过借债来筹资的，是衡量企业长期偿债能力的重要指标之一。其计算公式如下：

$$资产负债率 = \frac{负债总额}{资产总额}$$

式中，负债总额包括流动负债和长期负债；资产总额是指企业全部资产之和，包括流动资产、固定资产、长期投资、无形和递延资产及其他资产。

资产负债比率揭示了企业资产与负债的依存关系，即在企业资产总额中，债权人提供资金所占的比重。它既是评价企业用全部资产偿还全部负债的指标，又是衡量企业负债经营能力和安全程度的重要指标。一般认为，资产负债比率在50%以下为好，该比率越小，表明企业的长期偿债能力越强。该比率也揭示了企业对债权人资金的利用程度，该比率越大，说明经营者对负债资金的运用越多，财务杠杆效益越大。但如该比率过大，则表明企业的债务负担过重，企业资金实力不强；如果资产负债比率超过1，则说明企业已经资不抵债，而且有濒临倒闭的危险。

(2) 产权比率。产权比率又称净资产负债率，是指负债总额与所有者权益的比率，是企业财务结构稳健与否的重要标志。其反映企业所有者权益对债权人权益的保障程度。其计算公式如下：

$$产权比率 = \frac{负债总额}{所有者权益总额}$$

产权比率反映了企业以自有资金偿还全部债务的能力。一般认为以1:1为好，该指标越低，表明企业的长期偿债能力越强，债权人权益的保障程度越高，承担的风险越小，但企业不能充分地发挥负债的财务杠杆效应。所以，企业在评价产权比率适度与否时，应从提高获利能力与增强偿债能力两个方面综合进行。即在保障债务偿还安全的前提下，应尽可能提高产权比率。

(3) 已获利息倍数。已获利息倍数是指一定时期企业息税前利润与利息费用之比。它可以反映获利能力对债务偿付的保证程度。其计算公式如下：

$$已获利息倍数 = \frac{息税前利润}{利息费用}$$

式中，息税前利润是指损益表中未扣除利息费用和所得税之前的利润，它可以用利润总额加利息费用来计算。利息费用不仅包括财务费用中的利息费用，还包括计入固定资产成本的资本化利息。资本化利息虽然不在损益表中列示扣除，但仍然是要偿还的。对于企业财务人员来说，这些利息可以根据有关会计资料取得，而对于外部报表使用者来说，只能以财务费用来估计代替。

已获利息倍数不仅反映了企业获利能力的大小，而且反映了获利能力对偿还到期债务的保证程度，它既是企业举债经营的前提依据，也是衡量企业长期偿债能力大小的重要标志。一般情况下，已获利息倍数越高，表明企业长期偿债能力越强。国际上通常认为，该指标为 3 时较为适当。从长期来看，若要维持正常偿债能力，利息保障倍数至少应当大于 1，如果利息保障倍数过小，企业将面临亏损及偿债的安全性与稳定性下降的风险。

二、房地产企业盈利能力分析

盈利能力是指企业获取利润的能力，反映企业的财务结构状况和经营绩效，是企业偿债能力和营运能力的综合体现。

1. 销售利润率

销售利润率是指企业利润与销售收入的比率。其计算公式如下：

$$销售利润率 = \frac{营业利润}{营业收入} \times 100\%$$

企业的利润可分为五个层次，即商品销售毛利、商品经营利润、营业利润、利润总额和净利润。由于利润总额和净利润包含着非销售利润因素，因此，能够更直接地反映销售获利能力的指标是毛利率、经营利润率和营业利润率。

2. 成本费用利润率

成本费用利润率是指企业一定时期利润总额与成本费用总的比率。其计算公式如下：

$$成本费用利润率 = 利润总额 \div 销售收入 \times 100\%$$

其中

$$成本费用总额 = 营业成本 + 税金及附加 + 营业费用 + 管理费用 + 财务费用$$

该指标越高，表明企业为取得利润而付出的代价越小，成本费用控制得越好，盈利能力越强。

与利润一样，成本费用的计算口径也可分为不同的层次，如主营业务成本、营业成本等。在评价成本费用开支效果时，应当注意成本费用与利润之间的计算层次和口径上的对应关系。

3. 总资产报酬率

总资产报酬率是企业一定时期内获得的投资报酬总额与平均资产总额的比率。其是反映企业资产综合利用效果的指标，也是衡量企业利用债权人和所有者权益总额所取得盈利的重要指标。其计算公式如下：

$$总资产报酬率 = 息税前利润总额 \div 平均资产总额 \times 100\%$$

总资产报酬率全面反映了企业全部资产的获利水平，企业所有者和债权人对该指标都非常关心。一般情况下，该指标越高，表明企业的资产利用效率越好，整个企业盈利能力越强，经营管理水平越高。企业还可以将该指标与市场资本利率进行比较，如果前者较后者大，则说明企业能充分利用财务杠杆，适当举债经营，获得更多的收益。

4. 自有资金利润率

自有资金利润率是指净利润与自有资产总额的比率，反映企业自有资金投资收益的水平。其计算公式如下：

$$自有资金利用率 = \frac{净利润}{平均自有资金} \times 100\%$$

企业从事财务管理活动的最终目的是实现所有财富最大化，从静态较大来讲，首先就是最大限度地提高自有资金利润率。因此，该指标是企业盈利能力指标的核心，而且也是整个财务指标体系的核心。

5. 资本保值增值率

资本保值增值率是指企业所有者权益的期末总额与期初总额的比值。其计算公式如下：

$$资本保值增值率 = 期末所有者权益总额 \div 期初所有者权益总额 \times 100\%$$

一般来说，如果资本保值增值率大于1，说明所有者权益增加，否则，意味着所有者权益遭受损失。值得注意的是，这一指标的高低除受企业经营成果的影响外，还受企业利润分配政策的影响。

模块小结

房地产企业财务统计包括固定资产统计，房地产企业成本、费用与利润统计，以及房地产企业财务状况统计分析。

固定资产是指为生产商品、提供劳务、出租或经营管理而持有，使用寿命超过一个会计年度的有形资产。其包括房屋及建筑物、机器设备、运输设备、工器具等。

房地产企业的流动资金是指企业为保证生产正常进行，在生产和流通领域供经营周转用的资金。其包括原材料、在产品、产成品、现金、应收款等方面占用的资金。

房地产企业成本是指房地产开发企业在房地产开发经营过程中所耗费的对象化的各项费用。房地产企业的期间费用是指与开发房地产项目无直接联系，不能计入某个特定开发项目的成本费用。

房地产税是指直接或间接以房地产或与房地产有关经济行为为对象而征收的税。房地产税收贯穿于房地产开发、经营、销售、消费全过程。我国目前征收的房产税包括房产税和契税，土地税主要有土地使用税、土地增值税、耕地占用税等，其他与房地产紧密相关的税种有固定资产投资方向调节税、增值税、城市维护建设税、教育附加税、印花税等。

偿债能力是指企业偿还各种到期债务的能力。偿债能力分析包括短期偿债能力分析和长期偿债能力分析。

盈利能力是指企业获取利润的能力，反映企业的财务结构状况和经营绩效，是企业偿债能力和营运能力的综合体现。

思考与练习

一、填空题

1. 企业自行建造的固定资产包括_____和_____两种方式。
2. _____是指在固定资产的使用寿命内,按照确定的方法对应计折旧额进行的系统分摊。
3. 房地产企业流动资金的运动过程主要包括_____、_____和_____三个过程。
4. 流动资金的周转速度可用_____、_____和_____三项指标来反映。
5. _____是指房地产开发企业在房地产开发经营过程中所耗费的对象化的各项费用。
6. _____是指与开发房地产项目无直接联系,不能计入某个特定开发项目的成本费用。
7. _____是指直接或间接以房地产或与房地产有关经济行为为对象而征收的税。
8. _____是对有偿转让国有土地使用权及地上建筑物和其他附着物的单位和个人征收的一种税。
9. _____是对在我国境内提供应税劳务、转让无形资产或销售不动产的单位和个人,就其所取得的营业额征收的一种税。
10. _____是从事工商经营,缴纳增值税、消费税的单位和个人征收的一种税。
11. _____是指净利润与自有资产总额的比率,反映企业自有资金投资收益的水平。

二、选择题

1. 房地产企业的流动资金分类不包括(　　)。
   A. 储备资金　　　B. 在建资金　　　C. 建成资金　　　D. 企业自营建造资金
2. 开发产品成本按其用途分类不包括(　　)。
   A. 前期开发统计成本　　　　　　B. 土地开发成本
   C. 房屋开发成本　　　　　　　　D. 配套设施开发成本
3. (　　)反映了企业期间费用计划执行的程度。
   A. 期间费用总量统计　　　　　　B. 期间费用计划执行程度指标
   C. 期间费用结构指标　　　　　　D. 期间费用变动统计
4. 房地产税费构成要素不包括(　　)。
   A. 税人　　　　B. 课税对象　　　C. 税率　　　　D. 利润
5. 房地产企业利润统计不包括(　　)。
   A. 营业税率　　　　　　　　　　B. 营业利润
   C. 公允价值变动净收益　　　　　D. 投资净收益

6. ( )是企业一定时期的经营现金净流量同流动负债的比率,它可以从现金流量角度来反映企业当期偿付短期负债的能力。
    A. 流动比率   B. 速动比率
    C. 现金流动负债比率   D. 销售利润率

三、简答题

1. 什么是固定资产？固定资产有哪些特征？
2. 计提固定资产折旧的方法有哪些？
3. 房地产企业的期间费用构成包括哪几项？
4. 与房地产税相比，房地产费具有哪些特征？
5. 什么是偿债能力？偿债能力可分为哪两类？

附 录

$$\Phi(u) = \frac{1}{\sqrt{2\pi}} e^{-\frac{1}{2}u^2}$$

附表1 正态分布概率表

t	F(t)	t	F(t)	t	F(t)	t	F(t)
0.00	0.000 0	0.18	0.142 8	0.36	0.281 2	0.54	0.410 8
0.01	0.008 0	0.19	0.150 7	0.37	0.288 6	0.55	0.417 7
0.02	0.016 0	0.20	0.158 5	0.38	0.296 1	0.56	0.424 5
0.03	0.023 9	0.21	0.166 3	0.39	0.303 5	0.57	0.431 3
0.04	0.031 9	0.22	0.174 1	0.40	0.310 8	0.58	0.438 1
0.05	0.039 9	0.23	0.181 9	0.41	0.318 2	0.59	0.444 8
0.06	0.047 8	0.24	0.189 7	0.42	0.325 5	0.60	0.451 5
0.07	0.055 8	0.25	0.197 4	0.43	0.332 8	0.61	0.458 1
0.08	0.063 8	0.26	0.205 1	0.44	0.340 1	0.62	0.464 7
0.09	0.071 7	0.27	0.212 8	0.45	0.347 3	0.63	0.471 3
0.10	0.079 7	0.28	0.220 5	0.46	0.354 5	0.64	0.477 8
0.11	0.087 6	0.29	0.228 2	0.47	0.361 6	0.65	0.484 3
0.12	0.095 5	0.30	0.235 8	0.48	0.368 8	0.66	0.490 7
0.13	0.103 4	0.31	0.235 8	0.49	0.375 9	0.67	0.497 1
0.14	0.111 3	0.32	0.251 0	0.50	0.382 9	0.68	0.503 5
0.15	0.119 2	0.33	0.258 6	0.51	0.389 9	0.69	0.509 8
0.16	0.127 1	0.34	0.266 1	0.52	0.396 9	0.70	0.516 1
0.17	0.135 0	0.35	0.273 7	0.53	0.403 9	0.71	0.522 3

续表

t	$F(t)$	t	$F(t)$	t	$F(t)$	t	$F(t)$
0.72	0.528 5	1.09	0.724 3	1.46	0.855 7	1.83	0.932 8
0.73	0.534 6	1.10	0.728 7	1.47	0.858 4	1.84	0.934 2
0.74	0.540 7	1.11	0.733 0	1.48	0.861 1	1.85	0.935 7
0.75	0.546 7	1.12	0.737 3	1.49	0.863 8	1.86	0.937 1
0.76	0.552 7	1.13	0.741 5	1.50	0.866 4	1.87	0.938 5
0.77	0.558 7	1.14	0.745 7	1.51	0.869 0	1.88	0.939 9
0.78	0.564 6	1.15	0.749 9	1.52	0.871 5	1.89	0.941 2
0.79	0.570 5	1.16	0.754 0	1.53	0.874 0	1.90	0.942 6
0.80	0.576 3	1.17	0.758 0	1.54	0.876 4	1.91	0.943 9
0.81	0.582 1	1.18	0.762 0	1.55	0.878 9	1.92	0.945 1
0.82	0.587 8	1.19	0.766 0	1.56	0.881 2	1.93	0.946 4
0.83	0.593 5	1.20	0.769 9	1.57	0.883 6	1.94	0.947 6
0.84	0.599 1	1.21	0.773 7	1.58	0.885 9	1.95	0.948 8
0.85	0.604 7	1.22	0.777 5	1.59	0.888 2	1.96	0.950 0
0.86	0.610 2	1.23	0.781 3	1.60	0.890 4	1.97	0.951 2
0.87	0.615 7	1.24	0.785 0	1.61	0.892 6	1.98	0.952 3
0.88	0.621 1	1.25	0.788 7	1.62	0.894 8	1.99	0.953 4
0.89	0.626 5	1.26	0.792 3	1.63	0.896 9	2.00	0.954 5
0.90	0.631 9	1.27	0.795 9	1.64	0.899 0	2.02	0.956 6
0.91	0.637 2	1.28	0.799 5	1.65	0.901 1	2.04	0.958 7
0.92	0.642 4	1.29	0.803 0	1.66	0.903 1	2.06	0.960 6
0.93	0.647 6	1.30	0.806 4	1.67	0.905 4	2.08	0.962 5
0.94	0.652 8	1.31	0.809 8	1.68	0.907 0	2.10	0.964 3
0.95	0.657 9	1.32	0.813 2	1.69	0.909 9	2.12	0.966 0
0.96	0.662 9	1.33	0.816 5	1.70	0.910 9	2.14	0.967 6
0.97	0.668 0	1.34	0.819 8	1.71	0.912 7	2.16	0.969 2
0.98	0.672 9	1.35	0.823 0	1.72	0.914 6	2.18	0.970 7
0.99	0.677 8	1.36	0.826 2	1.73	0.916 4	2.20	0.972 2
1.00	0.682 7	1.37	0.829 3	1.74	0.918 1	2.22	0.973 6
1.01	0.687 5	1.38	0.832 4	1.75	0.919 9	2.24	0.974 9
1.02	0.692 3	1.39	0.835 5	1.76	0.921 6	2.26	0.976 2
1.03	0.697 0	1.40	0.838 5	1.77	0.923 3	2.28	0.977 4
1.04	0.701 7	1.41	0.841 5	1.78	0.924 9	2.30	0.978 6
1.05	0.706 3	1.42	0.844 4	1.79	0.926 5	2.32	0.979 7
1.06	0.710 9	1.43	0.847 3	1.80	0.928 1	2.34	0.980 7
1.07	0.715 4	1.44	0.850 1	1.81	0.929 7	2.36	0.981 7
1.08	0.719 9	1.45	0.852 9	1.82	0.931 2	2.38	0.982 7

续表

t	$F(t)$	t	$F(t)$	t	$F(t)$	t	$F(t)$
2.40	0.983 6	2.60	0.990 7	2.80	0.994 9	3.00	0.997 3
2.42	0.984 5	2.62	0.991 2	2.82	0.995 2	3.20	0.998 6
2.44	0.985 3	2.64	0.991 7	2.84	0.995 5	3.40	0.999 3
2.46	0.986 1	2.66	0.992 2	2.86	0.995 8	3.60	0.999 68
2.48	0.986 9	2.68	0.992 6	2.88	0.996 0	3.80	0.999 86
2.50	0.987 6	2.70	0.993 1	2.90	0.996 2	4.00	0.999 94
2.52	0.988 3	2.72	0.993 5	2.92	0.996 5	4.50	0.999 993
2.54	0.988 9	2.74	0.993 9	2.94	0.996 7	5.00	0.999 999
2.56	0.989 5	2.76	0.994 2	2.96	0.996 9		
2.58	0.990 1	2.78	0.994 6	2.98	0.997 1		

$$\Phi(x) = \int_{-\infty}^{x} \frac{1}{\sqrt{2\pi}} e^{-\frac{x^2}{2}} dx$$

附表 2　标准正态分布函数数值表

x	0.00	0.01	0.02	0.03	0.04	0.05	0.06	0.07	0.08	0.09
0.0	0.500 0	0.504 0	0.508 0	0.512 0	0.516 0	0.519 9	0.5 239	0.527 9	0.531 9	0.535 9
0.1	0.539 8	0.543 8	0.547 8	0.551 7	0.555 7	0.559 6	0.563 6	0.567 5	0.571 4	0.575 3
0.2	0.579 3	0.583 2	0.587 1	0.591 0	0.594 8	0.598 7	0.602 6	0.606 4	0.610 3	0.614 1
0.3	0.617 9	0.621 7	0.625 5	0.629 3	0.633 1	0.636 8	0.640 6	0.644 3	0.648 0	0.651 7
0.4	0.655 4	0.659 1	0.662 8	0.666 4	0.670 0	0.673 6	0.677 2	0.680 8	0.684 4	0.687 9
0.5	0.691 5	0.695 0	0.698 5	0.701 9	0.705 4	0.708 8	0.712 3	0.715 7	0.719 0	0.722 4
0.6	0.725 7	0.729 1	0.732 4	0.735 7	0.738 9	0.742 2	0.745 4	0.748 6	0.751 7	0.754 9
0.7	0.758 0	0.761 1	0.764 2	0.767 3	0.770 3	0.773 4	0.776 4	0.779 4	0.782 3	0.785 2
0.8	0.788 1	0.791 0	0.793 9	0.796 7	0.799 5	0.802 3	0.805 1	0.807 8	0.810 6	0.813 3
0.9	0.815 9	0.818 6	0.821 2	0.823 8	0.826 4	0.828 9	0.831 5	0.834 0	0.836 5	0.838 9
1.0	0.841 3	0.843 8	0.846 1	0.848 5	0.850 8	0.853 1	0.855 4	0.857 7	0.859 9	0.862 1
1.1	0.864 3	0.866 5	0.868 6	0.870 8	0.872 9	0.874 9	0.877 0	0.879 0	0.881 0	0.883 0
1.2	0.884 9	0.886 9	0.888 8	0.890 7	0.892 5	0.894 4	0.896 2	0.898 0	0.899 7	0.901 5
1.3	0.903 2	0.904 9	0.906 6	0.908 2	0.909 9	0.911 5	0.913 1	0.914 7	0.916 2	0.917 7
1.4	0.919 2	0.920 7	0.922 2	0.923 6	0.925 1	0.926 5	0.927 8	0.929 2	0.930 6	0.931 9
1.5	0.933 2	0.934 5	0.935 7	0.937 0	0.938 2	0.939 4	0.940 6	0.941 8	0.943 0	0.944 1
1.6	0.945 2	0.946 3	0.947 4	0.948 4	0.949 5	0.950 5	0.951 5	0.952 5	0.953 5	0.954 5
1.7	0.955 4	0.956 4	0.957 3	0.958 2	0.959 1	0.959 9	0.960 8	0.961 6	0.962 5	0.963 3

续表

x	0.00	0.01	0.02	0.03	0.04	0.05	0.06	0.07	0.08	0.09
1.8	0.964 1	0.964 8	0.965 6	0.966 4	0.967 1	0.967 8	0.968 6	0.969 3	0.970 0	0.970 6
1.9	0.971 3	0.971 9	0.972 6	0.973 2	0.973 8	0.974 4	0.975 0	0.975 6	0.976 2	0.976 7
2.0	0.977 2	0.977 8	0.978 3	0.978 8	0.979 3	0.979 8	0.980 3	0.980 8	0.981 2	0.981 7
2.1	0.982 1	0.982 6	0.983 0	0.983 4	0.983 8	0.984 2	0.984 6	0.985 0	0.985 4	0.985 7
2.2	0.986 1	0.986 4	0.986 8	0.987 1	0.987 4	0.987 8	0.988 1	0.988 4	0.988 7	0.989 0
2.3	0.989 3	0.989 6	0.989 8	0.990 1	0.990 4	0.990 6	0.990 9	0.991 1	0.991 3	0.991 6
2.4	0.991 8	0.992 0	0.992 2	0.992 5	0.992 7	0.992 9	0.993 1	0.993 2	0.993 4	0.993 6
2.5	0.993 8	0.994 0	0.994 1	0.994 3	0.994 5	0.994 6	0.994 8	0.994 9	0.995 1	0.995 2
2.6	0.995 3	0.995 5	0.995 6	0.995 7	0.995 9	0.996 0	0.996 1	0.996 2	0.996 3	0.996 4
2.7	0.996 5	0.996 6	0.996 7	0.996 8	0.996 9	0.997 0	0.997 1	0.997 2	0.997 3	0.997 4
2.8	0.997 4	0.997 5	0.997 6	0.997 7	0.997 7	0.997 8	0.997 9	0.997 9	0.998 0	0.998 1
2.9	0.998 1	0.998 2	0.998 2	0.998 3	0.998 4	0.998 4	0.998 5	0.998 5	0.998 6	0.998 6
3.0	0.998 7	0.999 0	0.999 3	0.999 5	0.999 7	0.999 8	0.999 8	0.999 9	0.999 9	1.000 0

注：本表最后一行自左至右依次是 $\varphi(3.0)$，…，$\varphi(3.9)$ 的值。

$$P\{t(k)>t\}=\alpha$$

附表3　t分布临界值表

$a_\alpha k$	0.250	0.100	0.050	0.025	0.010	0.005
1	1.000 0	3.077 7	6.313 8	12.706 2	31.820 7	63.657 4
2	0.816 5	1.885 6	2.920 0	4.302 7	6.964 6	9.924 8
3	0.764 9	1.637 7	2.353 4	3.182 4	4.540 7	5.840 9
4	0.740 7	1.533 2	2.131 8	2.776 4	3.746 9	4.604 1
5	0.726 7	1.475 9	2.015 0	2.570 6	3.364 9	4.032 2
6	0.717 6	1.439 8	1.943 2	2.446 9	3.142 7	3.707 4
7	0.711 1	1.414 9	1.894 6	2.364 6	2.998 0	3.499 5
8	0.706 4	1.396 8	1.859 5	2.306 0	2.896 5	3.355 4
9	0.702 7	1.383 0	1.833 1	2.262 2	2.821 4	3.249 8
10	0.699 8	1.372 2	1.812 5	2.228 1	2.763 8	3.169 3
11	0.697 4	1.363 4	1.795 9	2.201 0	2.718 1	3.105 8
12	0.695 5	1.356 2	1.782 3	2.178 8	2.681 0	3.054 5

续表

k \ a_α	0.250	0.100	0.050	0.025	0.010	0.005
13	0.692 8	1.350 2	1.770 9	2.160 4	2.650 3	3.012 3
14	0.692 4	1.345 0	1.761 3	2.144 8	2.624 5	2.976 8
15	0.691 2	1.340 6	1.753 1	2.131 5	2.602 5	2.946 7
16	0.690 1	1.336 8	1.745 9	2.119 9	2.583 5	2.920 8
17	0.689 2	1.333 4	1.739 6	2.109 8	2.566 9	2.898 2
18	0.688 4	1.330 4	1.734 1	2.100 9	2.552 4	2.878 4
19	0.687 6	1.327 7	1.729 1	2.093 0	2.539 5	2.860 9
20	0.687 0	1.325 3	1.724 7	2.086 0	2.528 0	2.845 3
21	0.686 4	1.323 2	1.720 7	2.079 6	2.517 7	2.831 4
22	0.685 8	1.321 2	1.717 1	2.073 9	2.508 3	2.818 8
23	0.685 3	1.319 5	1.713 9	2.068 7	2.499 9	2.807 3
24	0.684 8	1.317 8	1.710 9	2.063 9	2.492 2	2.796 9
25	0.684 4	1.316 3	1.708 1	2.059 5	2.485 1	2.787 4
26	0.684 0	1.315 0	1.705 6	2.055 5	2.478 6	2.778 7
27	0.683 7	1.313 7	1.703 3	2.051 8	2.472 7	2.770 7
28	0.683 4	1.312 5	1.701 1	2.048 4	2.467 1	2.763 3
29	0.683 0	1.311 4	1.699 1	2.045 2	2.462 0	2.756 4
30	0.682 8	1.310 4	1.697 3	2.042 3	2.457 3	2.750 0
31	0.682 5	1.309 5	1.695 5	2.039 5	2.452 8	2.744 0
32	0.682 2	1.308 6	1.693 9	2.036 9	2.448 7	2.738 5
33	0.682 0	1.307 7	1.692 4	2.034 5	2.444 8	2.733 3
34	0.681 8	1.307 0	1.690 9	2.032 2	2.441 1	2.728 4
35	0.681 6	1.306 2	1.698 6	2.030 1	2.437 7	2.723 8
36	0.681 4	1.305 5	1.688 3	2.028 1	2.434 5	2.719 5
37	0.681 2	1.304 9	1.687 1	2.026 2	2.431 4	2.715 4
38	0.681 0	1.304 2	1.686 0	2.024 4	2.428 6	2.711 6
39	0.680 8	1.303 6	1.684 9	2.022 7	2.425 8	2.707 9
40	0.680 7	1.303 1	1.683 9	2.021 1	2.423 3	2.704 5
41	0.680 5	1.302 5	1.682 9	2.019 5	2.420 8	2.701 2
42	0.680 4	1.302 0	1.682 0	2.018 1	2.418 5	2.698 1

续表

$\alpha_a k$	0.250	0.100	0.050	0.025	0.010	0.005
43	0.680 2	1.301 6	1.681 1	2.016 7	2.416 3	2.695 1
44	0.680 1	1.301 1	1.680 2	2.015 4	2.414 1	2.692 3
45	0.680 0	1.300 6	1.679 4	2.014 1	2.412 1	2.689 6

附表 4 卡方分布临界值表

$\mathrm{d}f$ \ α	0.995	0.990	0.975	0.950	0.900	0.750	0.250	0.100	0.050	0.025	0.010	0.005
1	…	…	0.001	0.004	0.016	0.102	1.323	2.706	3.841	5.024	6.635	7.879
2	0.010	0.020	0.051	0.103	0.211	0.575	2.773	4.605	5.991	7.378	9.210	10.597
3	0.072	0.115	0.216	0.352	0.584	1.213	4.108	6.251	7.815	9.348	11.345	12.838
4	0.207	0.297	0.484	0.711	1.064	1.923	5.385	7.779	9.488	11.143	13.277	14.860
5	0.412	0.554	0.831	1.145	1.610	2.675	6.626	9.236	11.071	12.833	15.086	16.750
6	0.676	0.872	1.237	1.635	2.204	3.455	7.841	10.645	12.592	14.449	16.812	18.548
7	0.989	1.239	1.690	2.167	2.833	4.255	9.037	12.017	14.067	16.013	18.475	20.278
8	1.344	1.646	2.180	2.733	3.490	5.071	10.219	13.362	15.507	17.535	20.090	21.955
9	1.735	2.088	2.700	3.325	4.168	5.899	11.389	14.684	16.919	19.023	23.209	25.188
10	2.156	2.558	3.247	3.940	4.865	6.737	12.549	15.987	18.307	20.483	23.209	25.188
11	2.603	3.053	3.816	4.575	5.578	7.584	13.701	17.275	9.675	21.920	24.725	26.757
12	3.074	3.571	4.404	5.226	6.304	8.438	14.845	18.549	21.026	23.337	26.217	28.299
13	3.565	4.107	5.009	5.892	7.042	9.299	15.984	19.812	22.362	24.736	27.688	29.819
14	4.075	4.660	5.629	6.571	7.790	10.165	17.117	21.064	23.685	16.119	29.141	31.319
15	4.601	5.229	6.262	7.261	8.547	11.037	18.245	22.307	24.966	27.488	30.578	32.801
16	5.142	5.812	6.908	7.962	9.312	11.912	19.369	23.542	26.296	28.845	32.000	34.267
17	5.697	6.408	7.564	8.672	10.085	12.792	20.489	24.769	27.587	30.191	33.409	35.718
18	6.265	7.015	8.231	9.390	10.865	13.675	21.205	25.989	28.869	31.562	34.805	37.156
19	6.844	7.633	8.907	10.117	11.651	14.562	22.718	27.204	30.144	32.852	36.191	38.582
20	7.434	8.260	9.591	10.851	12.443	15.452	23.828	28.412	31.410	34.170	37.566	39.997
21	8.034	8.897	10.283	11.591	13.240	16.344	24.935	29.615	32.671	35.479	38.932	41.401
22	8.643	9.542	10.982	12.338	14.042	17.240	26.039	30.813	33.924	36.781	40.289	42.796
23	9.260	10.196	11.689	13.091	14.848	18.137	27.141	32.007	35.172	38.076	41.638	44.181
24	9.886	10.856	12.401	13.848	15.659	19.037	28.241	33.196	36.415	39.364	42.980	45.559
25	10.520	11.524	13.120	14.611	16.673	19.939	29.339	34.382	37.652	40.646	44.314	46.928
26	11.160	12.198	13.844	15.379	17.292	20.843	30.435	35.563	38.885	41.923	45.642	48.290
27	11.808	12.879	14.573	16.151	18.114	21.749	31.528	36.741	40.113	43.194	46.963	49.645
28	12.461	13.565	15.308	16.928	18.939	22.657	32.620	37.916	41.337	44.461	48.278	50.993
29	13.121	14.257	16.047	17.708	19.768	23.567	33.711	39.087	42.557	45.722	49.588	52.336

续表

α\df	0.995	0.990	0.975	0.950	0.900	0.750	0.250	0.100	0.050	0.025	0.010	0.005
30	13.787	14.954	16.791	18.493	20.599	24.478	34.800	40.256	43.773	46.979	50.892	53.672
31	14.458	15.655	17.539	19.281	21.434	25.390	35.887	41.422	44.985	48.232	52.191	55.003
32	15.134	16.362	18.291	20.072	22.271	26.304	36.973	42.585	48.232	52.591	53.486	61.581
33	15.815	17.074	19.047	20.867	23.100	27.219	38.058	43.745	47.400	50.725	54.776	57.648
34	16.501	17.789	19.806	21.664	23.952	28.136	39.141	44.093	48.602	51.966	56.061	58.964
35	17.192	18.509	20.569	22.465	240 797	29.054	40.223	46.059	49.802	53.203	57.342	60.275
36	17.887	190 233	21.336	23.269	25.643	29.973	41.304	47.212	50.998	54.437	58.619	61.581
37	18.586	19.960	22.106	24.075	26.492	30.893	42.383	48.363	52.192	55.668	59.892	62.883
38	19.289	20.691	22.878	24.884	27.343	31.815	43.462	49.513	53.384	56.896	61.162	64.181
39	19.996	21.462	23.654	25.695	28.196	32.737	44.539	50.660	54.572	58.120	62.428	65.476
40	20.707	22.164	240 433	26.509	29.051	33.660	45.616	51.805	55.758	59.342	63.691	66.766
41	21.421	22.906	25.215	27.326	29.937	34.585	46.692	52.949	56.942	60.561	64.950	68.053
42	22.138	23.650	25.999	28.144	30.765	35.510	47.766	54.090	58.124	61.777	66.206	69.336
43	22.859	24.398	26.789	28.965	31.625	36.436	48.840	55.230	59.304	62.990	67.459	70.616
44	23.584	25.184	27.575	29.987	32.487	37.363	49.913	56.369	60.481	64.201	68.710	71.893
45	24.311	25.901	28.366	30.612	33.350	38.291	50.985	57.505	61.656	65.410	69.957	73.166

$$P\{F(k_1, k_2) > F_\alpha\} = \alpha$$
$$\alpha = 0.005$$

附表 5 F 分布临界值表

n_2\n_1	1	2	3	4	5	6	8	12	24	∞
1	16 211	20 000	21 615	22 500	23 056	23 437	23 925	24 426	24 940	25 465
2	198.50	199.00	199.20	199.20	199.30	199.30	199.40	199.40	199.50	199.50
3	55.55	49.80	47.47	46.19	45.39	44.84	44.13	43.39	42.62	41.83
4	31.33	26.28	24.26	23.15	22.46	21.97	21.35	20.70	20.03	19.32
5	22.78	18.31	16.53	15.56	14.94	14.51	13.96	13.38	12.78	12.14
6	18.63	14.45	12.92	12.03	11.46	11.07	10.57	10.03	9.47	8.88
7	16.24	12.40	10.88	10.05	9.52	9.16	8.68	8.18	7.65	7.08
8	14.69	11.04	9.60	8.81	8.30	7.95	7.50	7.01	6.50	5.95
9	13.61	10.11	8.72	7.96	7.47	7.13	6.69	6.23	5.73	5.19
10	12.83	9.43	8.08	7.34	6.87	6.54	6.12	5.66	5.17	4.64
11	12.23	8.91	7.60	6.88	6.42	6.10	5.68	5.24	4.76	4.23
12	11.75	8.51	7.23	6.52	6.07	5.76	5.35	4.91	4.43	3.90
13	11.37	8.19	6.93	6.23	5.79	5.48	5.08	5.64	4.17	3.65

续表

n_2 \ n_1	1	2	3	4	5	6	8	12	24	∞
14	11.06	7.92	6.68	6.00	5.56	5.26	4.86	4.43	3.96	3.44
15	10.80	7.70	6.48	5.80	5.37	5.07	4.67	4.25	3.79	3.26
16	10.58	7.51	6.30	5.64	5.21	4.91	4.52	4.10	3.64	3.11
17	10.38	7.35	6.16	5.50	5.07	4.78	4.39	3.97	3.51	2.98
18	10.22	7.21	6.03	5.37	4.96	4.66	4.28	3.86	3.40	2.87
19	10.07	7.09	5.92	5.27	4.85	4.56	4.18	3.76	3.31	2.78
20	9.94	6.99	5.82	5.17	4.76	4.47	4.09	3.68	3.22	2.69
21	9.83	6.89	5.73	5.09	4.68	4.39	4.01	3.60	3.15	2.61
22	9.73	6.81	5.65	5.02	4.61	4.32	3.94	3.54	3.08	2.55
23	9.63	6.73	5.58	4.95	4.54	4.26	3.88	3.47	3.02	2.48
24	9.55	6.66	5.52	4.89	4.49	4.20	3.83	3.42	2.97	2.43
25	9.48	6.60	5.46	4.84	4.43	4.15	3.78	3.37	2.92	2.38
26	9.41	6.54	5.41	4.79	4.38	4.10	3.73	3.33	2.87	2.33
27	9.34	6.49	5.36	4.74	4.34	4.06	3.69	3.28	2.83	2.29
28	9.28	6.44	5.32	4.70	4.30	4.02	3.65	3.25	2.79	2.25
29	9.23	6.40	5.28	4.66	4.26	3.98	3.61	3.21	2.76	2.21
30	9.18	6.35	5.24	4.62	4.23	3.95	3.58	3.18	2.73	2.18
40	8.83	6.07	4.98	4.37	3.99	3.71	3.35	2.95	2.50	1.93
60	8.49	5.79	4.73	4.14	3.76	3.49	3.13	2.74	2.29	1.69
120	8.18	5.54	4.50	3.92	3.55	3.28	2.93	2.54	2.09	1.43
∞	7.88	5.30	4.28	3.72	3.35	3.09	2.74	2.36	1.90	1.00

$\alpha = 0.010$

n_2 \ n_1	1	2	3	4	5	6	8	12	24	∞
1	4 052	4 999	5 403	5 625	5 764	5 859	5 981	6 106	6 234	6 366
2	98.49	99.01	99.17	99.25	99.30	99.33	99.36	99.42	99.46	99.50
3	34.12	30.81	29.46	28.71	28.24	27.91	27.49	27.05	26.60	26.12
4	21.20	18.00	16.69	15.98	15.52	15.21	14.80	14.37	13.93	13.46
5	16.26	13.27	12.06	11.39	10.97	10.67	10.29	9.89	9.47	9.02
6	13.74	10.92	9.78	9.15	8.75	8.47	8.10	7.72	7.31	6.88
7	12.25	9.55	8.45	7.85	7.46	7.19	6.84	6.47	6.07	5.65
8	11.26	8.65	7.59	7.01	6.63	6.37	6.03	5.67	5.28	4.86
9	10.56	8.02	6.99	6.42	6.06	5.80	5.47	5.11	4.73	4.31
10	10.04	7.56	6.55	5.99	5.64	5.39	5.06	4.71	4.33	3.91

续表

n_1 \ n_2	1	2	3	4	5	6	8	12	24	∞
11	9.65	7.20	6.22	5.67	5.32	5.07	4.74	4.40	4.02	3.60
12	9.33	6.93	5.95	5.41	5.06	4.82	4.50	4.16	3.78	3.36
13	9.07	6.70	5.74	5.20	4.86	4.62	4.30	3.96	3.59	3.16
14	8.86	6.51	5.56	5.03	4.69	4.46	4.14	3.80	3.43	3.00
15	8.68	6.36	5.42	4.89	4.56	4.32	4.00	3.67	3.29	2.87
16	8.53	6.23	5.29	4.77	4.44	4.20	3.89	3.55	3.18	2.75
17	8.40	6.11	5.18	4.67	4.34	4.10	3.79	3.45	3.08	2.65
18	8.28	6.01	5.09	4.58	4.25	4.01	3.71	3.37	3.00	2.57
19	8.18	5.93	5.01	4.50	4.17	3.94	3.63	3.30	2.92	2.49
20	8.10	5.85	4.94	4.43	4.10	3.87	3.56	3.23	2.86	2.42
21	8.02	5.78	4.87	4.37	4.04	3.81	3.51	3.17	2.80	2.36
22	7.94	5.72	4.82	4.31	3.99	3.76	3.45	3.12	2.75	2.31
23	7.88	5.66	4.76	4.26	3.94	3.71	3.41	3.07	2.70	2.26
24	7.82	5.61	4.72	4.22	3.90	3.67	3.36	3.03	2.66	2.21
25	7.77	5.57	4.68	4.18	3.86	3.63	3.32	2.99	2.62	2.17
26	7.72	5.53	4.64	4.14	3.82	3.59	3.29	2.96	2.58	2.13
27	7.68	5.49	4.60	4.11	3.78	3.56	3.26	2.93	2.55	2.10
28	7.64	5.45	4.57	4.07	3.75	3.53	3.23	2.90	2.52	2.06
29	7.60	5.42	4.54	4.04	3.73	3.50	3.20	2.87	2.49	2.03
30	7.56	5.39	4.51	4.02	3.70	3.47	3.17	2.84	2.47	2.01
40	7.31	5.18	4.31	3.83	3.51	3.29	2.99	2.66	2.29	1.80
60	7.08	4.98	4.13	3.65	3.34	3.12	2.82	2.50	2.12	1.60
120	6.85	4.79	3.95	3.48	3.17	2.96	2.66	2.34	1.95	1.38
∞	6.64	4.60	3.78	3.32	3.02	2.80	2.51	2.18	1.79	1.00

$$\alpha = 0.025$$

n_1 \ n_2	1	2	3	4	5	6	8	12	24	∞
1	647.80	799.50	864.20	899.60	921.80	937.10	956.70	976.70	997.20	1 018
2	38.51	39.00	39.17	39.25	39.30	39.33	39.37	39.41	39.46	39.50
3	17.44	16.04	15.44	15.10	14.88	14.73	14.54	14.34	14.12	13.90
4	12.22	10.65	9.98	9.60	9.36	9.20	8.98	8.75	8.51	8.26
5	10.01	8.43	7.76	7.39	7.15	6.98	6.76	6.52	6.28	6.02
6	8.81	7.26	6.60	6.23	5.99	5.82	5.60	5.37	5.12	4.85

续表

n_2 \ n_1	1	2	3	4	5	6	8	12	24	∞
7	8.07	6.54	5.89	5.52	5.29	5.12	4.90	4.67	4.42	4.14
8	7.57	6.06	5.42	5.05	4.82	4.65	4.43	4.20	3.95	3.67
9	7.21	5.71	5.08	4.72	4.48	4.32	4.10	3.87	3.61	3.33
10	6.94	5.46	4.83	4.47	4.24	4.07	3.85	3.62	3.37	3.08
11	6.72	5.26	4.63	4.28	4.04	3.88	3.66	3.43	3.17	2.88
12	6.55	5.10	4.47	4.12	3.89	3.73	3.51	3.28	3.02	2.72
13	6.41	4.97	4.35	4.00	3.77	3.60	3.39	3.15	2.89	2.60
14	6.30	4.86	4.24	3.89	3.66	3.50	3.29	3.05	2.79	2.49
15	6.20	4.77	4.15	3.80	3.58	3.41	3.20	2.96	2.70	2.40
16	6.12	4.69	4.08	3.73	3.50	3.34	3.12	2.89	2.63	2.32
17	6.04	4.62	4.01	3.66	3.44	3.28	3.06	2.82	2.56	2.25
18	5.98	4.56	3.95	3.61	3.38	3.22	3.01	2.77	2.50	2.19
19	5.92	4.51	3.90	3.56	3.33	3.17	2.96	2.72	2.45	2.13
20	5.87	4.46	3.86	3.51	3.29	3.13	2.91	2.68	2.41	2.09
21	5.83	4.42	3.82	3.48	3.25	3.09	2.87	2.64	2.37	2.04
22	5.79	4.38	3.78	3.44	3.22	3.05	2.84	2.60	2.33	2.00
23	5.75	4.35	3.75	3.41	3.18	3.02	2.81	2.57	2.30	1.97
24	5.72	4.32	3.72	3.38	3.15	2.99	2.78	2.54	2.27	1.94
25	5.69	4.29	3.69	3.35	3.13	2.97	2.75	2.51	2.24	1.91
26	5.66	4.27	3.67	3.33	3.10	2.94	2.73	2.49	2.22	1.88
27	5.63	4.24	3.65	3.31	3.08	2.92	2.71	2.47	2.19	1.85
28	5.61	4.22	3.63	3.29	3.06	2.90	2.69	2.45	2.17	1.83
29	5.59	4.20	3.61	3.27	3.04	2.88	2.67	2.43	2.15	1.81
30	5.57	4.18	3.59	3.25	3.03	2.87	2.65	2.41	2.14	1.79
40	5.42	4.05	3.46	3.13	2.90	2.74	2.53	2.29	2.01	1.64
60	5.29	3.93	3.34	3.01	2.79	2.63	2.41	2.17	1.88	1.48
120	5.15	3.80	3.23	2.89	2.67	2.52	2.30	2.05	1.76	1.31
∞	5.02	3.69	3.12	2.79	2.57	2.41	2.19	1.94	1.64	1.00

$\alpha = 0.050$

n_2 \ n_1	1	2	3	4	5	6	8	12	24	∞
1	161.40	199.50	215.70	224.60	230.20	234.00	238.90	243.90	249.00	254.30
2	18.51	19.00	19.16	19.25	19.30	19.33	19.37	19.41	19.45	19.50
3	10.13	9.55	9.28	9.12	9.01	8.94	8.84	8.74	8.64	8.53

附　录

续表

n_2 \ n_1	1	2	3	4	5	6	8	12	24	∞
4	7.71	6.94	6.59	6.39	6.26	6.16	6.04	5.91	5.77	5.63
5	6.61	5.79	5.41	5.19	5.05	4.95	4.82	4.68	4.53	4.36
6	5.99	5.14	4.76	4.53	4.39	4.28	4.15	4.00	3.84	3.67
7	5.59	4.74	4.35	4.12	3.97	3.87	3.73	3.57	3.41	3.23
8	5.32	4.46	4.07	3.84	3.69	3.58	3.44	3.28	3.12	2.93
9	5.12	4.26	3.86	3.63	3.48	3.37	3.23	3.07	2.90	2.71
10	4.96	4.10	3.71	3.48	3.33	3.22	3.07	2.91	2.74	2.54
11	4.84	3.98	3.59	3.36	3.20	3.09	2.95	2.79	2.61	2.40
12	4.75	3.88	3.49	3.26	3.11	3.00	2.85	2.69	2.50	2.30
13	4.67	3.80	3.41	3.18	3.02	2.92	2.77	2.60	2.42	2.21
14	4.60	3.74	3.34	3.11	2.96	2.85	2.70	2.53	2.35	2.13
15	4.54	3.68	3.29	3.06	2.90	2.79	2.64	2.48	2.29	2.07
16	4.49	3.63	3.24	3.01	2.85	2.74	2.59	2.42	2.24	2.01
17	4.45	3.59	3.20	2.96	2.81	2.70	2.55	2.38	2.19	1.96
18	4.41	3.55	3.16	2.93	2.77	2.66	2.51	2.34	2.15	1.92
19	4.38	3.52	3.13	2.90	2.74	2.63	2.48	2.31	2.11	1.88
20	4.35	3.49	3.10	2.87	2.71	2.60	2.45	2.28	2.08	1.84
21	4.32	3.47	3.07	2.84	2.68	2.57	2.42	2.25	2.05	1.81
22	4.30	3.44	3.05	2.82	2.66	2.55	2.40	2.23	2.03	1.78
23	4.28	3.42	3.03	2.80	2.64	2.53	2.38	2.20	2.00	1.76
24	4.26	3.40	3.01	2.78	2.62	2.51	2.36	2.18	1.98	1.73
25	4.24	3.38	2.99	2.76	2.60	2.49	2.34	2.16	1.96	1.71
26	4.22	3.37	2.98	2.74	2.59	2.47	2.32	2.15	1.95	1.69
27	4.21	3.35	2.96	2.73	2.57	2.46	2.30	2.13	1.93	1.67
28	4.20	3.34	2.95	2.71	2.56	2.44	2.29	2.12	1.91	1.65
29	4.18	3.33	2.93	2.70	2.54	2.43	2.28	2.10	1.90	1.64
30	4.17	3.32	2.92	2.69	2.53	2.42	2.27	2.09	1.89	1.62
40	4.08	3.23	2.84	2.61	2.45	2.34	2.18	2.00	1.79	1.51
60	4.00	3.15	2.76	2.52	2.37	2.25	2.10	1.92	1.70	1.39
120	3.92	3.07	2.68	2.45	2.29	2.17	2.02	1.83	1.61	1.25
∞	3.84	2.99	2.60	2.37	2.21	2.09	1.94	1.75	1.52	1.00

$\alpha = 0.100$

n_2 \ n_1	1	2	3	4	5	6	8	12	24	∞
1	39.86	49.50	53.59	55.83	57.24	58.20	59.44	60.71	62.00	63.33
2	8.53	9.00	9.16	9.24	9.29	9.33	9.37	9.41	9.45	9.49
3	5.54	5.46	5.36	5.32	5.31	5.28	5.25	5.22	5.18	5.13
4	4.54	4.32	4.19	4.11	4.05	4.01	3.95	3.90	3.83	3.76
5	4.06	3.78	3.62	3.52	3.45	3.40	3.34	3.27	3.19	3.10
6	3.78	3.46	3.29	3.18	3.11	3.05	2.98	2.90	2.82	2.72
7	3.59	3.26	3.07	2.96	2.88	2.83	2.75	2.67	2.58	2.47
8	3.46	3.11	2.92	2.81	2.73	2.67	2.59	2.50	2.40	2.29
9	3.36	3.01	2.81	2.69	2.61	2.55	2.47	2.38	2.28	2.16
10	3.29	2.92	2.73	2.61	2.52	2.46	2.38	2.28	2.18	2.06
11	3.23	2.86	2.66	2.54	2.45	2.39	2.30	2.21	2.10	1.97
12	3.18	2.81	2.61	2.48	2.39	2.33	2.24	2.15	2.04	1.90
13	3.14	2.76	2.56	2.43	2.35	2.28	2.20	2.10	1.98	1.85
14	3.10	2.73	2.52	2.39	2.31	2.24	2.15	2.05	1.94	1.80
15	3.07	2.70	2.49	2.36	2.27	2.21	2.12	2.02	1.90	1.76
16	3.05	2.67	2.46	2.33	2.24	2.18	2.09	1.99	1.87	1.72
17	3.03	2.64	2.44	2.31	2.22	2.15	2.06	1.96	1.84	1.69
18	3.01	2.62	2.42	2.29	2.20	2.13	2.04	1.93	1.81	1.66
19	2.99	2.61	2.40	2.27	2.18	2.11	2.02	1.91	1.79	1.63
20	2.97	2.59	2.38	2.25	2.16	2.09	2.00	1.89	1.77	1.61
21	2.96	2.57	2.36	2.23	2.14	2.08	1.98	1.87	1.75	1.59
22	2.95	2.56	2.35	2.22	2.13	2.06	1.97	1.86	1.73	1.57
23	2.94	2.55	2.34	2.21	2.11	2.05	1.95	1.84	1.72	1.55
24	2.93	2.54	2.33	2.19	2.10	2.04	1.94	1.83	1.70	1.53
25	2.92	2.53	2.32	2.18	2.09	2.02	1.93	1.82	1.69	1.52
26	2.91	2.52	2.31	2.17	2.08	2.01	1.92	1.81	1.68	1.50
27	2.90	2.51	2.30	2.17	2.07	2.00	1.91	1.80	1.67	1.49
28	2.89	2.50	2.29	2.16	2.06	2.00	1.90	1.79	1.66	1.48
29	2.89	2.50	2.28	2.15	2.06	1.99	1.89	1.78	1.65	1.47
30	2.88	2.49	2.28	2.14	2.05	1.98	1.88	1.77	1.64	1.46
40	2.84	2.44	2.23	2.09	2.00	1.93	1.83	1.71	1.57	1.38
60	2.79	2.39	2.18	2.04	1.95	1.87	1.77	1.66	1.51	1.29
120	2.75	2.35	2.13	1.99	1.90	1.82	1.72	1.60	1.45	1.19
∞	2.71	2.30	2.08	1.94	1.85	1.17	1.67	1.55	1.38	1.00

参考文献

[1] 刘玉玲. 房地产统计[M]. 北京：机械工业出版社，2007.
[2] 殷世波. 房地产经纪[M]. 北京：科学出版社，2008.
[3] 张凌云，韩小平，秦伟英. 物业统计[M]. 上海：华东师范大学出版社，2008.
[4] 常剑，黄建新. 统计原理与物业管理统计[M]. 重庆：重庆大学出版社，2010.
[5] 张惠芸. 物业管理统计[M]. 北京：中国建筑工业出版社，2005.
[6] 杨亦乔. 房地产开发经营[M]. 北京：中国建筑工业出版社，2004.
[7] 李赞祥. 建筑企业统计基础[M]. 北京：北京理工大学出版社，2009.
[8] 刘鹏忠，苏萱. 房地产市场营销[M]. 北京：人民交通出版社，2007.